SOUVENIRS
D'UN
DEMI-SIECLE

OU

MÉMOIRES

POUR SERVIR A L'HISTOIRE CONTEMPORAINE

PAR

J. G. BARTHE,

Auteur du *Canada Reconquis par la France.*

(*La politique est le miroir des âmes.*)

MONTRÉAL

J. Chapleau & Fils, Imprimeurs.

1885

ERRATA.

Préface, page xv ligne 22e, au lieu de réquisitions, lisez *réquisitoires*.

Chapitre IV, page 72. ligne 15e, lisez le souvenir indélébile au lieu d'*indébile*.

Chapitre VI, page 112, ligne 25e, lisez le *nœud gordien de ma modeste odyssée*.

Page 118, lignes 15e et 16e, lisez une *volée d'oulardes*, au lieu d'un volier.

Page 182, ligne 15e, au lieu de 92, lisez 72 *ans*.

Page 201, ligne 7e, lisez *avait été enlevé*.

Chapitre XII, au sommaire, ligne 12e, lisez *Maury*, au lieu d'*Agassiz*.

Même page, au sommaire, ligne 19e, lisez *Belêtre*, au lieu de Bélitre.

Page 299, ligne 21e, tant il *répugnait*, etc.

Page 313, ligne 15e, lisez vers le Bas-Canada.

Page 320, au lieu de Giraud-Duvivier, l'élégiaque, lisez comme dit *Malherbe dans son élégie à Duperrier*.

Page 337, ligne 17e, au lieu de rémomérer, lisez *remémorer*.

Page 448, ligne 10e, au lieu de Mécine, lisez *Mécènes*.

être, qu'elle en a l'air,—que s'il avait la main pleine de vérités, il se garderait bien de l'ouvrir

PRÉFACE.

Je ne sais plus quel auteur a dit que la préface d'un livre en était la partie la plus difficile ; mais, ma foi, je commence à le croire pour de bon en lançant dans le public mes SOUVENIRS D'UN DEMI-SIÈCLE à la faveur de ce simple passe-port, la préface.

Puis, après cette première difficulté, non vaincue, une autre qui, pour sûr, n'est guère moindre, à mon avis, c'est d'avoir à dire la vérité ferme aux gens de son temps ; si tant est qu'un auteur puisse se flatter de pouvoir concilier son impartialité de conscience avec la vanité politique si chatouilleuse à cet endroit, la proclamation de la vérité dite sans respect humain.

Et c'est Fontenelle, je crois, qui, dans un moment d'expansion indiscrète sans doute, a laissé échapper cette boutade, moins paradoxale peut-être, qu'elle en a l'air,—que s'il avait la main pleine de vérités, il se garderait bien de l'ouvrir *de peur qu'en les laissant tomber elles n'insurgeassent jusqu'à ses meilleurs amis contre lui.*

L'espèce humaine serait-elle donc ainsi faite qu'elle fut par nature si adverse que cela à cette première condition de son existence morale ? Ou est-ce une niche de sa façon qu'aura voulu lui faire le caustique centenaire du dix-septième siècle en représaille de ses piquantes épigrammes faites en pleine académie qui lui attirèrent parfois des horions assez sensibles en retour ?

Quoiqu'il en soit, c'est assez vous dire, ô mon indulgent lecteur ! que je ne connais que trop bien la pierre d'achoppement qui est sur ma route pour me faire illusion sur les délicates conditions de mon entreprise quelque peu téméraire, peut-être, mais, en tout cas, tâche ardue, sinon ingrate.

J'ose passer outre cependant en jetant mes SOUVENIRS *dans le tuyau de l'oreille de notre génération qui, à tout prendre, y trouvera moins à rougir qu'à se glorifier encore, en présence de ce qu'elle a pu faire, malgré toutes ses fautes, pour payer noblement sa dette à la patrie.*

Jeter ainsi le regard en arrière, parmi les évènements dont la chaîne relie le passé au pré-

sent, c'est, pour ainsi parler, lire dans un kaléidoscope : et pour peu que l'instrument soit bon et fidèle en couleurs, on peut être sûr d'y trouver un vif intérêt de patriotisme autant que de légitime curiosité.

C'est aussi là le but et la moralité de mon œuvre : car la politique, en effet, c'est, après tout, le miroir des âmes dans l'œuvre sociale, ou le spectacle reflété par un état de société en progrès. Vous pouvez dire ce qu'a été une époque par la sorte de gens qui l'ont inspirée : ou, en d'autres termes, ce sont ceux qui gouvernent ou influent sur l'opinion publique qui donnent le cachet à une société organisée ; de sorte que la responsabilité leur en incombe en remontant ainsi à ceux qui en avaient reçu ou qui en ont usurpé la direction.

L'exemple du monarque est la loi de la terre.
a dit un grand poète classique de l'école monarchiste. Mais s'il eut vécu de notre temps, où l'opinion publique est la grande régulatrice de tous les rapports sociaux, de tous les devoirs civiques, il eut, je pense, conclu avec moi combien il était important, surtout pour une population placée comme l'était la nôtre, entourée de tant d'embûches

et de périls, d'avoir eu des intelligences et des caractères d'élite à son service pour y échapper, ou en sortir indemne, faute d'avoir pu s'y soustraire tout-à-fait.

L'intention de l'auteur, en publiant cet ouvrage, a donc été moins de faire l'histoire régulière des évènements généraux qui se sont passés d'une époque initiale à une autre série d'années étudiées et reliées par étapes, et aboutissant à un terme défini, à l'instar des Bibaud et des Garneau ; que de combler plutôt une sorte de lacune produite par les circonstances insolites que le pays a eu à traverser, et pendant lesquelles le jeu de nos institutions a été plus que gêné, tant par le mutisme forcé ou la suppression même de la presse libérale, que par la lutte pour ainsi dire toute intestine de la chambre avec l'exécutif, durant cette période d'administration violente où la terreur tenait le haut du pavé.

On peut placer cette période de notre évolution sociale entre les administrations des Craig et des Colborne, ces deux pôles magnétiques de notre sphère de résistance parlementaire à l'oppression exécutive ouverte et avouée.

VII

Et que de luttes latentes mais énergiques dans ce quart de siècle si bien rempli par cette poignée de défenseurs, notre avant-garde, que le pays avait députés et qui restèrent sur la brèche à leur corps défendant, sans autre aiguillon que le cri intime de leur conscience ! Et que d'intelligences au dehors à l'œuvre aussi, dans tous les rangs de notre société militante, apportèrent leur contingent d'efforts et de patriotisme pour concourir matériellement à la formation de cette admirable assemblée parlementaire dont l'énergique indépendance d'action, au péril de la vie même, de plusieurs de ses principaux chefs, a amené ce résultat d'indépendance relative dont nous avons joui depuis lors, et qui a été le fruit de leur chaleureux dévouement à la cause de la liberté légitime, ou constitutionelle, si vous l'aimez mieux.

Quand, levant le rideau et déroulant ces pages palpitantes, leur récit fera voir ce qu'était en effet notre parlement à ce moment solennel, malgré que nous n'en ayons eu au dehors que des échos affaiblis : on n'en comprendra que mieux la valeur et la portée de cette poignée de jouteurs inébranlables et incorruptibles qui, presque sans témoins sympa-

thiques autour d'eux de leur généreuse et héroïque résistance aux menaces de tyrans au petit pied, (car l'Angleterre nous en lâchait successivement de cette trempe pour nous faire courir sus;) quand, dis-je, on les contemplera inaccessibles à la peur et dédaigneux des caresses félines que le ton calin du représentant de la couronne prenait quelquefois vis-à-vis d'eux, après avoir avorté avec celui de la colère suivie de la menace ouverte : qui pourra retenir ce sentiment d'admiration qui n'en peut qu'être l'effet, en présence de ces députés sans peur et sans reproches qui ne savaient ni faiblir ni broncher ?

Cette phalange de patriotes qui siégeaient et délibéraient sous le canon de la citadelle, loin de trembler, tenaient ferme le drapeau de nos droits, en se réclamant de la lettre de la constitution et en se réfugiant dans la foi des traités.

Ce fut là, peut-être, le moment le plus vivace et le plus solennel de notre vie publique, si tant est, comme je le crois, que le parlement seul qui le reflétait alors, doit en être pris comme le criterium.

Sombre époque, en vérité, mais lutte épique aussi, où sans cette valeureuse poignée d'apôtres civiques, dont plusieurs plus tard n'ont pas reculé devant le martyr de l'échafaud,

Le crime fait la honte et non pas l'échafaud,

tout aurait fait silence alors devant les missionnaires éperonnés que la métropole détalait contre nous avec une persévérance de tactique et une intensité de résolution qui prenait parfois les proportions d'un complot d'anéantissement politique et social contre nous.

Mais il faut bien le révéler, s'il y a eu des dévouements héroïques, il y a eu aussi des défections honteuses, des trahisons humiliantes et scandaleuses dans nos rangs, en dedans comme en dehors de l'enceinte législative : jusqu'à des conspirations odieuses, non seulement de la part du pouvoir contre la liberté, mais de celle de faux frères contre la mère commune, à la faveur du silence imposé au peuple par les artifices d'une caste semi-officielle, qui s'ingéniait de toutes les manières, animée par l'appât du sordide denier de la trahison, à empêcher les débats de rayonner librement dans toute l'étendue du pays.

Ici, on mettait l'éteignoir sur toute manifestation qui faisait mine de se produire au grand jour ; là, on faisait main basse, au nom de la loi, sur toute démonstration patriotique qui voulait faire écho à cette chambre, palpitante au dedans, tonnant avec son aigle en tête, du haut de la tribune retentissante, au nom sacré de la justice humaine et divine, autour de laquelle la phalange invincible défiait l'hôte officiel du château St. Louis, ainsi usurpé ou prostitué.

Les assemblées publiques toujours surveillées, traquées ou interdites, ou même dénoncées tout haut comme suspectes par les zélateurs aux gages du pouvoir ;

Les élections plus ou moins gênées par l'intervention plus ou moins astucieuse ou violente de l'exécutif même ;

La presse libérale sans cesse menacée, harcelée par les sbires soudoyés, et souvent même casematée dans les donjons du maître, à l'apparence d'une simple crise souvent amenée par le calcul administratif lui-même ;

Le parlement itérativement dissous par le délégué de la couronne sous le moindre prétexte d'une feinte souleur de cette "loyauté" de commande qui s'offusquait du moindre symptôme d'indépendance parlementaire :—tel était le spectacle et l'aspect des choses en ce temps-là.

Oui, telle était la situation du pays alors et tel le sort de notre chambre d'assemblée ne vivant plus que de convulsions intérieures !

Et dire pourtant que cette lutte a été soutenue par une fraction d'hommes d'élite, dont il ne resterait plus guère qu'un vague souvenir, s'éteignant petit à petit dans la mémoire même de leurs héritiers et successeurs immédiats ! si quelque main amie n'était pas là pour suppléer à l'absence de la sténographie, de la télégraphie et de la photagraphie, ces trois sources d'immortalité, qui n'avaient pas encore donné au monde leurs secrets : ni, par conséquent, le bénéfice de leur découverte à ces lutteurs exemplaires, à ces patriotes modèles qui ont laissé au pays le bel exemple d'une résistance si admirable et qui a été si grosse de conséquences pour nous, hommes du jour, qu'elle a émancipés !

Voilà ce que j'ai appelé le demi-jour, le clair-obscur de notre histoire, pendant lequel nos hommes d'état ont joué le prélude de notre émancipation avec un désintéressement si honorable à leur *mémoire. Le parlement fut alors l'organe vital qui entretenait à lui seul par ses pulsations la vie publique dans le sein du pays, étreint dans un cerceau de fer et dominé par une atmosphère lugubre qui ne lui laissait pressentir rien de bon pour l'avenir.*

Voilà la lacune que j'ai entrepris, un peu témérairement peut-être, de combler par la publication de ces Souvenirs, *modestes mais pieux mémoires, qui essaieront de réparer quelque peu la faute du temps et des circonstances critiques que nous avons eu à subir en le traversant.*

Je n'ai donc voulu encore une fois, par ce travail, que tenter de combler tout simplement une lacune regrettable, moins encore pour la gratification de ce reste de la génération encore vivante, qui en a conservé le culte du souvenir, que pour l'exemple et l'édification de celle qui lui à succédé, que de laisser, dis-je, ce vide apparemment si muet, pendant qu'il a été comme le cénacle où s'est véritablement élaboré le dogme de notre code de liberté et d'émancipation politique et sociale.

C'est là le fond de toute ma pensée et de toute mon ambition, et ma manière d'acquitter ma part d'une dette sacrée en faveur de nos devanciers immédiats, pour peu que je sois secondé par ceux qui, en me voyant à l'œuvre, sentiront le devoir de m'acorder l'appui de leur concours et de leur suffrages, comme on a paru disposé de vouloir bien le faire jusqu'à présent.

Ce sont ces grandes figures restées un peu trop dans l'ombre jusqu'à présent, que j'ai eu l'ambition de faire ressortir quelque peu dans le fond de ce ciel incertain où elles ont laissé leur trace, quand c'est par leurs inspirations autant que par leurs agissements que le progrès s'est accompli pour nous et a été le fruit de leurs sacrifices. C'est en se prodiguant ainsi, corps et âme, pour amener la résurrection et le salut de leur race jusqu'alors si compromise, qu'elles sont arrivées à nous faire toucher au but de leurs aspirations.

Je me suis donc circonscrit pour cela dans le cercle étroit de cette courte mais féconde période, de Craig à Colborne, pour ne pas trop empiéter, d'une part, sur le terrain si bien cultivé par le véritable fondateur de notre histoire, F. X. Garneau, ni trop envahir, non plus, celui dont M. L. O. David vient de sortir, si apprécié pour son talent autant que pour son patriotisme, en faisant revivre dans des pages aussi éloquentes que courageuses le tableau si palpitant de la convulsion sociale de 1837-38.

Ce n'est pas que tout ait été dit, ou même ait pu l'être à cette heure, et pour cause. Mais la grande revendication nationale est faite, et puisqu'il en a eu le mérite, ne lui en disputons pas l'honneur.

Pour moi, je me contente de réclamer pour mes clients la part d'honneur (et certes, elle n'est pas petite,) qui revient à l'élément précurseur qui a su initier, dans l'ombre, le grand travail d'élaboration dont est sortie notre émancipation constitutionnelle, et à lui élever un autel dont j'ai le culte d'autant plus à cœur qu'on semble, sinon l'avoir mis en oubli, du moins le laisser languir dans une sorte d'indifférence plus apparente que réelle, sans doute, mais qui n'en est pas moins regrettable pour l'intégrité de notre histoire dont elle est l'âme, et dont on ne saurait, par conséquent, faire abstraction.

Aussi les successeurs ou héritiers de ce corps d'élite ont-ils bien raison de se montrer jaloux de ses antécédants et anxieux de le voir rappeler devant le pays pour y recevoir le prix de son dévouement, le sacre de sa renommée, et, à bon droit aussi, l'hommage public qui lui a manqué, alors qu'il bravait le tyran qui le tenait studieusement dans l'ombre pour en avoir meilleur marché La presse franco-canadienne tenue sous son talon au nom de la " loyauté," mais en trahison de la loi, faisait forcément silence. Les Lefrançois, les Bédard, les Blanchet et les Taschereau étaient sous les verroux, et le Canadien sous les scellés. Il ne restait plus debout à la surface que ce vieux Nestor de John Neilson pour crier gare ! Et encore était-ce dans la langue même du proconsul qui feignait de faire la sourde oreille.

En reprenant la plume pour raviver les faits importants d'une époque toute spéciale, je n'ai pas entendu m'en servir comme d'un stylet à la pointe empoisonnée, et encore acérée dans le fiel de l'esprit de parti, mais la tremper dans l'encre limpide et pure de la simple vérité au service du patriotisme : car il ne doit pas m'être défendu, non plus, sans prétendre formuler des réquisitions contre des particuliers, ou rendre des arrêts ou proclamer des jugements sans appel sur des faits graves et con-

troversés, mais passés au crible de l'histoire, de revendiquer la réhabilitation des persécutés et de pointer du doigt à l'enseigne des persécuteurs, en appréciant aux lumières de ma conscience et au meilleur de mon jugement, les circonstances qui leur servent de base et en justifient le témoignage traditionnel et authentique.

Je pourrai sans doute avoir à froisser des sentiments, à heurter des opinions, à surexciter des préjugés envieillis dans l'esprit de caste ou fomentés dans celui de famille ; car c'est là le sort fatal de la tâche que j'entreprends aux dépens peut-être de mon propre repos : je pourrai même, ce qui serait plus grave, me tromper et faire erreur involontairement sur les hommes ou sur les choses, ce qui est inséparable de la meilleure foi du monde, (car je ne réclame pas l'infaillibilité pour mon lot ;) mais je veux, au moins, n'obéir en cela qu'à l'impulsion du devoir inspiré par l'amour de la vérité pure, comme elle me paraît ressortir du spectacle des événements et de la simple évidence des faits consignés dans les documents par moi impartialement compulsés, ou prises dans le fruit de mes observations personnelles.

XVII

Ce décalque demande un coup d'œil sûr, mais sévère, et, sans trop me flatter de le posséder, je puis bien me rendre cette justice, que si j'ai dépassé mes forces en cherchant à le produire, il est le résultat d'une vue d'ensemble de ce dont j'ai été moi-même le témoin personnel : car, je puis le dire sans trop de jactance, l'époque que j'ai choisie, ou plutôt qui s'est imposée à mon sens d'obligation civique, étant très rapprochée de nous, j'ai pu l'étudier, l'observer, la fouiller même avec toute la précision de coup d'œil que les circonstances de ma vie m'ont mis à même de faire pour mon compte et dont j'ai tâché de faire mon profit dans l'intérêt même de mon pays.

Avec ces préliminaires, j'entre en matière, en comptant toujours sur l'indulgence de mon lecteur, le moins comme le plus favorablement disposé, en le priant de dépouiller toute opinion déjà faite par anticipation et de rester sincèrement ouvert à conviction devant mon appel à sa probité de caractère et à la candeur de son intelligence en présence de ma démonstration basée autant sur la sincérité historique que sur la bonne foi de mon patriotisme.

AVANT-PROPOS.

Quand je me reporte à cinquante ans à peine en arrière, que je considère par quelles étamines nous avions passé, de 1759 à 1763, et que je réfléchis à la problématique condition d'existence qui nous était faite alors :—quand je médite sur la profonde désorganisation politique et sociale où nous avait plongés le nouveau maître, au moyen du régime militaire dont il nous avait fait subir l'action impitoyable :— quand, dis-je, faisant avec moi-même un retour sur ce passé, je me sens un besoin de m'arrêter un peu et de me demander avec une sorte de stupéfaction, par quelle providentielle intervention nous avons pu être tirés de là !

Et, en effet, quelle situation inextricable, pour ne pas dire désespérée, s'offrait dans ce moment suprême à l'œil de l'observateur sérieux et surtout intéressé, en présence du système d'écrasement qu'on nous avait si durement fait sentir et qui avait laissé sa trace si profonde après lui ; comme la tempête laisse la sienne dans le sillage du navire à flots encore balloté par la houle tourmentée. Né de l'acte de cession et adopté par le traité de paix, sorte de copulation odieuse, ce régime monstrueux donnait le plus flagrant démenti aux conventions des deux puissances signataires, solennellement stipulées au nom du droit des gens et en face de la civilisation du 19e siècle.

Mais si les contemporains d'alors ont appelé cela des traités, la postérité d'aujourd'hui leur a donné d'autres noms. Mieux avisée, et appuyée sur l'histoire, elle a appelé le premier un traquenard et le second une chausse-trape, tendus sous les pieds d'une population trop confiante et cruellement déçue.

La France, elle, aurait pu dire à part soi, un double masque sur le visage d'une marâtre, pour mieux accomplir ses perfides et sinistres desseins sur une race trop loyale mais bientôt (quoique trop tard) détrompée.

Quoiqu'il en soit, le traité de 1763 ne fut

pas lui-même de bien longue portée dans son esprit apparent de garantie et de sincérité politique, pour ne pas employer des qualificatifs plus sévères et mieux mérités sans doute ; car on ne tint guère compte, en vérité, des stipulations que la France avait mises, comme conditions absolues, à ce pacte solennel entre deux des premières couronnes de l'Europe et du monde, devant les arrêts rendus par le sort de la guerre qui allait disposer des destinées de tout un pays.

La fière Albion, au mépris de la civilisation de l'époque, ne rougit pas cependant de faire, peu après, main basse sur les institutions du pays qui ne lui avait été ainsi cédé et livré que sous la garantie de la foi jurée : foi punique alors que celle-ci, s'il en fut jamais une !

Le traité de paix s'appela définitivement CONQUÊTE, dans la langue prostituée des cours et des chancelleries diplomatiques de l'Europe.

En d'autres temps, les simples préliminaires d'un protocole auraient obtenu plus de considération.

Une fois tous les scrupules étouffés dans les consciences politiques de même acabit, la nouvelle métropole fit bon marché de toutes les conditions qui avaient reçu la sanction royale et, pour ainsi dire, au lendemain même du jour où les sceaux de l'Etat y avaient été apposés.

On s'attaqua à la base même de la nouvelle société en commençant par saper l'administration de la justice par la suppression du corps de magistrats français qui en avaient rempli les fonctions, en les suppléant par des militaires de tout grade. Des capitaines et des chirurgiens-majors de l'armée furent improvisés "juges des plaidoyers communs;" c'est-à-dire, interprètes de lois dont ils ne connaissaient pas le premier mot; administrateurs de droits civils dont ils étaient incapables de lire le texte; arbîtres enfin de notre sort social qui reposait sur un code qu'ils abhorraient d'instinct sans le connaître, et, ainsi violé, par le successeur même du monarque français, au Canada, auquel il avait juré en roi d'en consacrer l'usage permanent en faveur de ses nouveaux sujets.

Force fut donc aux tribunaux français de faire silence. Seul l'héroïque du Calvet fit un rempart de son corps à sa race, ayant ainsi le couteau sur la gorge, en protégeant, bien que huguenot, ses droits civils et religieux, au nom de la justice divine, puisqu'on faisait si lestement fi de celle qu'avaient établie et consacrée les Francs ; mais aussi au sacrifice de son repos, de sa fortune, et enfin de son existence.

Pendant des années il rendit la justice chrétienne et gratuite en se substituant aux Tribunaux *irréguliers* dans toutes les affaires contentieuses entre ses compatriotes d'origine qui acceptaient ses décisions, ses jugements, ses arrêts aveuglément et avec une inviolable soumission : tant était élevé l'empire de son caractère, l'autorité de sa parole ; tant était grande la foi dans ses lumières, dans sa probité et dans sa droiture de conscience.

Homme légendaire, l'honneur de notre espèce, qu'on aille demander au Suisse Haldimand ce qu'il en a fait........ et ce qu'est devenu son fils !

Mais ce que je sais, moi, c'est qu'il est resté sans monument aussi celui-là.

Et ce qu'il y avait surtout de magnanime dans le dévouement de ce juste, c'est qu'il combattait un coréligionnaire dans la personne de ce Suisse importé par l'Angleterre comme un de ceux qui sont propres à être les instruments de toutes les causes pour de l'or. On sait le proverbe, *pas d'argent, pas de Suisse.* Le régiment des Meurons nous en a laissé de la graine dans les deux Gugy, père et fils, dont le premier est mort défalcataire comme shérif de Montréal, à la mode du temps ; et dont le second a dévoué toutes ses grandes et belles facultés à battre en brèche tout ce que nous avions de cher et de sacré dans nos institutions, se servant admirablement, dans l'occasion, de notre langue dont il connaissait tous les secrets, pour mieux nous faire sentir sa vénalité de caractère ou sa "loyauté" d'emprunt.

Le barreau alors fermé devant ceux qui l'avaient légalement composé jusque-là, et le banc judiciaire interdit aux juges naturels et légitimes des justiciables de notre origine, on ne concevait que trop bien à quel résultat désastreux devait nécessairement aboutir un aussi cynique attentat à l'existence fondamentale d'une société en voie de développement continu et de formation régulière. Cugnet lui-même, membre honoré d'une famille illustre dans la robe et dans la magistrature, ici comme en France, bien que le général Murray, et après lui, Carleton, eussent préconisé sa grande valeur légale et morale et ses services signalés : Cugnet n'avait pu trouver grâce aux yeux de la faction tory déjà toute puissante, mais avait du subir la déchéance devant la proscription décrétée par la marâtre qui servait d'instrument à son fanatique et insatiable égoïsme.

Toutes les assises sociales s'ébranlèrent du coup. Le désordre et la confusion ne tardèrent pas à toucher au chaos; et après une assez longue expérience dans cette voie absurde d'iniquité, la persévérance effrontée atteignit ses limites, et force fut bien, pour rétablir l'équilibre, d'avoir à recourir à l'intervention du digne et célèbre avocat, qu'on avait réduit à la seule fonction, au seul rôle d'avocat consultant ; et c'est à ses travaux qu'on doit en grande partie d'être sorti de l'abîme que nous avaient creusé les fauteurs aveugles de l'anglicisation violente : les mêmes forcénés que ceux qui ont amené les horreurs de 1837, dans lesquelles quelques-uns des nôtres n'ont pas eu honte de tremper les mains. Mais l'histoire les a marqués au front du cachet de Caïn, du signe de réprobation, et laissons-lui le soin d'en perpétuer la mémoire.

Un auteur contemporain faisant allusion à cette époque délirante, dit de lui : " Il fut un
" temps où les Canadiens ne pouvaient se faire
" jour au barreau, mais Cugnet exerça du
" moins comme avocat consultant, et ses con-
" sultations égalaient en méthode et en clarté
" celles des avocats français de réputation.
" Cugnet était éminemment patriote, il se pro-
" nonça en faveur d'une famille dépossédée en
" quelque sorte par les Anglais, et dans son
" traité de police, il regrette les sages ordonnan-
" ces de la domination française et déplore le
" désordre qui leur a succédé. Il eut assez d'in-
"fluence pour en faire remettre quelques-unes en
" vigueur. Ce Canadien illustre mourut au mois
" de Septembre 1789. Son frère, conseiller
" honoraire à Blois, lui survécut jusqu'en 1800.

" M. Cugnet, fils, traducteur des lois, est loué
" dans la lettre de Mgr. Hubert, au conseil
" législatif, au sujet de l'érection d'une uni-
" versité. "

Mais laissant là cet état semi-barbare qui nous était fait par ce que l'on appelait l'esprit et le droit de conquête, et sur lequel l'histoire a passé son jugement sans appel : je fais une halte ici, moins pour donner quelque trève à nos esprits, que pour descendre de suite après, en rentrant dans le cadre qui m'est propre, à l'époque dalhousienne, après l'épopée de terreur de Haldimand et de Craig.

Mais où en était alors le Canada, me demandais-je en débutant ? Et je vais essayer de résoudre maintenant cette grave question, avant de passer outre, en groupant quelques faits saillants de notre état administratif de l'époque, qui avaient pris les airs et la consistance d'un système.

Naturellement on doit bien pressentir, d'après l'exposé qui précède, que la métropole ne s'était guère amendée dans sa carrière politique vis-à-vis de sa nouvelle colonie. Seulement elle avait changé de terrain, ou plutôt de stratégie, dans ses procédés administratifs, qui, contrairement à son ancienne manière de régir directement, avait adopté une nouvelle tactique consistant à feindre de fermer les yeux sur les abus que ses représentants officiels ici créaient ou fomentaient en son nom, et maintenaient haut la main en se mettant à l'ombre de *Downing Street*.

Je prie mon lecteur de vouloir bien me suivre un peu attentivement dans la nouvelle nomenclature qu'il me faut faire ici de ces faits criants, de ces exactions de pouvoir local, sous toutes les formes, qui débordaient de tous les côtés, et contre lesquels nos co-sujets eux-mêmes auraient dû s'élever et protester tout les premiers, s'ils avaient eu le moindre sentiment d'équité, j'allais dire, de pudeur devant leur propre conscience, devant la morale publique et devant l'histoire : si seulement ils avaient eu le moindre souci de leur bonne renommée devant leur siècle et leur mère-patrie propre.

Mais on va voir que ce fut tout le contraire.

1º. Nos terres publiques, c'est-à-dire une très vaste proportion de notre territoire, accaparée et monopolisée par la compagnie des terres, sorte de bureau anonyme au nom de la Couronne, et alors entre les mains d'un certain honorable Felton, l'agent, l'âme de ce pillage public éhonté. C'était ce territoire situé entre la lisière où confinaient les terres de nos habitants, à quelques milles du St Laurent, d'un côté, et la frontière américaine, de l'autre, qui était ainsi réservé exclusivement à l'immigration des Isles Britanniques pour mieux nous étrangler dans ce boyau de fer : plan machiavélique si bien conçu, du moins le croyait-elle alors, mais que nous avons déjoué, en sauvant par là la puissance anglaise elle-même de l'invasion américaine. Et, c'est cette politique de taupe qui a si longtemps prévalu comme un chef-d'œuvre de calcul !

2º. Nos propriétés nationales, comme par exemple, la vaste et opulente seigneurie de Lauzon, entr'autres, administrée d'abord par le père de sir John Caldwell, et que ce dernier posséda, à titre de propriété, sans avoir jamais rendu compte de son administration de receveur général, et qui entraînait la province dans une perte de plus de cent mille louis ; hautement soutenu en cela par le gouverneur Dalhousie, son protecteur à visage découvert.

3°. L'immense exploitation des forges St-Maurice, avec son domaine inépuisable en terres arables et minières et en bois de chantier, laissés aux mains d'un certain honorable Mathew Bell depuis plus de vingt-cinq ans, sans qu'il eut jamais pu être amené à payer un denier vaillant sur son bail emphytéotique, éternel comme la conquête même ;–(mais, en revanche, vivant en grand seigneur, à Trois-Rivières, où il donnait des fêtes de gala aux gouverneurs et à leur suite. On s'y rappelle encore ces chasses au renard, faites sous ses auspices, qui donnaient le branle-bas à la vieille citadelle trifluvienne de l'héroïque gouverneur Boucher, dont elles troublaient les mânes, au grand ébahissement de la petite ville en présence de la meute immense de chiens-à-courre qui l'inondait dans ces jours là, à l'exclusion de tout autre voiturage possible, sur toute l'étendue de son parcours.

4º. Les biens des Jésuites entre les mains d'un certain honorable John Stewart, frère de l'évêque anglican de Québec, qui s'engraissa à cette sainte crèche pendant plus d'un quart de siècle, croyant, lui aussi, au dessous de sa dignité de répondre aux sommations de nos communes provinciales, à la tête desquelles tonnait le chef de la majorité libérale, sans peur et sans reproche, qui ôsait troubler ainsi le sommeil des Verrès ou des Satrapes qui se succédaient au château St Louis ;

5°. Nos douanes manipulées par un certain Jessup qui affectait de se rire, à l'instar des autres officiels incriminés, des réclamations de l'autorité législative, quand cette dernière voulait lui faire rendre gorge ; se retranchant autocratiquement derrière *sa commission impériale* pour mettre au défi le parlement provincial d'attenter à sa personne ; et cela devant le pays interdit de tant d'audace, d'astuce, de pillage et d'irresponsabilité, bien qu'il finit par succomber à la fin ;

6°. Nos postes canadiennes, enfin, dans le creux de la main d'un certain T. A. Stayner, qui passait le meilleur de son temps à se pavaner sur l'océan avec sa progéniture ; sans plus s'inquiéter des représentations du pays qui criait au scandale, que si celui-ci n'eut eu rien à y voir ; (car il en était du produit de nos postes comme de celui de nos douanes: la métropole empoignait le tout, sous prétexte d'avoir à faire face aux dépenses de sa colonie ; et c'est ainsi que toutes les hautes charges étant à sa nomination directe, échappaient, partant, au contrôle de notre législature, et que, par suite aussi, notre coffre-fort provincial allait se verser tout droit dans les mains des lords de la trésorerie qui s'en servaient pour alimenter leurs créatures et affidés de ce côté de la mer; c'est-à-dire, que la métropole apostait les espions et que la Province les sustentait avec magnificence !)

Et pendant que cette avalanche d'oiseaux de proie s'abattait sur la contrée pour la dévorer, le dirai-je, méthaphoriquement, à belles dents, nos établissements religieux, comme ceux des Récollets, à Québec et à Trois-Rivières, servaient de temples et de résidences aux ministres du culte protestant, qui s'y prélassaient sans scrupule comme sans vergogne, à la face du pays révolté de tant d'outrecuidance et de profanation, en présence des traités ainsi conspués !

Et tous ces honorables-là avaient siège soit au conseil exécutif ou législatif, soit aux Communes provinciales; excepté, peut-être, les illustres Jessup et Stayner, dont le premier finit, après toute espèce de faux fuyants dilatoires, par tomber vif entre les mains de l'assemblée législative ; et dont le second parcourrerait encore sans doute le royaume de Neptune à la recherche des syrènes chantantes ou du serpent de mer, si le ciel confondu de tant d'indécentes témérités, ne l'eut cité au poste définitif et *responsable* où il devait enfin rendre ses comptes !

Oui, quand je repasse dans mes réminiscences de jeunesse un tel agencement de conditions d'existence politique et sociale, et que, pour le couronner, je vois à son faîte l'administration de la justice commise studieusement aux mains de juges exclusivement étrangers à nos lois comme à notre idiôme ; adverses à nos croyances comme à nos sentiments de nature ; et, pour comble, le népotisme peser en maître sur notre état de société : ayant un Sewell pour juge suprême, un Sewell pour shérif dans la capitale, un Sewell pour maître de poste à Québec, un Sewell comme chapelain des Jésuites (*risum teneatis amici*) et de la chambre d'assemblée plus qu'aux trois quarts française et catholique ; avec un traitement de $800 par année, pour y mimer, à chaque bout de séance, un semblant de prière dont le ton était propre à jeter le froid plutôt qu'à produire l'onction dans les âmes qui avaient à en subir la formule mais qui n'y répondaient guère, ma foi ! et tout cela parce que le chef de cette famille avait tourné le dos à sa patrie affranchie pour venir gruger avec sa prodigieuse descendance, le nouveau domaine qui allait s'offrir, après l'épuisement de l'autre, à sa rapacité et à sa soif d'accaparement : quand, dis-je, planant du regard sur ce régime sans nom, mais si bien fait pour dénaturer et abâtardir n'importe quelle proportion de race humaine cherchant loyalement sa place au soleil de la liberté ; et que je vois surgir d'un tel milieu la nôtre presque indemne : je me demande, pour comble d'ébahissement, comment il a bien pu se trouver ici, moins d'un demi-siècle après, un homme ayant nom sir Edmund Head, parlant ès-qualité au nom de l'Angleterre, pour avoir la magnanimité de marquer au front de " *race inférieure* " ce petit peuple ainsi mutilé, mais encore assez vigoureux pour échapper comme miraculeusement à un pareil guet-à-pens social !

Mais quel nom donner alors aux fauteurs de cet attentât de lèse-humanité, qui s'appelaient nos maîtres ? Est-ce que le stigmate de brigands supérieurs serait assez fort ?

Et l'on affecterait encore, en certain coin, d'être surpris qu'un aussi satanique système de provocation à la fierté d'une race, aussi honnie que trahie, put aboutir à un autre résultat que celui d'un soulèvement national, qu'à une représaille à main-armée ?

Eh bien ! ce qui m'étonne le plus moi, c'est qu'il ait mis tant de temps à se produire et qu'il n'ait pas été plus éclatant et plus formidable encore ! Car enfin, en bonne logique, l'effêt doit être égal à la cause.

Ce qui ne me confond pas moins d'admiration, c'est que cette poignée d'enfants du sol, si soudainement délaissés par la royauté française en d'échéance, que cette jeune société, à peine embryonnaire, ait pu, dis-je, résister à cette conspiration sauvage ourdie contre elle, et cela par une nation qui se targue si fort de sa liberté constitutionnelle, qui se fait si grande jactance de sa philantropie et invoque si haut sa *Magna Charta*.

Mais l'espèce humaine pourtant n'est pas faite pour être étourdie par des périodes sonores, et des mots magiques et cependant vides de sens quand on les met au creuset de l'épreuve et en face de l'application. La confrontation d'une chose avec l'autre en a bientôt fixé le sens et mis chacune à sa place. Ce serait la prendre pour trop naïve s'il en était autrement. Seulement le métier de la tyrannie sait changer son jeu au besoin. Il a des mots pompeux pour faire illusion aux naïfs.

Cela s'appelle d'abord union, puis confédération, puis, que sais-je, fédération de l'empire. Je vous conseille de laisser faire un peu la Providence, vous ne vous en trouveriez pas plus mal !

Dans quelle situation, disais-je, en commençant cet avant-propos, devait donc se trouver placée la population franco-canadienne, cédée par la France en vertu d'un traité provisoire de capitulation, suivi, trois ans après de son complément ou plutôt de sa confirmation, dans celui de 1763, qui bientôt avait pris la couleur plus ambitieuse de conquête dans le grimoire assez élastique des faiseurs *ad hoc* du cabinet métropolitain ? Conquête ou non, le traité de paix garantissait la jouissance incontestable de ces immunités sociales qui font l'apanage d'un peuple en le constituant tel, et le nouveau maître avait fort mauvaise grâce de chercher à le violer sitôt, sans même trop s'inquiéter des apparences que cela pourrait avoir aux yeux de la civilisation assez chatouilleuse sur ce point. Mais on passa outre.

Eh bien, et en le disant, je ne crois pas faire

preuve d'un trop grand étalage d'amour propre national, si nous renversions les rôles, et, supposé que ce fussent nos persécuteurs qui eussent subi l'épreuve qu'ils nous avaient infligée, il pourrait nous être permis de penser, peut-être, qu'ils ne fussent pas sortis aussi vigoureux de l'étreinte et qu'ils en eussent si habilement profité, pour ne pas dire si héroïquement triomphé.

L'histoire moderne, il est vrai, offre peu de termes de comparaison pour la solution de ce problème qui en vaut bien un autre, en vérité, et sur lequel je sollicite avec quelque orgueil les méditations de nos manipulateurs de constitutions; et alors John Bull aurait, en ce cas, des points à rendre à Jean-Baptiste : car il n'est pas absolument démontré qu'il se fut non seulement si bien développé dans de telles entraves, mais qu'il eut fait encore si bonne contenance à côté de son frère ennemi. Ce n'est toujours pas la conquête de la Normandie, l'exemple peut-être le plus rapproché du nôtre, qui nous mettrait en défaut ou nous donnerait le démenti. Il produirait plutôt l'effet contraire en justifiant notre point de vue. Heureusement, pour notre co-sujet, qu'il n'est pas exposé à essuyer une telle épreuve, et notre cruelle expérience à cet égard est bien faite pour nous détourner d'avoir le désir ou encore moins l'occasion de la lui voir traverser !

Mais tel est le terrain sur lequel va lier contestation notre parlement canadien avec la faction tory appuyée par le bureau colonial, contestation héroïque, lutte virile et patriotique s'il en fut jamais une, dans laquelle nos parlementaires du temps développèrent de telles ressources et une telle résolution, que nos régisseurs de là-bas ne savaient pour qui prendre cette poignée d'hommes d'état qui les tenaient ainsi en bride alors que ceux-ci manquaient, ce semble, de tous les éléments de résistance propres à la faire avec quelque semblant de succès.

Mais nous allons pouvoir bientôt en juger quand l'heure aura sonné de voir les téméraires à l'œuvre, drapeaux déployés.

J'ai tout naturellement dû préluder à ce que je vais raconter, comme l'ayant vu, par ce que je tenais de la tradition et de l'histoire. Sans cette tradition déblayée par Bibaud, aîné, le premier, nous n'eussions pas eu Garneau ; et soyons justes avant tout ; Bibaud nous a donné tout ce qu'il a pu au sortir du cahos d'où il émergeait avec ses idées du temps ; sans oublier sa casuistique, qui se sentait des études de l'époque et confondait souvent ce qui était du ressort de la logique humaine avec ce qu'une foi implicite dans tout ce qu'on enseignait alors comme dogme politique inséparable de celui de la foi, prescrivait comme l'extrême limite imposée aux spéculations et aux visées de ce qu'on est convenu depuis d'appeler l'école libérale.

Cette idée n'est pas nouvelle chez moi, pas plus que ce jugement sur M. Bibaud, le père et créateur de notre histoire. Son fils a cité dans le temps, dans son livre des hommes illustres du Canada, ce que je disais dans le *Canadien* d'alors de MM. Bibaud et Garneau, un peu sur le ton du reproche de ce qu'il lui semblait être la part de ma partialité ; et je ne saurais mieux cependant la justifier, ce me semble, encore aujourd'hui, qu'en reproduisant intégralement ici cette page d'appréciation de nos deux historiens, où devant ma conscience, je ne trouve pas un mot à changer après tout-à-l'heure vingt ans de méditation sur les hommes et les choses du pays.—Ci-suit l'article en question que j'ai quelque satisfaction de soumettre au jugement des lecteurs en cette circonstance :

"M. GARNEAU.

" Extrait du *Canadien.*"

" Nous regrettons de lire la notice biogra-
" phique qui suit dans le Dictionnaire Histo-
" rique des hommes illustres de l'Amérique, par
" Bibaud, jeune, dit le rédacteur en chef du
" *Canadien,* M. Barthe."

" M. Bibaud ne craint-il pas de sentir le détracteur en employant un pareil langage (il venait de mettre son père beaucoup au-dessus de Garneau qu'il dépréciait à l'équivalent par cela même ;) vis-à-vis d'une réputation aussi solidement établie et aussi légitimement méritée que celle de notre digne ami, M. Garneau ? L'auteur du *Dictionnaire des hommes illustres de l'Amérique* ne s'est donc pas souvenu en écrivant cette page injuste contre M. Garneau, que celui-ci a sacrifié jusqu'à sa santé dans ce travail qui a fait tant d'honneur à sa patrie et à son auteur ? Non, il ne s'en est pas souvenu : car il n'aurait pas eu le courage de tremper sa plume dans l'encre qui lui a servi et qui restera dans son *Dictionnaire* comme une tache, là où il ne devait y avoir qu'une gloire nationale dont nous étions si justement fier. Ne craint-il pas, M. Bibaud, jeune, que le public, qui voit transparent dans tout, ne découvre ici l'esprit de rivalité traditionnel dans le fils du premier historien canadien, M. Bibaud, sen. ? Certes ! nous ne cherchons pas à l'instar du fils de ce dernier, à anéantir l'œuvre de son père par mesure de représaille de ce qu'il vient de dire contre un homme comme M. Garneau, dont l'amitié nous honore autant que son talent a honoré son pays et le nôtre, qui est aussi celui de MM. Bibaud, père et fils. Mais la justice nous force de déclarer bien haut, qu'entre nos deux premiers historiens, il n'est pas difficile d'adjuger la palme de la victoire. Il est vrai que M. Bibaud, père, est venu le premier et a eu à débrouiller le cahos, et ce n'est pas peu.

Mais c'est notre ami M. Garneau qui a mis la dernière main à l'œuvre informe et indigeste de son devancier.

Et ici M. Bibaud, jeune, ouvre une parenthèse pour ajouter en passant : "voyez plutôt ce qu'il en dit dans le *Canada Reconquis.*" Aussi l'historien Bancroft, en recevant l'ouvrage de M. Garneau, écrivit-il à notre honorable et distingué concitoyen, M. Black, une lettre pleine d'admiration pour cette œuvre et pour l'auteur. M. Black nous fit part, dans le temps, de cette lettre qui est à elle seule un passe-port à la postérité. C'est encore pour M. Bibaud, jeune, un nom à ajouter à tous ceux qu'il cite pour contre-balancer son propre jugement.

Nous ne pouvons qu'ajouter qu'en pareille compagnie, nous n'avons pas beaucoup à rougir d'avoir préconisé l'ouvrage de M. Garneau, en France et partout où nous avons mis le pied. Si c'est un si gros péché, du reste, que nous avons commis là, nous sommes très sûr d'être damné pour ce fait, car nous entendons bien y persister, surtout depuis l'injuste et inqualifiable sortie de M. Bibaud, jeune, sortie qui n'est pas propre à le relever aux yeux du public canadien, pas plus que dans notre très humble opinion personnelle."

Comme soulagement à l'article cité, M. Bibaud, jeune, a cru devoir donner un peu plus loin l'extrait de lettre qui suit, d'un ecclésiastique, chef d'institution, lequel s'exprime dans les termes suivants : " Il
" y a des hommes vraiment singuliers, dit il : pour
" eux il y a mille bonnes raisons de taire la vérité,
" et si on veut la faire connaître, ils ne peuvent croire
" ni à la sincérité ni à l'impartialité du critique, et
" crient à la jalousie. M. Barthe me semble de ce
" nombre. S'il m'était permis de vous donner un
" conseil, je vous dirais que l'éditeur du *Canadien*
" mériterait une assez bonne remontrance, car il croit
" tout bonnement ses jugements irrévocables. "

Cette remontrance s'est longtemps fait désirer et je laisse volontiers au lecteur en possession des pièces justificatives à se prononcer à cet égard.

Messieurs Bibaud et Garneau sont malheureusement morts tous les deux et que dit la postérité dans le silence de ces deux tombes qui toutes deux méritent notre respect sans doute. Serait-elle, par hasard, favorable à la *remontrance* dont j'étais alors menacé ?

J'ai cependant cru en justice, pour la mémoire de M. Bibaud, père, et pour la réclamation de M. Bibaud, jeune, devoir citer l'incident intégralement."

C'était mon intention de terminer mon œuvre, croyant qu'il me suffirait d'un seul volume pour cela, par la présentation des personnages que j'ai surtout l'ambition de mettre sur la scène devant le pays, c'est-à-dire cette phalange éprouvée au feu de la lutte parlementaire pendant plus d'un quart de siècle, avant de baisser le rideau. Mais j'ai vu que c'était m'acharner en vain à vouloir condenser au-delà du possible, tous les matériaux de cette courte mais féconde époque que j'ai choisie comme thème de mes *Mémoires*, qui abondaient dans mes mains et sollicitaient mon patriotisme. Et, dans ces circonstances, j'ai du diviser mon travail et me suis trouvé forcé de consacrer un autre volume au complément de l'œuvre dont j'avais mal calculé l'étendue ; si toute fois la faveur du public va jusqu'à me justifier de la continuer dans cette vue et dans ces conditions. Si j'ai le bonheur d'avoir répondu quelque peu à ce qu'il pouvait attendre de moi, ce dont je n'ôse pas trop me flatter, dans la délicate tâche que je me suis imposée, comme pour m'acquitter un peu de ma dette envers mon pays ; si, dis-je, je n'ai pas trop démérité de sa faveur en présumant peut-être un peu trop de mes forces : alors je tiens encore ma plume trempée dans l'encre à son intention, et l'hiver ne s'achèvera pas sans que le deuxième volume de mes *Mémoires* soit prêt avant la floraison des lilas et des roses. Je brûle moi-même du désir de l'accomplir, cette tâche toute d'affection, dans toute sa portée ; et, pour mieux y arriver, j'ai dû adopter le plan, qui plutôt s'est imposé à moi, de faire un deuxième volume dont j'ai les matériaux dans les mains, mais qui demandent d'être triés, classés et traités avec soin et précision pour répondre au but que j'avais en vue, et qui est resté tel, depuis le premier moment de la conception de ces *Mémoires*.

Ces explications m'ont paru nécessaires pour être en règle avec ceux qui se sont montrés si bienveillants pour moi dans l'encouragement qu'ils ont donné à mon entreprise, et je voudrais faire en sorte qu'ils fussent aussi contents de moi que je le suis d'eux jusqu'aujourd'hui. J'ai essayé d'y répondre de mon mieux jusqu'à présent, et c'est pour n'avoir rien à me reprocher à cet égard, que je préface ainsi ce premier volume qui décidera de la continuation de la bienveillance publique à mon intention, ou qui me signifiera que j'ai manqué le but que je m'étais proposé en offrant mon œuvre comme contingent de ma dette envers ma patrie !

Avec ces préliminaires qui m'ont paru non-seulement de mise, mais de toute nécessité, dans les circonstances ; je vais entrer en matière, en suivant la chaîne dont cet avant-propos est le trait d'union entre le passé de notre histoire coloniale, tel que la tradition nous l'a donné, et la suite qui est le fruit de mes observations personnelles et dont je puis être, je crois, le témoin autorisé ou tout au moins accrédité.

PREMIÈRE PARTIE

CHAPITRE PREMIER.

De 1808 à 1820.

SOMMAIRE.

Clarke,— Curleton,— Craig,— Sewell,— Stuart, Milnes,— Plessis,— Ryland,— Lord Bathurst,— Le Prince Régent,—Sir George Prevost,—Le Président Thomas Dunn,—Le Général Montgommery,— Lord Dorchester,— Haldimand,—Du Calvet, anticipés dans l'Avant-Propos.

Dans quelle situation, étais-je à me demander, en commençant et en terminant mon avant-propos, se trouvait donc la population cédée par la France à l'Angleterre, en attendant le traité définitif qui devait suivre et confirmer la capitulation ?

Et surtout où en était le Canada jusqu'alors si ballotté, à l'arrivée de sir James Craig sur nos bords, près de cinquante ans plus tard ?

Et maintenant je réponds, en me résumant : il tombait comme une victime déjà meurtrie, mais fatalement vouée, sous les griffes d'un léopard.

A peine la courte et incolore administration de sir Alured Clarke, passé du gouvernement de la Jamaïque à celui du Canada, où il eut le bonheur d'inaugurer notre charte constitutionnelle, en 1792 : à peine dis-je, ce lever du soleil après la tempête soulevée par Haldimand, avait-il donné le temps aux canadiens de respirer, que le contrecoup de la guerre de l'indépendance américaine commença à se faire sentir de ce côté de la frontière.

Le général Carleton qui s'était déjà fait bénir des nôtres, et qui nous revenait, après avoir été élevé à la pairie sous le nom de lord Dorchester, ne fut un désappointement que pour son prédécesseur, qui n'avait accepté sa lieutenance que dans l'espoir que l'élévation du premier le retiendrait dans les hautes régions de la promotion hiérarchique, en laissant le champ libre devant lui, l'administrateur, dans l'ordre ou le ressort de sa nouvelle carrière.

Mais Carleton lui, qui s'était fait adorer des nouveaux sujets, quand il leur revint lord Dorchester, ce ne fut que pour achever de les rapatrier à l'Angleterre et pour mériter le témoignage suivant que lui a rendu un auteur contemporain : " Comme gouvernant, Carle-
" ton a marché, et cela à la tête d'un peuple
" étranger, sur les traces des Antonin et des
" Marc-Aurèle. Comme guerrier, son humanité
" lui a valu l'éloge des Botta et des Carlo-
" Carli, le célèbre auteur des *Lettres sur l'Amé-*
" *rique*, et Botta, écrivain italien, qui a écrit
" l'Histoire de la guerre de l'Indépendance
" Américaine."

On sait aussi comment il a justifié ce témoignage. Tous, la noblesse en tête, qu'il avait su s'attacher par ses nobles et chevaleresques qualités de cœur et d'esprit, volèrent, à son appel, à la frontière, où l'on teint en échec l'armée américaine pendant cinq mois, en repoussant finalement l'invasion qui coûta la vie à l'illustre général Montgomery, dont lord Dorchester fit enterrer les dépouilles mortelles avec les plus grands honneurs militaires.

Malheureusement cette sereine carrière de lord Dorchester devait se fermer trop tôt pour le malheur des canadiens : car l'intérim rempli par le général Prescott, Robert Shore Milnes et le président Thomas Dunn, lesquels n'avaient que servi de bouche-trous, qu'on veuille bien me passer le mot, entre le départ de Carleton et l'arrivée de sir James Craig n'avait été qu'une trop courte halte pour nous et ajourné pour trop peu de temps la reprise du régime de persécution latente, ou du système d'hostilité ouverte et violente qui devint le luxe administratif de ce dernier.

Sir James Craig nous arrivait encore tout bouffi de sa conquête du Cap de Bonne-Espérance en faisant bruyamment retentir son sabre sur le pavé. Flanqué de son fatal Ryland, son âme-damnée, il se mit à ramper cauteleusement aux pieds de la métropole pour en obtenir le retrait de notre constitution dont lord

Dorchester avait tout fait pour élargir encore les bases. Pour cela il députa son *fidèle Achates* qui se mit à l'œuvre de la rouerie machiavélique en débutant par une attaque brutale contre notre maison de St. Sulpice, ayant alors à sa tête M. Roux qui se joua de Ryland comme un chat d'une souris ; et celui-ci dut s'en revenir en chantant avec le perroquet d'Auguste : *j'ai perdu mon temps et mes peines*. Il arriva, en effet à Québec, avec l'air du renard à la queue coupée du bon Lafontaine.

Ryland ainsi désarçonné, qu'on ne croie pas que sir James Craig se compta pour battu, bien que son bras droit se fut montré si infirme contre St. Sulpice, sinon plus maladroit encore dans son attaque à brûle-pourpoint contre notre charte de 1791. Seulement il fit jouer ses ficelles d'ici en s'étayant du juge en chef Sewell et du solliciteur général Stuart, deux des renégats de la révolution américaine.

Je dirai plus loin comment quatre de ces familles, qui avaient tourné le dos à leur patrie, sont venues s'abattre sur nous pour exploiter le pays qui leur offrait une nouvelle pâture, un autre monopole d'accaparement, sous couleur de leur dévouement et fidélité à l'Angleterre, et comment, en revanche, celle-ci sut aussi les traiter en enfants gâtés.

Mais là encore sir James Craig ne fut pas longtemps heureux. L'intrigue n'est pas toujours une carrière sure quand surtout les éléments qu'on a dans les mains pour atteindre à son but sont discordants. Or, chez le juge en chef Sewell, c'était la souplesse dans le savoir faire qui prévalait ; chez le solliciteur général Stuart, c'était l'ambition à l'emporte-pièce qui dominait.

Aussi il arriva ce qui devait arriver, c'est que celui-ci se croyant desservi par le chef de l'exécutif qui avait cru devoir nommer M. Bowen avant lui, rompit en visière avec le gouverneur, non moins altier et absolu que lui, pour se jeter corps et âme dans le parti libéral, après avoir été toutefois destitué de ses fonctions de solliciteur général que lui avait conférées sir Robert Shore Milnes.

Ce fut aussi à peu près à ce moment là que parut à notre horizon M. Joseph Octave Plessis, sorti d'une souche si modeste et qui devait bientôt occuper une si grande place et jouer un rôle si proéminent dans son pays, je pourrais presque dire dans son siècle, et sans trop d'ambition, en vérité.

En effet, jamais homme n'arriva sur la scène plus providentiellement que celui-ci. Peut-être aussi ne s'en trouvât-il jamais un plus singulièrement situé au milieu de cette complication de choses, pour ne pas dire de conflits à la fois politiques et religieux, qui vinrent l'assaillir à son avènement, ce qui a été cause qu'on l'a jugé si diversement parmi ses contemporains. Je vais essayer de jeter quelque jour sur la cause des dissentiments dont il fut l'objet et dont il ne triompha qu'à force d'habileté et de consciencieuse tenacité. Ce n'est pas un panégyrique que je veux écrire, mais une étude impartiale que je veux faire d'une grande vie qui peut avoir eu ses faiblesses, mais qui aussi a laissé de grandes traces de supériorité dans la carrière des devoirs accomplis. Cette remarquable figure a besoin d'un peu d'ombre pour rayonner de toute sa force, et je me suis placé dans ce milieu pour mieux l'étudier, maintenant que ses cendres refroidies peuvent nous permettre de rendre pleine justice à ses mânes.

Monté presque d'un bond de la cure à ce qui devait être bientôt après l'Archevêché de Québec et du Canada, au moins au dire de Rome d'abord, en attendant l'action définitive du Gouvernement anglais, à cet égard ; il prit alors le titre de chef ecclésiastique ou métropolitain de cette vaste étendue de territoire qui forme aujourd'hui une série ininterrompue d'évêchés qui n'ont pas encore fini de se multiplier dans le Nouveau-Monde. Mais comme tous les hommes prédestinés aux grandes évolutions sociales, il avait à passer aussi par une filière d'épreuves qui sont le lot des fortes épaules et qui lui mettaient du coup une tâche herculéenne sur les bras.

En effet, ce n'était pas un diocèse qu'on avait assigné à ce prélat, mais un royaume qu'on décernait à cet apôtre royal par son étendue géographique et ses promesses d'avenir au double point de vue de la conquête religieuse et nationale.

Il l'avait embrassée de son coup-d'œil d'aigle cette entreprise gigantesque et entendait la fonder, la féconder et la gouverner, dans les vues de Dieu et l'intérêt de son peuple, en maître absolu. Le pasteur hiérarchique et le patriote franco-canadien ne formaient plus qu'un en lui et se combinaient merveilleusement dans sa personne.

Après avoir, dans un mandement resté fameux, félicité le pays d'avoir échappé aux horreurs du cataclysme de 1793 et remercié la Providence de rester abrité sous le drapeau d'Albion–(telle semblait être alors toute la portée de sa politique du moment, et ceux qui se hâtent trop de juger des choses à la surface ne lui en surent qu'un médiocre gré ;) il avait déjà songé à le parcourir et à l'organiser sans désemparer ce diocèse de sa prédilection.

La nature l'avait fait pour commander, et certes, il allait avoir l'occasion d'en user largement.

D'une stature peu élevée, mais fortement prise dans sa taille, avec une physionomie imposante et des traits caractéristiques, il faisait un portrait fort avantageux, bien que son teint un peu bistré et sa figure très gravée, demandassent d'être vus d'une certaine portée pour leur donner tout l'avantage avec lequel les gravures du temps, du reste très fidèles qui nous sont restées de lui, le font apparaître ; c'est-à-dire, avec une certaine majesté d'attitude et de physionomie qui régna toujours dans toute sa personne. Mais c'était plutôt l'ensemble des traits du visage et des lignes de sa physionomie qui en constituaient la distinction que l'éclat rayonnant de sa carnation. L'œil surtout qui répandait tant de lumière sur cette grande figure était irrésistible à ceux qu'il fixait.

La nature enfin l'avait fait pour créer et pour régner, et ce qu'il a laissé après lui montre s'il sut obéir à ses injonctions.

Tel était l'homme qui avait à se mesurer avec le chevalier Craig, et une lutte intestine ne tarda pas à s'établir entre l'hôte du château St Louis et celui de l'évêché, qui les tint en délicatesse l'un vis-à-vis de l'autre pendant une certaine période. Mgr. Plessis était au courant de toutes les intrigues du château et, de son côté le gouverneur, connaissant d'intuition ce qu'il avait à redouter de la supériorité d'intelligence et de caractère de son clairvoyant adversaire, ne se dissimulait pas l'impasse où le célèbre Ryland l'avait placé avec sa mission de Londres.

Il fallait rompre la glace pourtant, et, l'étiquette officielle aidant, les deux personnages se fréquentaient de plus en plus, suivant que les circonstances l'exigeaient. Mais il restait toujours chaque fois quelque avantage à l'Evêque qui conquérait pied-à-pied le terrain en dispute, surtout depuis le célèbre sermon dont le retentissement avait mis, là-bas, le fameux Ryland sur les dents et bridé la langue aux *loyaux protestants d'ici;* et dont l'écho, répercuté à Londres, avait donné l'éveil à lord Bathurst, le ministre des colonies, désarmé jusqu'au Prince Régent lui-même, en dépit des manœuvres alors éventées du sieur Ryland qui avait du détaler n'en pouvant mais.

L'évêque savait qu'il avait frappé juste et ce qui se passait à Londres, ainsi que sir

James Craig lui-même qui, par conséquent, avait raison de se montrer moins gourmé depuis qu'il avait été mis au courant. Ce fut une véritable révolution dans les esprits et les sentiments. Mgr. Plessis, sachant qu'il n'avait plus rien à attendre de l'intervention de la France, alors débordée par les évènements du continent, avait voulu par un coup de maître désarmer le protestantisme à son endroit et avait réussi.

L'abbé Ferland à mis en lumière, dans un travail spécial, que j'appelerais volontiers un panégérique consciencieux, l'habileté et l'énergie déployées par l'évêque Plessis pendant la durée de cette grande controverse, qui se prolongea pendant près de trois ans, entre le chef de l'épiscopat canadien et le gouvernement métropolitain, inspiré, pour ne pas dire empoisonné, par le nôtre, et qui finit par une complète victoire remportée par l'évêque de Québec sur la conjuration semi-religieuse et semi-politique qui, du château St. Louis, avait poussé des racines et déjà assez vigoureuses jusque dans le palais de Windsor.

Supprimez l'évêque Plessis, le fameux mandement et le sermon, qui lui ouvrirent toutes les portes à son voyage, à Londres, depuis celle du ministre des colonies jusqu'à celle du Prince Régent, lesquels l'accueillirent avec la faveur la plus marquée : et je demande ce qui devait advenir de nous ainsi pris dans les griffes du léopard Craig et la faction tory de la métropole doublée de la nôtre ici, la plus perverse des deux ?

Puis Craig s'était rendu si odieux par ses façons de pacha vis-à-vis de la chambre, si fanatique dans ses préjugés nationaux et religieux, si étroit et altier dans ses rapports administratifs avec les corps publics comme avec les citoyens de l'ordre le plus élevé, que, quand ses lettres de rappel lui arrivèrent, il avait déjà de la peine à faire tête à la situation, tant il sentait le poids de l'exécration publique peser sur la sienne.

Il quitta nos bords avec la malédiction publique qui ne lui était ménagée par aucun parti, pas même par celui dont il avait cru gagner la faveur par ses honteuses menées, et, qui n'ayant après tout, que fort peu recueilli de la moisson qu'il avait semée, le regarda partir, non-seulement avec indifférence, mais presque en se gaudissant des sifflets populaires qui accompagnaient sa marche, à son départ.

Toutefois, ce qui concerne les rapports de l'Evêque Plessis avec lui aurait été beaucoup moins de mon domaine, s'ils eussent été simplement de convention. Mais comme, au contraire, ils sont la clef de toute une situation, et des plus grave, je tenais à consigner ici un épisode aussi mémorable pour mettre en lumière les côtés saillants du caractère de l'évêque Plessis qui, pendant un temps, en avait souffert dans l'estime publique, en traversant, dans le clair-obscur, cette difficile et avantureuse crise, bien que dans la plus grande circonspection. Je crois qu'elle s'est dénouée tout à l'avantage du pays et tout à fait au grand honneur de sa mémoire ; et, le croyant, j'ai d'autant plus de plaisir de lui rendre cette justice que j'ai été longtemps de ceux qui avaient méconnu la réalité comme la portée de son rôle, en cette solennelle et périlleuse rencontre, pour celui qui en fut le héros.

Quoiqu'il en soit, j'aurai plus d'une fois encore à évoquer cette grande mémoire et le ferai avec le même sentiment d'impartialité, laissant parler les faits et apaiser les préjugés, tout en revendiquant la vérité historique à tout prix.

CHAPITRE II.

Continué de 1812 à 1820.

SOMMAIRE.

Départ définitif de Craig,—Thomas Dunn nommé par intérim.—Arrivée de sir George Prevost.—Le parlement canadien.— Vote de subsides. — Motifs déterminants des canadiens en faveur de l'Angleterre.—Conduite du clergé à cette occasion.—Ingratitude de l'Angleterre à l'égard de sir George Prevost.—Le général Murray,—Sherbrooke.

Mais pendant que ces graves choses avaient cours, d'autres évènements non moins graves s'annonçaient à l'horison qui s'était quelque peu éclairci après le départ de Craig ; bien qu'il n'eut pas emporté après lui tout l'odieux que le cours de son administration avait fait rejaillir sur l'Angleterre, déjà assez compromise par ceux qui lui avaient servi de truchements ici comme représentants de la couronne.

Craig avait laissé la province dans un état d'ébullition qui ne faisait pressentir rien de bon pour l'avenir de notre pauvre race déjà si éprouvée, et les Américains rêvaient de frapper un grand coup pour englober le Canada dans leur orbite. Le mot de conquête qui sonnait assez mal ici aux oreilles de nos gens, les faisait sérieusement songer, surtout après la si triste expérience qu'ils avaient faite de ce genre de gouvernement paternel qu'on leur avait prisé si haut et qu'on leur avait fait attendre de l'esprit de justice et de la magnanimité de l'Angleterre. Ils paraissaient presque murs cependant pour un autre changement, et confessons qu'ils auraient pu l'être à moins.

Mais l'Angleterre, attérée par le sinistre aspect de la situation, s'était hâtée de rappeler son fougueux représentant et de le remplacer par sir George Prevost, excellente pâte d'homme, et comme il en fallait une pour apaiser les nôtres systématiquement poussés à bout. L'intérim entre le départ de Craig et l'arrivée de Prevost, de 1811 à 1812, fut comblé par l'honorable Thomas Dunn, président pour la seconde fois, lequel se prêtait de la meilleure grâce du monde à ce rôle héroïcomique tout à fait innocent.

Comme on le voit, il n'y a pas que de nos jours que nous avons eu des gouverneurs pour rire ; et, pour peu que cela eut duré nous eussions pu arriver à avoir enfin notre Sancho Pança, avec cette différence, essentielle toutefois, qu'au lieu lui, d'être berné, c'est notre Barataria à nous, qui aurait fini par l'être complètement.

Quoiqu'il en soit, l'arrivée de Prevost sur notre terre agitée, aussi différent de Craig qu'un daim l'est d'un loup ; ce choix aussi heureux que celui de Craig avait été déplorable, dans leurs circonstances respectives, avait donné le temps aux Canadiens de se reconnaître en présence du nouveau danger qui s'offrait béant devant eux. Et puis, Prevost s'y prit si bien pour se les concilier avec ce débonnaire sourire qui n'abandonnait jamais ses lèvres ; en leur palpant la fibre nationale et en réveillant l'écho de leur antique et chevaleresque ardeur, qui s'était peut-être quelque peu refroidie, mais qui ne s'éteint jamais dans la poitrine gauloise; que non-seulement ils lui prêtèrent l'oreille, mais qu'ils lui révélèrent le fond de leurs cœurs en faisant écho à son appel.

Il n'y eut pas jusqu'au parlement lui-même, jusqu'alors si odieusement travesti par les espions officiels qui avaient envahi ses avenues, et qui restaient apostés à ses alentours, pour tâcher de le surprendre jusqu'à la dernière heure; qui ne s'offrit volontiers et spontanément à voter des subsides de guerre, sous forme de bons provinciaux, pour la défense du pays. Le nouveau gouverneur le remercia avec émotion, et les choses prirent leur cours correspondant à cette entente avec une simultanéité qui confondit les sbires contraints de sortir de leurs cachettes et des couloirs qu'ils inondaient de leur nombre, aussi penauds " qu'un renard qu'une poule aurait pris! ' comme dit le bon Lafontaine.

Mais tout cela établirait-il, par hasard, que ce mouvement en apparence si instantané, fut déterminé chez le peuple par une soudaine explosion d'amour pour l'Angleterre? ou à cause de son goût pour ses institutions ? ou par inclination pour ses mœurs, ou pour son attachement à ses lois ? ou enfin qu'il fut le fruit de sa reconnaissance des traitements dont il avait été l'objet de sa part depuis cette *conquête* qui sonnait si mal à son oreille et dont il dégustait si peu le sens ? Certes, il faudrait être plus que naïf pour le supposer : *Credat Judæus Apollo.*

Mais si ce n'était pas une preuve de sa magnanime réconciliation à ce régime semi barbare fait à l'image de ceux que le moyen-âge seul avait eu le secret d'inventer et de consacrer pour la naïve soumission de ces populations primitives,—lequel régime avait pesé sur lui presque sans solution de continuité :—d'où pouvait donc bien venir tout-à-coup, ce retour et cette volte-face si subits dans l'opinion publique ? D'où pouvait donc bien procéder ce revirement si abrupte du sentiment universel que la crise soudaine qui venait de se manifester semblait avoir seule déterminé ?

Certes, on était loin d'avoir oublié, on ne se rappelait que trop bien même, les noms et le nombre des gouverneurs successivement envoyés par le ministère des colonies pour nous faire courir sus, et qui ne nous laissaient de repos que par intermittence. On pouvait compter les rares époques de longanimité pendant lesquelles un magnanime Murray, un généreux Carleton, un bienveillant Sherbrooke avaient laissé respirer le pays : comme on n'oubliait pas non plus que ceux d'entre eux que l'Angleterre avait vus du plus mauvais œil étaient précisément ceux-là même que les canadiens avaient eu raison d'honorer, d'aimer et de préconiser davantage et dont leur reconnaissance exaltait le plus les noms et les vertus.

Je ne voudrais pas anticiper ; mais la cruelle ingratitude de l'Angleterre vis-à-vis de sir George Prevost, malgré sa tentative de réparation posthume, ne va que trop bien à justifier les observations qui précèdent pour qu'elle puisse échapper aux conséquences logiques qui en dérivent. Pourquoi avait-elle déjà rappelé Murray dans des circonstances analogues ? Quel était le crime de ce dernier ? Pas d'autre que d'avoir hautement, comme Prevost le

fit plus tard, montré trop d'estime pour les canadiens. " Il emporta avec lui, disent les mé-
" moires du temps, les félicitations et les re-
" grets du clergé, de la noblesse et du peuple,
" et interrogé par un comité du parlement, il
" dévoila impitoyablement l'iniquité du pou-
" voir envers le peuple conquis."

Son crime fut d'avoir, sous le poids de la honte, confessé qu'on lui avait envoyé pour juge suprême un certain Livius qui n'était rien moins qu'un repris de justice, et que la gen anglaise qui régnait au Canada alors était l'opprobre de la nation, tandis qu'il était forcé de reconnaître la supériorité morale de celle que la France y avait laissée derrière elle.

Mais il est temps de revenir à l'attitude des Canadiens devant l'appel de Prevost et de chercher la clef de la situation qu'ils voulaient bien se faire en face des guerriers américains, qui mettaient flamberge au vent.

Si donc ce déploiement de zèle manifesté avec tant de laisser-aller et d'entrain ne pouvait guère venir de cette loyauté soudaine et canine qu'il eut été plus qu'absurde de leur supposer devant les cruels antécédants qui leur crevaient les yeux,—si, eux qui sortaient à peine des serres de Haldimand et de Craig, lesquels s'étaient fait comme une industrie d'effacer l'influence des bénignes et judicieuses administrations des Murray et des Carleton ; et qui même mettaient une certaine recrudescence de mauvais vouloir à molester ce peuple, à le harceler, à le traiter avec hauteur ; qui affectaient avec tant de jactance de mépriser ses lois, ses mœurs sociales, de gêner le fonctionnement de ses institutions natives, et de mettre audacieusement en question jusqu'à l'autorité de son code de lois, après lui avoir disputé la légitimité d'exercice de son culte religieux ;—(car n'avait-on pas été jusqu'à proclamer hautement que ce culte n'existait que par tolérance ?)—si eux, dis-je, si profondément imprégnés de ces souvenirs navrants, faisaient taire tout cela pour acclamer Prevost dans ce moment suprême,...... encore une fois d'où pouvait donc venir cet entraînement vertigineux vers la frontière, sur les pas des soldats venus d'outremer, et pour le service d'un maître qui avait pris si peu de peine à dissimuler ses antipathies de race contre celle qu'il lui importait seulement d'exploiter à son profit ?...

N'y avait-il pas là comme un mystère contre nature ? Eh bien, ce mystère impénétrable, ce volte-face invraisemblable, cette impétuosité de détermination dans ce mouvement inexplicable, ce dévouement naïf s'il n'était pas héroïque, qui semble un problème pour le cœur humain, je vais essayer de vous en donner la solution, après m'être quelque peu apesanti sur le sujet et l'avoir retourné sous toutes ses faces ; et je vous dis :

Ce qui avait déterminé les canadiens de courir à la frontière avec cet entrain chevaleresque qui était dans leur sang, c'était leur fidélité de nature, leur instinct de conservation propre : c'était leur amour même de ce que la France leur avait légué ; ce qu'ils tenaient d'elle depuis les croisades, et qu'ils n'abdiqueront jamais : c'est-à-dire ces liens sacrés de l'origine, des aspirations, des croyances, qui constituent une nationalité ; la patrie, enfin, comme on sait l'aimer et la servir dans le pays des Francs !

La France effacée d'ici, peu leur importait de préférer au joug anglais la trompeuse et illusoire liberté d'aller s'engouffrer dans l'océan américain, corps et âme !

Ils avaient été fondés sur cette terre éloignée par une monarchie, ce qui porterait moins d'ombrage à l'Angleterre et la leur assimilerait plus naturellement ; puis tout au moins le péril de la dénationalisation leur semblait bien plus éloigné, sinon plus impossible, avec l'Angleterre qu'avec les Etats-Unis.

Voilà, à mon sens du moins, la seule et véritable clef de la situation, le motif impérieux, déterminant, qui les avait lancés les yeux fermés, vers la frontière, pour se faire un rempart de leurs corps contre l'envahissement de l'armée américaine : la première, la plus sacrée des libertés pour eux étant de rester, avant tout, fidèles au souvenir de la France dont ils avaient apporté et voulaient perpétuer l'image vivante dans le Nouveau Monde !

Ceux donc qui ont feint de croire que c'était par pure inclination d'attachement à l'Angleterre, dont certes, l'administration coloniale n'avait guère été propre, jusque-là du moins, à les en rapprocher, ni de nature à leur inspirer cette plastique tendresse pour elle, me semblent bien bénévoles, en vérité, ou tout au moins ne se mettent guère en frais d'apprécier le fond des choses, surtout dans une question si grave et de cette portée.

Non, encore une fois : c'est précisément et manifestement l'attachement inébranlable de cette *poignée de conquis* à leurs immunités nationales, et non pas un miracle de conversion à l'ennemie séculaire de leur patrie, qui les avait déterminés dans la circonstance.

En effet, un monarque abêti par la débauche, avait sacrifié au nom de la France indignée une colonie fondée de son plus généreux sang. Les nobles, les grands, ou qui se disaient tels, l'avaient pour la plupart abandonnée à son triste sort. Seul, son clergé d'alors, resté fidèle, se tenait au poste en se serrant auprès de ses ouailles, au lieu de fuir, lui aussi, sur les brisées des grands et des nobles qui, en prenant ainsi les devants, avaient donné l'exemple qui pouvait devenir contagieux.

Rien d'étonnant à cela, me dit-on, en agissant ainsi le clergé n'a fait qu'accomplir un devoir sacré et comprendre ses propres intérêts. Hé bien, moi, je lui sais gré de cette double fidélité au devoir et à ses intérêts légitimes, et si toutes les autres classes de notre petite société d'alors eussent fait de même, nous étions saufs !

La race ainsi désertée par ses chefs dirigeants, et conservant avec l'amour de ses pères, la religion de ses souvenirs, et ne croyant plus qu'à elle-même, avait senti le frisson s'emparer d'elle en présence de ce cratère américain béant devant elle. Elle rebroussa chemin jusqu'au camp de son nouveau maître pour l'appuyer ferme contre l'envahissement opéré dans de telles conditions. Et qui dira aujourd'hui qu'elle n'a pas déviné juste et que son légitime pressentiment ne l'a pas justifiée ?

La France monarchiste l'avait implantée dans le sein de l'Amérique, et bien qu'elle eut des instincts de liberté, comme elle en a fait preuve jusqu'à la mort, à peine un quart de siècle après, lors de sa malheureuse levée de boucliers, dans les néfastes journées de 1837-et-38 ; telle était alors son adhérence de nature et de fidélité à elle-même, que la crainte seule d'entamer son patrimoine moral en compromettant plus grandement ses institutions de foi et de nationalité, la retint comme instinctivement sous le drapeau de sa nouvelle métropole.

Et cependant, son cœur était resté français et son âme encore française aussi, vibre de même aujourd'hui et vibrera toujours pour la liberté dont elle a sucé le lait, comme Jupiter celui de la chèvre ou de la nymphe Amalthée ! Et mieux l'Angleterre comprendra cette race d'hommes devenus une nation, surgie des entraves quelles lui avait vainement forgées ; et moins elle ajournera son indépendance dont l'heure est encore le secret de l'avenir, c'est vrai, mais que nulle main humaine ne peut paralyser d'une minute. La marche de la Providence est indépendante de celle des hommes, ou plutôt elle active cette dernière par mille ressorts secrets qui échappent à la myopie des tyrans, en brouillant leurs calculs, et en leur faisant faire fausse route. Le progrès étant la loi et la cause efficiente de la civilisation, tout ce qui s'arc-boute contre lui et se met entravers sur sa voie comme pour obstruer sa route ou lui barrer passage, est une force irrégulière et, partant, illégitime et il résiste contre l'obstacle avec une force multiple de réaction correspondante, au moins, ou supérieure plutôt, au ressort d'impulsion, en l'usant à la fin s'il ne le brise pas du coup.

CHAPITRE III.

Plessis & Salaberry.

SOMMAIRE.

Portrait de Salaberry.—Sa carrière militaire.—Son rôle en 1812.—Singulière situation de Plessis et de lui, vis-à-vis de l'Angletere.—Pourquoi et comment les canadiens ont-ils préféré opter pour l'Angleterre que pour les Etats-Unis.—Les canadiens implantés monarchistes dans le Nouveau Monde.—Puis la conduite barbare des Anglo-Américains vis-à-vis des Acadiens—une des causes déterminantes de leur conduite en 1812.—Bon résultat de leur inspiration.

Au moment donc où s'annonçaient les graves évènements qui allaient s'accomplir sous notre ciel, apparaissaient aussi à notre horizon deux hommes providentiels : l'un, dans la personne de l'évêque Plessis, dont je viens d'esquisser plus haut les débuts ; l'autre, dans celle du voltigeur de Salaberry. Le premier, au sortir d'une lutte formidable de dix ans avec la faction anti-française et anti-catholique avouée, dont sir James Craig était l'âme ici, secondé de son inséparable Ryland, laquelle avait pris les proportions d'une conspiration métropolitaine, puisqu'elle avait lord Bathurst, alors à la tête du bureau colonial, pour nœud-gordien, et non moins que le prince régent lui-même pour patron.

Le second, le colonel de Salaberry, avec des liens de sang et des antécédents imposants, aux yeux même de l'Angleterre, pour qui son père et lui avaient combattu dans les champs clos de l'Europe, qui ne manquaient pas en ce temps-là, au risque de s'y mesurer avec les soldats qui avaient dans les veines le même sang que lui. Gloire équivoque et qu'il eût été mieux et désirable même de pouvoir conjurer !

En d'autres termes, c'était un chef militaire français dans la personne de ce dernier, et une autorité catholique romaine dans celle du premier, qui se présentaient ainsi comme tout à point pour diriger cette jeune nation encore en embryon, qui allait risquer son sort et jouer son avenir contre l'aigle de la liberté dans le Nouveau Monde, pour rester dans la possession du léopard qui lui avait pourtant fait sentir assez vivement déjà la rudesse de sa poigne.

Singulière anomalie, en vérité, si on n'avait pas la solution du mystère dans ce qui précède et qui n'aurait été autrement qu'une étrange dérision du sort. Eh bien, encore une fois, je crois y trouver, moi, l'explication de ce mystère, qui cesse de l'être, quand on se reporte aux lois de notre nature morale et qu'on en analyse les impérieux instincts de conservation.

Et est-ce que le sort de la puissance anglaise périclitant en Amérique et laissé aux mains de deux influences étrangères, dans celles de Plessis et de Salaberry, n'aurait pas été en d'autres cas quelque chose d'anormal? Mais la péripétie atteinte après le dénouement obtenu par le futur archevêque du Canada dans Downing street même, avait renversé tous les rôles, et les deux chefs français, ecclésiastique et militaire, se trouvaient ainsi à leur place, à la tête d'une double et irrésistible force, contre celle de l'invasion qui menaçait leur solidarité.

Donc le fait d'être resté ferme alors pour l'Angleterre, par cela même qu'on était français d'origine et catholique de religion, loin de paraître un paradoxe, m'est démontré d'une évidence incontestable, en braquant mon instrument visuel sur le point d'horizon d'où je suis parti pour servir de bâse à mes observations.

Qoiqu'il en soit, il me reste à tracer ici à grands traits, la physionomie de ces deux personnages qui ont occupé tant de place et joué une partie si éminente, chacun dans le ressort de ses attributions propres, dans les grands évènements de l'histoire de ces derniers temps, en débutant par celle de Salaberry ; sauf à compléter celle de Plessis, en le suivant dans sa vaste carrière de Québec à Londres, et de Londres à Rome, et enfin de Rome au Canada, le théâtre des merveilleux résultats de sa longue et laborieuse pérignination.

Parmi tout ce qui nous était venu de grand du pays de France, personne n'était mieux blasonné que les ancêtres de celui qui nous est resté comme leur plus illustre rejeton, au moins de ce côté de la mer Atlantique, le chevalier de Salaberry, mieux connu de nous comme le commandant du corps des voltigeurs canadiens à Châteauguay, le même que l'Angleterre avait décoré sur le champ de bataille de Salamanque, et dont sir George Prevost, qui s'y connaissait, prisait si haut plus tard l'héroïsme et l'habileté à Châteauguay.

N'exagérons rien toutefois. Il eut été désirable, sans doute, que ce vaillant fils de Mars eut pu ne devoir la gloire de ses succès et l'honneur de son noble métier qu'au service exclusif de sa patrie propre et sur un champ mieux fait, plus proportionné et mieux adapté à ses destinés natives : son triomphe n'en eut été que plus pur et plus complet alors. Mais il se contenta de se montrer valeureux, sans acception de service, ne fut-ce que pour obéir à l'activité de la sève héroïque qui coulait dans ses veines, et en cela peut-être il n'est pas responsable des décrêts du sort qui ne l'avait pas fait politique, mais avant tout soldat. Il était taillé pour être un général et non pas un homme d'état ; un instrument dévoué à la consigne et non un profond tacticien. Il était si bien né pour porter l'épée au lieu de la parole, qu'au service du drapeau étoilé, supposez-le implanté par le hasard des circonstances sur le sol de nos voisins, d'au delà de la frontière, il aurait tout de même tiré le sabre de son fourreau et prêté volontiers son épée au libérateur Washington, sans s'inquiéter du sentiment de la postérité. Il épousait moins les causes qu'il n'adorait le dieu Mars pour lui-même, et son culte à lui c'était l'autel de ce dernier, n'importe sur quelle terre il était dressé, et pourvu qu'on lui laissât le métier des armes, fidèle au devoir et attaché au poste, il n'aurait pas reculé d'une semelle ; il aurait tout de même courtisé le danger dès qu'il aurait été au service d'une cause qu'il aurait loyalement embrassée par serment sur le pommeau de son épée. C'est ce qui l'a mené sur les champs de guerre étrangers sans être arrêté par le scrupule de croiser le fer avec des héros de sa trempe et dont le cœur pouvait battre en unisson avec le sien. Est-ce qu'il a jamais eu ce souci ? L'homme en lui doublé du militaire, disparaissait sous ce dernier caractère : il était soldat d'abord, homme après. Il n'aurait pas vendu son épée, mais il prodiguait son sang ; il pouvait se sentir fier de servir son pays, mais il était d'abord idolâtre de son métier et sa première loi était d'en être l'esclave aveugle.

Et ce qu'il fut, la génération qu'il a laissée après lui lui est restée sa fidèle copie de tout point. Parmi les rejetons dont il est le prototype, vous pouvez aujourd'hui même retracer les héritiers de ses mâles qualités avec leurs modifications. Beau de nature, distingué de taille, la tête surtout chevaleresquement dessinée, à la gravure qui nous reste de lui, il ne manque que la parole qui, du reste, se réduisait chez lui à celle du commandement militaire, et cet accent là, par exemple, ne lui a jamais fait défaut : puis il n'aurait jamais non plus entamé une valse, danse où il excellait et où il était glorieux de briller autant qu'à la tête de son armée, sans sentir son baudrier à son côté, tant la coquetterie militaire présidait à tout son apparat personnel.

Ce fut à la suite d'une de ces valses où il se prodiguait avec un entrain presque effréné, dans un bal de société à Chambly, qu'il quitta les bras de sa partenaire pour entrer dans ceux de la mort soudaine qui nous l'enleva.

Naturellement, l'amour-propre national a donné beaucoup de relief au rôle militaire de Salaberry, qui aurait pu avoir son Homère pour le chanter, si son siècle et son pays avaient été ceux d'Achille et d'Hector. Quoiqu'il en soit, on lui a décerné une statue bien méritée sans doute, et ce n'est pas moi qui tenterai de porter une main profane sur le socle qui supporte sa fière personne pour en diminuer les proportions et encore moins l'ébranler dans l'estime et l'opinion de la postérité, quand bien même je n'abonderais pas dans toute la portée du sentiment populaire à son égard : car il y a des situations qui ne se discutent pas, mais qui s'acceptent pour ainsi dire aveuglément devant l'entraînement public qui donne le sacre à certaines prédestinations. L'histoire du premier empire surtout est pleine de ces héroïsmes improvisés qui ont imposé leur culte au même titre sans qu'on ait jamais songé à voiler leurs autels.

Salaberry restera, lui aussi, ferme sur son piédestal, et, le passant dira, en s'inclinant devant lui ; il fut un soldat héroïque, habile et heureux, gloire à lui !... et étouffant dans son cœur un soupir patriotique, il ne pourra étouffer de même l'exclamation suivante qui s'échappera malgré lui de sa poitrine, et on l'entendra murmurer comme à part lui : Hélas ! je vois ici à côté de toi, ô Salaberry, un vide que dans ton immortalité de héros tu dois être tout le premier à déplorer. Est-ce donc que cinquante ans de services publics consacrés à la patrie avec le zèle, la persévérance et le désintéressement de l'apostolat civique, ne mériteraient pas bien de combler ce vide qui dépare ta solitude, ô soldat heureux ? Est-ce donc que les échos de l'histoire ne réveilleront pas quelque jour dans l'âme du pays trop oublieux le souvenir d'un homme, qu'il laisserait ainsi détrôné, quand on est à une époque apparemment si jalouse de voir dévoiler partout les statues des grands hommes, des bienfaiteurs ou des libérateurs de leur patrie ?

Est-ce donc que cinquante ans de vie publique, la plupart passés au feu de la rampe parlementaire, qui en vaut bien une autre, ne balanceraient pas une nuit d'embuscade à Châteauguay, employée avec courage et habileté sans doute, à aider ses ennemis à s'entretuer dans un défilé sinistre, inextricable, savante embûche qui en décidant du sort de la bataille, mit fin à la campagne et détermina le salut du pays ?

Mais depuis quand donc César a-t-il effacé Ciceron devant l'histoire ?

Depuis quand le cœur civique d'un libérateur incorruptible et dévoué au service d'un pays persécuté, est-il devenu inférieur au bras militaire indomptable, mais au service d'un maître absolu ?

Oui, salut à toi, héros de Châteauguay !

Mais aussi, honneur à toi, foudre de la tribune, dont la tête inflexible et mise à prix domina celle du tyran acharné à l'humiliation de ta patrie vouée à la proscription !...

CHAPITRE IV.

SOMMAIRE.

Ouverture de la carrière épiscopale de Mgr. Plessis.—Son départ pour le golfe et pour la baie des Chaleurs.—Son débarquement dans la Gaspésie ; sa réception.—Le commandant Fortin, de la Canadienne.—Anticosti, Gamache.—La baie des Chaleurs.—Les Acadiens expatriés dans les pontons et se retrouvant après un long laps de temps.—Le petit Vallières ; son adoption par l'évêque Plessis après un colloque et une surprise.—Polémique des journaux au sujet du lieu de naissance du jeune Vallières.—Notes de l'auteur au sujet de l'aventure et variante.—Vingt ans après, départ de l'auteur pour le golfe et voyage dans la baie des Chaleurs.

Laissons là maintenant se dérouler les graves évènements qui s'étaient déjà fait pressentir, comme étant à leur incubation ; puis suivons le nouvel archevêque dans ses errements apostoliques, le mobile et le but de toute sa sa vie ; après qu'il eût toutefois donné assez de gages au gouvernement anglais de sa fidélité de conduite et de ses visées d'avenir, dans la manière dont il avait, pour sa part, secondé l'organisation de la résistance à main armée qui, du reste, comme on l'a vu, avait en cela, abondé dans le sens de notre parlement lui-même.

Désormais la carrière de Mgr. Plessis devenait plus que jamais le point de mire de tous les regards, en participant à la fois de l'apostolat politique presque autant que du religieux. Dans les circonstances où se trouvait placé le pays, il était bien difficile aussi, convenons-en, de tirer une ligne de démarcation bien nettement dessinée entre les deux rôles qui se confondaient d'une manière si indéfinie dans une même personne et aussi considérable que celle qui se trouvait alors en jeu avec l'avenir du pays lui-même.

Il se crut et il prouva au fur et à mesure de son progrès, qu'il était égal à la tâche ; et nous, les héritiers de son œuvre, qui sommes là pour en confirmer le succès et en attester le triomphe, nous ne pouvons qu'en reconnaître et en bénir les résultats, surtout quand nous nous reportons par le souvenir aux difficultés des temps dont il avait, lui, à triompher, *per fas aut nefas*, au double risque et péril de la religion et de la patrie.

Donc les parages de la Gaspésie, dans la baie des Chaleurs, et ceux des provinces du golfe et des côtes du Labrador s'ouvraient devant lui presque vierges, du moins au point de vue de l'organisation hiérarchique et de l'administration ecclésiastique et religieuse dans les intérêts catholiques, disséminés un peu partout, mais dans une absence complète de discipline bien propre à surexciter le zèle brûlant et l'activité surabondante du nouvel apôtre.

En effet, ce n'était pas alors, qu'on veuille bien le croire, une petite entreprise que de faire ce voyage d'exploration et d'accomplir les conditions de cette tournée épiscopale dans un golfe comme le St. Laurent, si fameux en naufrages, et dans une de ces goëlettes mal affrétées qui y faisaient alors la pêche ou le traffic de ces côtes si tourmentées. C'est à peine si l'unique lumière du phare du légendaire Gamache projetait ses rayons incertains, sa vague et blafarde lueur à quelques milles de distance, et encore dans les meilleures conditions possibles de l'atmosphère.

On était loin alors des progrès et améliorations de notre époque qui ont rendu la navigation actuelle comparativement sûre et même agréable, depuis surtout le passage de M. François Baby à l'administration de la ligne des bateaux du golfe et des travaux publics, en ce qui concerne du moins l'avancement de cette importante partie de notre domaine maritime, ainsi qu'au concours donné par le commandant Fortin, de la *Canadienne*, en croisière dans ces parages, dont le zèle intelligent, aussi patriotique qu'éclairé, pouvait seul produire ou compléter et a amené de fait ce résultat.

J'aurai de nouveau occasion de revenir sur la part de gratitude publique qui revient au commandant Fortin, dont les travaux incessants dans le golfe, à la tête de la *Canadienne*, a eu pour conséquence de developper si largement nos intérêts de pêcheries, à mesure que mon propre progrès dans ces parages m'en fournira l'opportunité.

On verra aussi plus loin pourquoi je suis un de ceux qui ont raison d'éprouver et d'exprimer leur gratitude à cet endroit, après l'expérience faite dans un naufrage essuyé il y a 40 ans, dont j'ai raconté ailleurs les péripéties, et où j'ai appris à honorer Gamache et à le faire célébrer parmi les hommes qui semblaient l'avoir écarté ou mis au ban de son espèce.

L'abbé Ferland, dans son récit de voyage aux côtes du Labrador, n'a fait que confirmer ce que j'avais raconté de Gamache après un séjour d'une semaine dans son ile, recueilli par lui par une nuit affreuse, au milieu des débris de notre vaisseau naufragé : hébergé généreusement et comblé de ses présents, et dont il n'est pas étonnant que j'eusse remporté le souvenir indébile qui m'en reste, vivace encore comme au premier jour.

Quoiqu'il en soit, la baie des Chaleurs avait un attrait tout particulier pour l'âme ardente et aventureuse de l'évêque Plessis. Elle s'était grossie en devenant le refuge d'un reste de ces infortunés Acadiens si barbarement enlevés du théâtre de leur lutte héroïque, et disséminés un peu par toute l'Amérique, depuis les bords de l'Atlantique, jusqu'au golfe du Mexique. Ils avaient mis du temps à se retrouver puisqu'un certain Hébert, entre autres, mit 17 ans à rassembler les siens qui se trouvèrent enfin au complet et chantaient encore de mon temps leur *Super flumina Babylonis*, comme les Israëlites dans le désert après leur sortie d'Egypte. Ce ramassis d'exilés et de proscrits, depuis la Nouvelle Orléans jusqu'au Détroit, y avait trouvé un pied-à-terre, au milieu du noyau qui était resté là, se trouvant hors des limites territoriales de l'Acadie propre, pour s'y remettre à l'ombre de son patriotisme et de sa foi, à l'œuvre de la reconstruction après cette sorte de rapatriement clandestin.

Et moi qui porte quelque peu de ce sang dans mes veines, je ne bénirais pas Longfellow d'avoir su si bien palper le cœur de notre sœur Evangéline, née des cordes de sa lyre, et qui personnifie si vrai l'ange de ce foyer domestique si cruellement frappé et dont les membres avaient été impitoyablement disséminés au vent de la persécution, la plus lâche de toutes, celle de l'avarice et de la cupidité.

Déjà la baie des Chaleurs avait repris un tel développement, qu'une succession de paroisses, depuis la baie de Gaspé à Carleton, au sud, sous la direction de missionnaires zélés, y avaient précédé la venue du nouvel évêque qui brûlait, à son tour, d'aller fouler de ses propres pas les routes encore primitives de cette intéressante solitude arrosée par la mer.

Après une traversée qui avait duré quelques semaines, grâce aux étapes obligées de la route, sur un parcours de plus de 500 milles marins, Mgr. Plessis avait enfin mis pied à terre sur le sol gaspésien, à sa grande joie et satisfaction : car le mal de mer qui ne recule pas plus devant la mitre que devant le sceptre, têmoin César sur le Tibre, près d'Ostie, et Napoléon sur le Volga, au passage dans la Caspienne ; était venu sans façon l'avertir, en lui faisant des siennes, qu'il appartenait à notre espèce et qu'il avait, en cette qualité, à lui payer le tribut, ce qui mettait la grosse et puissante nature du dignitaire en révolte ouverte. Ce tribut il l'avait acquitté tant bien que mal, mais, il était plus qu'enchanté de pouvoir mettre le pied en terre ferme et ne laissa pas languir ceux qui avaient mission de l'y transporter !

A peine débarqué, les missionnaires avertis par l'arrivée de caboteurs précédents qui avaient semé par anticipation la bonne nouvelle de sa venue, tenus en éveil, avaient eu le temps de se mettre à la tête de leurs ouailles et d'accourir en foule de tous les côtés, pour venir lui présenter leurs hommages et recevoir en échange la bénédiction de la main depuis si longtemps désirée de leur chef et premier pasteur.

Une femme, veuve et jeune encore, tenant par la main un petit garçon qui paraissait émerveillé du spectacle, s'approche timidement du prélat qu'elle avait autrefois connu, alors que curé de Québec, qu'elle avait habité ; mais sans se trahir, à cet égard, elle lui présente le sémillant jouvenceau et reçoit pour elle et pour lui une double bénédiction que l'évêque ne donna pas cependant sans être quelque peu frappé de la coïncidence : puis le cortège défila jusqu'à l'église de Bonaventure—c'était le nom de la localité et du lieu de débarquement—où le chef des pasteurs reçut une adresse de bienvenue filiale, par la bouche du missionnaire

Painchaud (plus tard le fondateur du collège de Ste. Anne) et à laquelle le paternel évêque répondit aussi avec cet accent de père et une effusion de cœur qui gagna toute l'assistance.

Le lendemain de ce jour, l'évêque attiré par la brise réconfortante de la mer, était allé fouler le galet de ses pas et jouir un peu de sa liberté de mouvement, après le long emprisonnement qu'il avait subi à bord de la goëlette qui l'avait déposé la veille sur cette plage fortunée, si fréquentée depuis lors par tant de citadins esclaves de nos villes affairées, qui vont y demander l'air aux brises de la mer, et au parfum salin de la tripe de roche ou mousse marine les effluves odorantes qui s'en exhalent pour raviver leurs poitrines haletantes. L'évêque tout à sa rêverie devant ce spectacle nouveau pour lui, et respirant à pleins poumons cet éther vivifiant qui l'attirait de plus en plus vers la plage mise à nud par le baissant de la marée, contemplait cette splendide nature avec ses trésors de coquillages et de pierrotteries si variés qui abondent sur ses rives, et sur lesquels se jouaient les rayons d'un de ces splendides soleils comme il en règne au solstice d'été dans ces parages si désolés en hiver. Il lui en coûtait de sortir de sa contemplation quand, jetant au hasard les yeux du côté du village, il crut voir et entendre le mouvement d'un être quelconque qui semblait se dissimuler derrière les broussailles et les algues marines. L'évêque appela à lui et en vit sortir, en effet, ce qu'il reconnut pour être son petit béni de la veille qui s'amusait à construire de ses frêles mains une sorte de petit estuaire, dans lequel il amassait des coquilles, de petits homards, de jeunes éperlans, fruit de sa pêche et de son industrie. " Hé bien, mon petit homme, lui dit-il, en l'apostrophant avec bonhomie, (car il savait aussi bien prendre le ton de la bonté que celui de l'autorité dans l'occasion,)—dis-moi donc qui tu es ;—et l'interrompant avant de lui laisser le temps de répondre,—n'est-ce pas toi, ajouta-t-il aussitôt, qui es venu hier en compagnie de ta mère recevoir ma bénédiction ?— Oui, seigneur, repartit le petit Vallières, en déclinant en toutes lettres ses nom et prénom avec aplomb.—Et qui ta mère t'a donc dit que j'étais, moi ?—Et l'enfant de répondre avec un sourire gracieux, mêlé d'assurance et de respect : — Maman m'a dit, seigneur, que vous étiez le frère du bon Dieu ! "—Et l'évêque que l'émotion avait gagné, l'ayant confirmé dans son dire par un signe de muet assentiment :— " Oh ! alors, puisque c'est bien vrai, continuat-il en joignant ses petites mains, et faisant un mouvement instinctif vers le prélat :—demandez-lui donc, s'il vous plaît, de vouloir bien prendre soin d'elle en attendant que je sois devenu grand ! "—et une larme perla sur la joue de l'enfant que l'évêque recueillit en le baisant ! Et, tout transporté, le prenant par la main il se fit conduire à une petite masure assez près de là, sur le bord du chemin public, proprette et entourée d'herbes marines et de quelques fleurs des champs grimpantes qui donnaient de l'ombre dans l'unique croisée qui répondait au soleil levant. Après un colloque assez court, mais toutefois assez conclusif, il dit à la jeune mère de remercier Dieu de lui avoir donné un ange gardien dans ce fils, qu'il avait béni la veille et qui serait un jour son appui et son honneur. En attendant, il lui annonça que la manière dont le petit venait de se révéler à lui l'avait décidé à le prendre sous sa protection spéciale, que dès ce moment elle eut à faire ses préparatifs de départ pour Québec, en disposant incessamment de ce qu'elle avait dans le pays, et où elle trouverait, en arrivant, pour elle et son fils, *la pâtée et la niche*, comme on le disait alors dans la langue familière du temps.

Le futur archevêque ne se doutait pas alors qu'il venait de prendre par la main, près du barachois (*) de Bonaventure, le futur juge en chef de notre province, le magistrat proclamé plus tard par lord Durham le premier jurisconsulte du Canada, Joseph Rémi Vallières de St. Réal enfin, l'orateur phénomène, dont j'aurai l'occasion de faire plus loin ce que notre histoire n'a pas pu faire jusqu'aujourd'hui, c'est-à-dire, de consigner dans une page consacrée à sa mémoire la révélation de ce prodige humain qui, je ne crains pas de le dire, aurait

(*) C'est ainsi qu'on nomme dans le pays une sorte de réservoir d'eau douce, dès que la mer s'est retirée.

fait l'illustration de n'importe quel pays le plus avancé de l'Europe elle-même.

Il n'a manqué à cet homme que l'ambition, reproche qu'on ne saurait faire à beaucoup de médiocrités de notre temps, pour briller au dessus de toute espèce de concurrence possible, et qui par l'éclat de son unique talent et la spontanéité de son génie, a mis dans l'ombre tous ses contemporains du barreau et du banc judiciaire, et qui aurait plus que balancé la supériorité de Papineau lui-même à la tribune, quand il remplaça ce dernier pendant ses deux absences en Angleterre, où le pays l'avait député auprès du gouvernement impérial ; s'il fut né avec cette trempe de caractère qui fera de ce dernier un homme unique, combiné par la nature pour régner par l'ascendant de sa nature d'élite si complète.

Disons, avant de clore ce chapitre, à l'honneur de Mgr. Plessis, qu'il eut cependant si bien le flair du trésor qu'il avait recueilli, comme au hasard, dans la personne du *petit homme* qu'il venait de découvrir et d'adopter au nom de Dieu et de son pays : qu'aussitôt après son retour fixe à Québec, et dès que l'adulte eut commencé à être quelque peu façonné au moule classique du collège ; ce fut le prélat lui-même qui se chargea de lui faire la classe, de le suivre, étape par étape, depuis les humanités et les belles-lettres jusqu'à la philosophie inclusivement. Et cette tâche il sut la remplir avec un esprit de suite et avec une persévérance d'autant plus extraordinaire qu'on ne s'expliquait pas comment le chef du diocèse, pouvant déjà à peine suffire à la dépêche des affaires qui l'assaillaient de toutes parts et à la somme de travaux qui l'écrasaient de leur poids : comment pouvait-il cependant encore s'imposer ce nouveau fardeau, non seulement sans jamais se plaindre, mais en s'applaudissant chaque jour du merveilleux développement de son élève, qui prévenait souvent par son intuition, disait-il, l'intelligence des parties les plus ardues comme les plus subtiles de la science que son illustre maître n'était pas à la peine de lui inculquer !

Et, de son côté, le coryphée que j'ai connu trente ans après, se complaisait à rendre hommage à son seigneur et maître, auquel il attribuait la meilleure part de ses succès en déblayant devant lui les sentiers les plus rudes de la science abstraite dont il lui dévoilait si lumineusement les arcanes. C'était comme deux corps magnétiques et diaphanes qui à leur contact se renvoyaient la lumière.

Plus de vingt ans après, je foulais cette même terre si chère à moi aussi de la baie des Chaleurs, qui était devénue, comme je le disais plus haut, le nid de cette famille acadienne dont le territoire baigné, d'un côté, à ses pieds, par le prolongement de la mer Atlantique qui forme notre golfe St. Laurent, mais qui était autrefois comme un oasis dans le désert, au début de sa colonisation.

La visite pastorale de l'évêque Plessis y restait encore vivace dans l'âme et le souvenir des populations comme un de ces évènements ineffaçables qui laissent leur profonde empreinte dans leurs cœurs. Tout, jusqu'à l'épisode du *petit dépaysé* rapatrié à Québec par l'intervention puissante du prélat, et dans des circonstances si frappantes, redevenait vivant dans la mémoire de ceux qui dataient de cette époque. (*)

(*) Il s'est élevé assez récemment une polémique parmi les écrivains du pays au sujet de la naissance de M. Vallières. Lorsque cela a paru dans nos journaux, j'avais moi-même dépassé de beaucoup, dans la partie de mes Mémoires qui se rapporte à ce fait controversé, l'endroit où il se trouve consigné et je fus considérablement intrigué en retrouvant cette nouvelle version historique. Comme j'écris de mémoire et qu'elle est sujette à erreur, j'ai voulu vérifier la page de mes *Souvenirs* qui ne s'accorde pas avec la relation fondée sur la tradition et j'ai dû perdre beaucoup de temps pour m'édifier sur le fait en question en fouillant toutes mes notes pour constater qui de nous pouvait bien se trouver en défaut à propos de l'endroit de naissance de M. Vallières. Or, j'ai fini par mettre la main sur la note même que j'avais faite dans le temps de mon voyage à la baie des Chaleurs et je la reproduis telle qu'elle pour montrer qu'elle ne diffère pas matériellement d'avec ce qui paraît à la page 83 de mes *Souvenirs*.

J'ai vécu dans l'intimité de M. Vallières et je crois bien qu'il m'a confirmé dans ce qu'on m'avait dit de lui à Bonaventure ; sans cela je ne serais pas resté si profondément impressionné de cette particularité si notable de son histoire.

Voilà ce que j'avais à dire à cet égard pour éviter une discussion oiseuse et que je n'ai nulle ambition d'entreprendre.

J'étais à peine sorti de cette petite difficulté historique lorsque l'*Echo de la St. Jean Baptiste* contenant un souvenir de M. de Gaspé, l'ami de cœur du juge Vallières, reproduit le dire de cet aimable écrivain sur le compte du dernier qui, d'après lui, aurait usurpé le titre de *St. Réal.* Seulement ce qui m'a confirmé dans la légitimité de persistance de M. Vallières à signer *de St. Real,* ce qui eut été un

Du reste, la discussion roulant toute sur le seul point de savoir si M. Vallières *naquit* à la baie des Chaleurs ou à Québec, cela ne peut préjudicier à la tradition qui veut que Mgr. Plessis l'ait trouvé là, ce qui me parait un fait incontestable.

J'avais à peine terminé la page qui précède que furetant dans mes paperasses de trente ans passés, à la recherche d'autres notes, je retrouve la suivante concernant M. Vallières, et que je suis curieux de reproduire, ne fut-ce que pour prouver combien peu le temps a modifié ma façon d'envisager cette physionomie morale et physique dont je viens de donner l'esquisse. On pourra rétablir les choses par la légère variante en comparant les notes. Le lecteur voudra bien me pardonner cette courte reproduction dont le rapprochement avec ce qui précède, à plus de 20 ans de distance est si frappant de vérité. "...La visite pastorale de Mgr. Plessis y restait encore dans l'âme et le souvenir des populations comme un de ces évène-

faux qui n'eut guère cadré avec la dignité d'un juge, c'est qu'il eût persisté à le faire en présence de son bienfaiteur et mentor. Mgr. Plessis l'eut-il pu tolérer ? C'est plus que douteux, ou plutôt c'est de toute improbabilité. Et en cela, je ne puis que conclure à l'invraisemblance de cet avancé par les lignes qui précèdent. Sans quoi M. de Gaspé paraîtrait une grande autorité propre à me fermer la bouche dans la circonstance.

ments ineffaçables et qui laissent leur profonde empreinte dans leur cœur. On m'y racontait encore une foule d'anecdotes plus ou moins piquantes et dont j'ai recueilli la suivante et pour le bon motif. C'était, je crois sur le sol de Bonaventure où vivait alors une veuve dépaysée par le sort avec un beau petit garçon de 4 ou 5 ans, pétulant, enjoué et dont le babil attrayant attirait tout le monde. L'évêque était descendu de voiture pour se délasser et, comme on le pense bien, il était le point de mire de toute cette population dans le ravissement de sa présence. —Et s'approchant du rivage il remarqua cet enfant qui prenait ses ébats sur le bord de la mer où il creusait de ses petites mains un petit *barachois* pour y conserver des coquillages et de petits poissons, fruit de sa pêche. Monseigneur s'avance vers lui et l'interroge avec un accent d'intérêt et de bonté. L'es-

Mais, en ce cas, me condamnerait-il donc à m'inscrire en faux contre sa générosité de sentiment et de caractère ? Dans quel dilemme, hélas ! il me placerait alors !

Mais brisons là-dessus pour le moment, et puisque je viens de remettre, au moins en souvenir, le pied sur le sol de la Gaspésie ajournons à plus tard la suite de la course du petit Vallières, vers Québec, et celle de son père adoptif dans sa carrière épiscopale vers les régions maritimes ; pour étudier un peu du regard ce qu'était alors cette vaste et intégrante portion de notre province, si singulièrement et si pratiquement séparée d'elle par des lois topographiques qui faisaient comme des îlotes de ceux qui l'habitaient, en dehors de la civilisation même de leurs congénères du Bas-Canada.

piégle, sans se déconcerter, s'approche du personnage étrange qu'il voyait pour la première fois, mais qui était dans le moment le thème de toutes les admirations, le fixe avec un à-plomb mêlé de respect et d'étonnement et répond à la question qui lui était faite à brûle-pourpoint :—Mon petit, connais-tu bien qui je suis ? "—Eh oui, maman m'a dit que vous

Nous aurons de quoi réfléchir sur le sort de ceux qui semblaient alors abandonnés à la merci du destin sur ce coin de terre isolé et qui étaient pourtant si dignes de nos plus vives et plus chaudes sympathies !

étiez le frère du bon Dieu, et alors demandez-lui donc de prendre bien soin d'elle en attendant que je sois grand." L'évêque tout ému leva les yeux au-dessus de la terre et prenant son petit interlocuteur par la main, se fit conduire à sa demeure, où, après deux mots de causerie avec la maîtresse de céans, il lui annonça qu'il adoptait le petit. C'était le futur archevêque qui tenait alors et qui continua de tenir par la main le futur juge en chef, qui brilla successivement au barreau, au parlement et sur le banc judiciaire et qui est resté dans la mémoire de ses contemporains, comme un météore dans la prodigieuse carrière qu'il a fournie avec un éclat extraordinaire, remportant des triomphes sur tous ses concurrents dans les diverses joutes qu'il eût à soutenir devant son pays."

CHAPITRE V.

SOMMAIRE.

Le choléra en 1834 au Canada.—Départ de l'auteur pour le golfe à bord du navire le *Félix Souligny.*—Le capitaine Alexis Painchaud récemment de retour d'Espagne.—Terrible aventure dans le golfe de Gascogne.—Héroïsme du capitaine et de son contre-maître, Félix Béland.—Le petit cuisinier marron.—Départ de Trois-Rivières et séjour à Québec.—Le Dr. Jos. Painchaud.—Le Dr. Jean Landry.—Départ de Québec.—Relâche à Ste. Anne-Lapocatière.—L'abbé Painchaud.—L'abbé Ranvoyzez.—Séjour à Ste. Anne—Les deux abbés Baillargeon.—L'album de l'abbé Painchaud.—Son séjour à Niagara avec Chateaubriand.—L'abbé Holmes.—Le Dr. Jean Landry, disciple et neveu de l'abbé Painchaud.

Nous étions alors au printemps de 1834, le choléra asiatique venait d'éclater pour la seconde fois en ce pays, et, pour la deuxième fois aussi le collège de Nicolet, dont j'étais un élève, venait d'être licencié, comme, du reste, les autres institutions de ce genre partout le pays.

Le capitaine au long cours Alexis Painchaud, le commandant du navire *le Félix Souligny*, avec lequel il était revenu d'Espagne, après avoir été traitreusement assailli et s'être dangereusement blessé la main droite en se défendant contre son équipage en révolte en traversant la baie de Biscaye, se trouvait pour le moment en rade dans le port de Trois-Rivières, d'où il se disposait de faire bientôt voile pour les parages du golfe St. Laurent.

C'était un ancien ami de mon père, navigateur comme lui, un franc et loyal caractère de marin s'il en fut jamais un, et comme, du reste, l'habitude de la mer sait les former. Il y était venu se remettre un peu dans le repos du port tri-fluvien et auprès des vieux amis de cœur qu'il y comptait, des suites de sa grave mésaventure dans cette bagarre du golfe de Gascogne dont je viens de parler, et où il serait resté sur le carreau sans son indomptable énergie. Heureusement pour lui que, secondé en cela de son neveu et contre-maître, (Félix Béland était son nom,) qui, par bonheur pour eux, savait assez d'espagnol pour avoir pu suivre et éventer en temps utile le complot dont ils devaient être victimes, et, par là, les mettre tous deux en mesure de se défendre, en vendant le plus cher possible l'existence plus que problématique qui leur semblait ainsi faite par la conspiration de l'équipage.

La mer était grosse, le ciel obscur et épais, et les vents déchaînés se disputaient la mâture qui craquait sous leurs efforts en empêchant de pouvoir carguer les voiles.

Le capitaine, ainsi prévenu et de concert avec Félix, était descendu le premier dans la cabine pour préparer ses moyens de défense pour le moment voulu. Il n'avait pour toute arme qu'un énorme pistolet d'arçon et un vieux sabre ébréché et que la vapeur de mer dont il était saturé avait fortement rouillé dans son fourreau ; et Félix. lui, possédait une hachette fort bien aiguisée et deux poignards aux fines lames dont il garantissait l'emploi efficace au besoin. Tel était le fonds et le luxe de leur petit arsenal de défense.

L'équipage précédent ayant déserté à la veille même du départ, le navire en rade où se trouvait ancré le *Félix Souligny*, il avait fallu prendre, pour ainsi dire, les yeux fermés, ce qui s'était présenté pour le remplacer ; huit matelots en tout pour faire la besogne des douze fuyards, tout juste assez de monde pour se donner le temps de toucher à un port de France. La tempête rugissait et il allait bientôt se faire nuit. Il ne restait plus de sympathique sur le tillac et déjà endormi au fond de sa cambuse, que le petit cuisinier marron, amené d'Algérie par Félix, lequel ne se doutait de rien du tragique moment qu'on allait avoir à passer.

On crut mieux de ne pas le déranger : seulement Félix sans trop se donner de mouvements apparents, se mit à dégarnir la place des quelques ustensiles de cuisine qui auraient pu servir d'instruments de combat aux conspirateurs, et de les glisser en tapinois sous la boussole dans l'habitacle dont il avait la clef.

Le capitaine et son aide s'étaient donné le mot d'ordre pour le moment de périlleuse rencontre. Le premier devait se trouver dans la cabine, armé de son pistolet chargé jusqu'à la gueule, et le second placé en vedette, dissimulé derrière l'habitacle, avec ses deux poignards pendus à ses côtés, fort bien effacés sous son ample veste marine de service ordinaire, et sa hachette dans sa manche.

Le capitaine était bien sûr de coucher bas du coup les deux premiers qui se présenteraient à sa portée, sans trop s'attendre à cette chaude réception ; et s'il s'en présentait deux autres, Félix devait alors sortir soudain de sa cachette, brandir efficacement sa hachette sur la tête du premier, et sans perdre une seconde poignarder l'autre par derrière au moment même où ils seraient tous deux en frais de se précipiter, l'un sur les talons de l'autre, dans la cabine où ils s'attendaient bien à trouver le capitaine et Félix, étranglés sans trop de bruit.

Le plan qui exigeait quelque sang-froid et de la résolution, pardessus la sûreté du coup d'œil et l'adresse du bras ainsi armé, fut admirablement exécuté des deux côtés, de la part du capitaine et de son neveu et contre-maître ; seulement le premier avait tellement bondé le canon que la culasse de son pistolet se brisant dans le contre-coup lui entra fort avant dans la paume de la main, lui causant une blessure profonde et une douleur terrible qui lui fit presque manquer le cœur sur le moment. Cette plaie n'était pas encore complètement fermée huit mois après, quand je me mis sous ses auspices, en cédant à sa pressante invitation, pour ma course maritime jusqu'à St. Pierre Miquelon.

Quoiqu'il en soit, la détermination de ces deux braves fut telle, que des quatre autres matelots dont l'un tenait la barre et l'autre feignait de faire le quart sur l'avant-pont, entre le guindeau et la cabine d'entrepont, lui seul était, dans sa terreur, allé s'aplatir sur la dunette ; alors que les deux derniers tremblants de tous leurs membres demandaient grâce à genoux en voulant précipiter eux-mêmes leurs compagnons morts ou mortellement blessés à la mer.

Voilà sous quelle désirable protection mes parents de Trois-Rivières consentaient de m'embarquer le 12 d'avril en me comblant de bontés et de paternelles recommandations.

Après l'infortune de ma famille propre, dont on trouvera un peu plus loin la cause, j'avais eu à bénir la providence d'être tombé en de telles mains, et aussi les baisais-je, en les quittant, avec le même amour et la même tendresse d'attachement, que si elles eussent été celles des auteurs mêmes de mes jours ! Dieu, j'espère, les a récompensés de tout ce que je leur ai du de soins et des sacrifices qu'ils ont généreusement faits pour me déguiser ce qui aurait été pour moi un long et amer orphelinat, à la distance qui me séparait de ce qui ne se remplace guère ici-bas, la présence si douce du père et de la mère sous le toit de famille ! -

Que ceux qui n'ont jamais été à l'âge tendre, contraints par les rigueurs du sort à déserter le foyer domestique et à franchir des distances impossibles à combler, pour faire face aux rigueurs du destin absolu qui venait de s'abattre sur moi, que ceux-là, dis-je, en remercient Dieu profondément ; car je sais, moi, quelle grâce il leur a conférée et quelles poignantes et indicibles épreuves il leur a épargnées par là !

Nous appareillâmes donc dès le matin du 12

pour faire voile de 10 heures à midi pour Québec, notre première étape, où nous avions à faire, le capitaine et moi, des adieux à des parents et à des amis de cœur, parmi lesquels le populaire Dr. Painchaud d'alors, frère de notre capitaine, et le Dr. Landry, son élève et leur neveu et mon compatriote et compagnon d'enfance à moi, qui depuis a fait sa marque dans le pays, comme un grand et digne citoyen; qui comme médecin fut le digne successeur de son oncle, son maître, et qui vient trop tôt d'être enlevé à sa carrière professionnelle où il régnait au premier rang. Il sut se faire apprécier même en France, où j'eus le plaisir de le rencontrer vingt-deux ans après chez le célèbre Dr. Rostan, à Paris, qui le regardait comme une autorité médicale et n'en parlait jamais qu'avec la plus haute estime et se faisait un honneur de le favoriser auprès de la Faculté.

Sa mort assez récente, accompagnée d'assez tristes circonstances qui en ont précipité l'heure, a fait un nouveau vide dans les rangs du professorat de l'Université Laval, dont il était un des ornements, de même qu'il était, comme citoyen, un des plus exemplaires de notre vieille capitale qui a rendu ce haut témoignage d'estime à sa tombe et à sa mémoire.

Nous mîmes donc à la voile, pour la seconde fois, le matin du 15, et trois jours après nous relâchions à Ste. Anne Lapocatière, où le capitaine avait un autre frère, le célèbre abbé Painchaud, le fondateur du collège de ce nom, resté cher lui aussi, et à bon droit, à la mémoire du pays.

Cet homme, ce prêtre, cet apôtre, le même qui avait reçu à la baie des Chaleurs, l'évêque Plessis, auquel il avait préparé les voies, était une de ces natures d'élite que l'abbé Holmes, avec sa parole angélique, ne savait comment assez préconiser. Ils ne s'aimaient pas, ils avaient dans l'âme le sentiment de solidarité des jumeaux siamois : l'absence même ne les séparait pas !

Aussi cet abbé Painchaud avait-il tout pour lui. Il était l'adoration de tous ses confrères qui venaient chaque semaine de dix lieues à la ronde jouir de son hospitalité et se désopiler la rate (qu'on me pardonne la familiarité du mot, n'en trouvant pas d'autre pour le remplacer) dans sa causerie inépuisable, pétillante d'esprit et de ces mots heureux qui font si grande fortune dans un pareil cercle. Il déridait, et lui seul en avait le secret, jusqu'au bon père Ranvoyzez, le type du sauvage civilisé.

C'était un chansonnier vivant et il avait une voix unique, surtout pour certains morceaux de chant sacré, au moyen desquels il faisait vibrer les âmes et enchantait les oreilles les moins exercées de ses auditeurs. On accourait, par exemple, de plusieurs lieues pour lui entendre chanter une préface, et, dans la semaine sainte, on se l'arrachait pour les lamentations auxquelles il donnait un accent qui attendrissait jusqu'aux âmes les moins familières avec la langue dans laquelle il exécutait ces sublimes et prophétiques appels d'un Isaïe ou d'un Jérémie ! Et ses deux frères, le docteur et Alexis, notre capitaine, rivalisaient sous tous ces rapports avec lui. Même entrain, même organe, même jovialité et même tournure d'esprit et même désinvolture dans la personne.

Il n'y a peut-être eu que les deux Baillargeon,

l'archevêque de Québec, et son frère Etienne, mort curé de St. Nicolas, pour faire concurrence, à cet égard, au supérieur du collège de Sainte-Anne, je veux dire pour rivaliser avec lui dans le chant d'une préface ou d'une lamentation.

Y a-t-il rien de sublime aussi comme la voix humaine, surtout quand elle remonte vers le ciel où les séraphins eux-mêmes semblent interdits et font silence devant ces accents d'un autre monde venant comme pour compléter leurs concerts célestes, qui manquent de cette note mélancolique de l'exilé du ciel pour son éternelle patrie !

Il était venu un jour au collège de Nicolet pendant le cours de mes études, et, comme on le pense bien, avait été invité par M. le supérieur Raimbault, curé de la paroisse, à y chanter la messe. M. Etienne Baillargeon, alors notre professeur d'humanités, se crut effacé du coup en entendant ces roucoulements séraphiques qui remplissaient les arceaux sonores de la voûte et semblaient rapporter du ciel comme des échos de la cour céleste ! S'il y avait quelque chose à lui reprocher, c'est qu'il était peut-être trop prodigue de notes à effet qui ne savaient pas tarir dans son gosier: tandis que les Baillargeon, sobres en fioritures, laissaient parler l'unique accent qu'ils tenaient de la nature et qui allait tout droit au cœur en palper les fibres les plus délicates et les plus tendres! Que de fois, dans la semaine des lamentations, j'ai vu dans la nef de jeunes paysannes essuyer des larmes d'attendrissement provoquées par le chant de notre professeur dont elles ne comprenaient pas un mot, mais dont elles savouraient les accents inspirés!

Mais pour en revenir au supérieur de Sainte-Anne, il était homme du monde, à son heure, comme s'il avait été élevé pour la cour. Avec cela, nature superbe, joviale et sympathique au possible, littérateur et même poète, il nous fit confidence d'une petite joute de ce genre qu'il avait eue avec non moins que Châteaubriand lui-même, à Niagara, où il avait eu le bonheur de couler une semaine auprès de lui, et dont il avait consigné les pièces justificatives dans son album, délicieux de forme et de fond, qui faisait le plus précieux ornement de son salon, fort bien décoré, du reste, par des tableaux de famille et des objets d'art variés qui accusaient à la fois la délicatesse et la diversité de ses goûts.

Il fallut s'arracher de ce lieu enchanté après trois jours de liesse, en ayant employé une partie à visiter le collège alors en congé, accordé à notre sollicitation, à jouir du pays d'alentour qui avait revêtu sa toilette de printemps et permettait aux élèves d'y prendre leurs ébats, en préludant au grand examen de fin d'année dont l'époque approchait et se faisait désirer d'eux.

Le Dr. Landry, son neveu et son élève tout particulier, comme M. Vallières avait été celui de l'évêque Plessis, se trouvait des nôtres en ce moment-là, et son oncle justement fier de lui, sentait quelque orgueil, du reste assez légitime, à le faire briller à nos yeux. Il l'avait spécialement adopté dans sa mission de la baie des Chaleurs, et j'avais, pour ma part, le mérite à ses yeux d'avoir été baptisé de ses mains.

Nous quittâmes Sainte-Anne, le capitaine

enchanté de sa réception, et moi le cœur gros d'en être sevré si tôt, et le souvenir de cette relâche ne s'est jamais affaibli dans mon esprit !

L'abbé mit son pavillon à sa chaloupe et nous fit la conduite à bord où il nous bénit et nous embrassa, en nous quittant enivrés des charmes de sa personne et pleins de reconnaissance de ses chaudes gracieusetés.

CHAPITRE VI.

SOMMAIRE.

Arrivée à Gaspé.—Une progéniture de 28 enfants.—Débarquement au Bassin.—Un intérieur de famille patriarcale —Rembarquement pour la baie des Chaleurs.—Arrivée à Maria, puis à Carleton, pays de l'auteur.—Episode de famille.—Tribu indienne des Micmacs.—La pointe à Chamberland.—Description de la Gaspésie d'alors.—A Ristigouche en canot d'écorce.—Chasse à l'outarde au bâton.—Pêche au saumon à la nigogue.—Le camp Micmac à Ristigouche et la Mission.—Quelque chose de son histoire.—Arrivée au foyer de famille.—Scène d'intérieur.

Douze jours après, nous avions doublé l'île d'Anticosti, le royaume du féérique Gamache, et étions en face du bassin de Gaspé sans être sûrs de pouvoir ancrer incontinent à Douglastown, tant il y avait encore de glaçons solides et flottants sur ses bords pour nous en disputer l'entrée. Toutefois, le capitaine Painchaud se mit en frais de s'en assurer en se faisant conduire dans sa chaloupe de bord aux premières habitations de la côte tout en m'invitant de l'accompagner, ce que j'acceptai avec transport.

Bien lui en prit vraiment, car à peine était-il parvenu à mettre pied à terre, qu'un vieil écossais, une ancienne connaissance à lui, qui s'y était établi depuis près de 50 ans, et dont la progéniture se chiffrait par 28 enfants (16 garçons et 12 filles), tous vivant sous le même toit avec leur père et mère ; vint lui donner une poignée de mains et en témoignage de la bienvenue lui offrir les services de tout son monde pour faire un passage d'entrée à notre brick dans le bassin, et, par-dessus le marché, sa cordiale hospitalité au capitaine et à ses officiers de bord, ainsi qu'à son unique passager qui venait de lui être présenté comme un enfant du sol venant revoir ses pénates après une si longue disparition. Et de fait il nous hébergea ainsi pendant plusieurs jours, et jamais je n'oublierai ce que cette famille patriarcale m'inspira de vénération, surtout quand j'appris que tous ces frères et sœurs s'étaient juré de ne jamais se marier du vivant de leurs chers et honorés parents ! et, à cette heure, ceux-ci étaient tous deux octogénaires ou à peu près.

Eh bien, ces sages vieillards, qui formaient avec leurs enfants, un couvert journalier et permanent de trente commensaux réguliers, s'étaient enrichis dans la pêche et le commerce d'huile de baleine sur une immense échelle : et rien n'était plus touchant que de voir ce vénérable couple, au milieu de cette génération resplendissante de santé et pleine d'un dévouement si respectable pour les auteurs de leurs jours : ce qui me reportait vraiment aux temps bibliques, où l'on n'avait qu'un esprit, qu'un cœur et qu'une âme, et où le chef de famille était le grand-prêtre de céans ! Il me semblait que j'étais dans un temple, au lieu de me savoir sous le toit d'un pêcheur, en l'écoutant bénir le repas et rendre après grâces à Dieu de la prospérité que la Providence lui avait départie.

Je me sentis le cœur serré d'une indicible émotion en prenant congé de cette famille au sein de laquelle j'ai coulé cinq jours d'allégresse comme je n'en ai guère goûté depuis lors dans les péripéties de ma course quelque peu accidentée ! Mais enfin il fallut bien rompre aussi avec mon nouvel enchantement pour gagner mon cher banc de Carleton, sur les bords duquel j'avais fait entendre mes premiers vagissements et coulé les premières années de ma plus tendre enfance !

A cette époque on n'avait pas encore rêvé le steamer maritime, encore moins les locomotives en terre ferme ; et les voyages à travers le golfe St. Laurent, dans les conditions d'alors, en étaient comme ceux de long cours d'aujourd'hui par nos navires à voiles avant l'origine des bateaux à vapeur : c'est-à-dire, qu'il n'était pas rare de mettre de trois semaines à un mois pour arriver de Québec à Halifax, ou *vice versa*.

Il y a encore des vieux qui se rappellent qu'on faisait son testament avant de s'embarquer en goélette entre Québec et Montréal, et je me rappelle que le *Laprairie*, le premier bateau à vapeur que j'aie vu, prenait de trois à quatre jours à franchir la distance de Québec à Montréal et couchait au pied du lac St.

Pierre plutôt que d'oser tenter le traverser nuitamment. Et quels doux et naïfs voyages on faisait en ces temps primitifs !

On jetait l'ancre au milieu des joncs sans se faire scrupule de troubler le concert de coassements des grenouilles dont on envahissait ainsi l'empire, et on le remplaçait par des chansons canadiennes, comme *à la claire fontaine, Vole, mon cœur, vole, Dans les prisons de Nantes, Derrière chez ma tante*, etc., pendant que les plus sages s'attablaient aux cartes ou causaient gaiement du pays des chimères, dans un coin de la cabine.

Montréal, en ce temps-là, ignorait le luxe d'un quai ou d'un débarcadère quelconque, et quand on était de retour de cette grande et vaste cité, on ne se taisait pas des merveilles du voyage et du prestige qu'elle exerçait alors sur les sens faciles à illusionner des voyageurs pour rire de ce bon vieux temps.

Que diraient-ils donc aujourd'hui s'ils revoyaient la mondaine et opulente cité avec ses villas princières, ses parcs royaux, son port majestueux qui rappelle ceux de Palerme et de Syracuse, ses églises multiples, ses édifices publics et sa société dévorée de goûts religieux et artistiques ?

Ce serait la cité sainte qu'il faudrait l'appeler si l'on jugeait d'elle par le nombre de ses églises, ou politique la grande, d'après la pullulation de ses journeaux.

Mais me voilà bien loin de Gaspé avec sa couvée biblique dont j'avais senti tant de peine à me séparer, bien que mon cœur fut tendu sur Carleton. En quittant le bassin de Gaspé, je venais de comprendre du coup ce que j'avais tant chanté au collège dans les psaumes de David, louant Dieu des félicités qu'il attache aux nombreuses postérités ainsi bénies de sa toute puissante main, et je quittai celle-ci, ou plutôt je me dérobai à ses regards comme à regret de me voir désormais privé de la contemplation d'un si touchant spectacle !

A peine avions-nous pris congé de nos hôtes si sympathiques que notre équipage avait député l'un d'eux auprès du capitaine Painchaud, attardé au milieu de ses anciennes connaissances de l'endroit, pour l'engager à doubler la pointe avant que le crépuscule du soir ne rendît la sortie du bassin plus difficile et plus dangereuse, et de nous mettre ainsi mieux en état d'entrer dans la baie des Chaleurs dont Carleton était alors, du moins pour ce qui concerne la province Bas-Canadienne, comme une sorte de capitale. C'était aussi sinon mon avis, que je n'avais guère au chapitre, du moins mon désir le plus vif et le plus ardent, car c'était par là que j'étais entré dans la vie, et les souvenirs confus et en ébullition qui m'assiégaient le cerveau me laissaient dans une agitation fiévreuse que mon excellent capitaine et mentor avait bien de la peine à maîtriser.

Je n'avais pas revu ces parages depuis ma première enfance, et quand je foulai l'emplacement qui avait porté mon berceau, un violent battement de cœur me l'apprit comme à mon insu ; car la place avait bien changé de face depuis lors. Nous étions débarqués à Maria, village à une portée de Carleton, et le capitaine me laissait à mes propres observations en me lorgnant du coin de l'œil, quand tout-à-coup je me précipitai fébrilement dans ses bras, en l'étreignant fortement, mais sans pouvoir proférer une parole. C'est aussi que des événements qui vont se dérouler dans ce récit nous apprendront plus tard comment le démon de la politique avait défiguré la physionomie locale, ruinant et déplaçant ma famille, détail qu'on m'avait laissé ignorer jusque là.

Mais n'anticipons pas : nous rentrerons assez vite dans le drame.

Avant toutefois de sortir de Carleton, le capitaine qui était l'idole de l'endroit et qui tenait à m'y rapatrier, m'avait amené avec lui chez tous les anciens de la place, amis de mes parents, et qui se faisaient fête de revoir ce rejeton du pays revenu du Canada et qu'on voulait accaparer à toute force avant son départ pour Ristigouche où le malheur avait relégué mon pauvre père. Il y avait trouvé un pied à terre sur un reste de ferme que son unique frère lui avait léguée en mourant, pour mettre sa jeune famille à l'abri, après le désastre qui était venu balayer la place, sur le banc de Carleton, où il l'avait assise dans les meilleures conditions possibles d'alors. Mais la politique, cette autre furie moderne, avait été, sinon la cause, du moins le prétexte ou plutôt l'occasion, de venir de son souffle vengeur et impie renverser un établissement déjà assez considérable et prospère, et fondé au prix de soins incessants et de travaux ardus comme les faits subséquents en témoigneront.

Mais avant de rentrer dans Ristigouche (corruption du mot *Listigouts,*) donné par la tribu des Micmacs qui y avaient leur siège principal, à quelques milles plus bas que le village acadien,—et dont le dialecte ne comporte ni la lettre *r* ni la lettre *v ;* ce qui en fait la plus douce de toutes les langues sauvages du Canada. Ils substituent *l* à *r* et *b* au *v ;* (ainsi, par exemple, les noms propres de Sutherland et de McTavish se prononcent Sude*l*land et McTa*b*ish, respectivement :) avant, dis-je, de frapper à la porte de la maison de famille, et en longeant la côte du côté canadien, celui d'en face étant la terre du Nouveau-Brunswick ; je m'arrêtai sur divers points pour m'édifier discrètement sur certains faits de notre histoire de famille qu'il m'importait d'éclaircir : sans, bien entendu, rien révéler de ce qui concernait ma personne ou le but de mon voyage dans cette course d'intérieur, apparemment faite en amateur dans un motif de curiosité ou d'exploration de pure fantaisie.

Mais ces gens clair semés dans ces solitudes, hospitaliers et observateurs, ont bientôt deviné ou analysé leur nouvelle connaissance, tant ils ont de flair et savent mettre de bonhomie et d'inclination à vous obliger et à vous servir. J'avais donc mis pied à terre à un endroit connu sous le nom de la pointe à Chamberland, possédée par un brave de ce nom, avec lequel je ne mis pas de temps à devenir familier. Doué d'un grand sens, fort au courant de ce qui se passait alors de par le monde, il me renseigna sur tout ce qu'il m'importait le plus de savoir, sans réticence comme sans mystère, mais plutôt avec un laisser-aller de franchise qui captivait toute ma confiance. Sa femme s'était approchée de nous tout en nous apprêtant à déjeûner, et elle échangeait de propos avec nous, à bâtons rompus, sans perdre de vue une minute l'omelette qu'elle nous préparait avec des gâteaux de maïs et du café à la crème comme accompagnement.

Une fois à table elle me fixa du regard et sur un ton d'assurance qui m'étonna, elle ajouta à ses observations préliminaires et sur un ton des plus sympathiques : Mon Dieu, qu'il y a de ressemblance entre vous et la famille de......Son mari lui coupa la parole en ajoutant :—Après déjeûner je voulais vous y mener, me dit-il, en se retournant de mon côté, car ce sont de nos bons amis et il ne vient ici personne du Canada sans que je les y conduise, et, là-dessus, il se mit à me raconter l'histoire après laquelle je soupirais et que j'écoutais ému, mais interdit, cherchant à faire bonne contenance et à dissimuler de mon mieux les sentiments qui m'agitaient.

Ah! brave homme, si tu vis encore aujourd'hui et que ce feuillet de réminiscence te tombe sous les yeux, il te dira ce que j'ai remporté de toi et de ta digne compagne dans ce tête-à-tête où je fus initié à tant de détails navrants qui font le point culminant et le nœud gordien de mon modeste Odssée !

Mais avant de rentrer à Ristigouche, puisque j'ai entamé la description de la Gaspésie, et, par extension, de la baie des Chaleurs, à ce temps-là, fouillons encore un peu le coin de terre aujourd'hui si transformé par le progrès qui s'est manifesté dans ce dernier quart de siècle, et où était venu se consolider ce groupe d'Acadiens qui forment aujourd'hui un petit peuple plein d'avenir et qui s'épand et se développe à l'aise dans toute la Gaspésie, dans la plus large acception du mot local.

En ce temps-là, à partir de la Pointe aux Pères, ou de Matane à tout le moins, le pays en deçà jusqu'au Ristigouche, et en arrière de Carleton, n'était guère qu'une forêt primitive, épaisse, sauvage et pour ainsi dire impénétrable à tout autre pied qu'à celui de l'enfant du sol dans toute l'application primordiale du mot : attendu que la belle route de Matapédiac qui relie maintenant la Rivière du Loup (en bas) avec le bassin du Ristigouche, par voie de Madawaska, n'existait pas encore, pas même en embryon. La Gaspésie était un pays séquestrée du Bas-Canada comme par une barrière insurmontable. Son isolement en faisait comme un territoire a part, avec une habitation côtière mélancoliquement séparée de tout ce qui lui ressemblait au-delà de cette forêt vierge qui la faisait rêver! Aussi avenant le printemps tournait-elle avec intérêt les yeux du côté de Québec pour voir les mariniers du golfe arriver à pleines voiles de ces bords canadiens qui lui semblaient devoir être si enchantés d'après les récits qu'en faisaient ces fortunés voyageurs.

Le service postal s'y faisait une fois ou deux pendant l'hiver par le moyen d'un agent spécial accompagné d'une couple de sauvages suivis de leurs chiens attelés à une espèce de traineau lisse et plat, appelé *tobogan* dans la langue du pays, sur lequel reposait le sac de malle à côté du comestible pour les voyageurs.

On y recevait les lettres à Québec, quelquefois deux mois ou plus après date et elles coûtaient au poids simple près de deux chelins, monnaie d'alors ; et si elles étaient revêtues d'une enveloppe, 14 sous en sus ; c'était la règle sacramentelle.

Aussi fallait-il que la correspondance provînt de l'ardeur irrésistible d'une amante délaissée, après la clôture de la navigation, ou de quelque gros intéressé dans une affaire des plus graves et des plus urgentes ; ou enfin d'un deuil subit ou d'un de ces événements de famille imprévus qui ne souffrent pas de délai, mais exigent la rupture immédiate et absolue du silence, pour qu'on songeât à dépêcher une missive quelconque dans ces conditions-là.

C'est de même aussi que les dépêches publiques se transmettaient pour le gouvernement ou l'assemblée législative. J'en rapporterai plus loin un célèbre exemple qui concerne mon propre père, quand le moment sera venu de parler de la contestation des élections d'alors, où les messagers envoyés comme je le disais plus haut, s'abritaient la nuit sous un dôme de neige tapissé de rameaux frais coupés, avec un lit de branches plus souples pour couche commune et un bon bûcher allumé dans le voisinage de la cabane improvisée ; pour pouvoir se donner quelque peu de sommeil et se détendre un peu les membres engourdis par la lassitude de la marche forcée pendant les quinze ou dix-huit heures précédentes. Et ce genre de vie durait de cinq à six semaines suivant les difficultés de la route ou l'inclémence des saisons. Et il va sans dire que les chiens voyageurs partageaient prosaïquement le lit et la bonne fortune des guides à tous égards.

C'est dans de pareilles conditions que les hommes et les choses ont bientôt repris leur niveau et qu'on ne discute pas longtemps des conditions et privilèges de la civilisation. Demandez à ceux qui ont goûté du régime des caravanes du Levant !

Voilà l'histoire primordiale du pays où je venais de mettre le pied pour le parcourir un peu, sinon l'étudier, avec des vues d'avenir. Heureusement que nous étions au cœur de l'été et que le vaisseau de mon ami le capitaine Painchaud était toujours là pour mon service.

Mais il me fallait tout d'abord y relancer les miens à ce Ristigouche où je brûlais toujours d'arriver.

J'allais donc enfin y découvrir mon père, je

le croyais du moins ; mais je n'étais pas encore au bout de mes déceptions : elles m'ont suivi partout. Nous nous étions, sans le savoir, croisés sur la route. Lui ignorait encore mon arrivée qu'il n'avait pas non plus raison d'attendre, vu que j'étais parti sans avoir eu le temps ou même motif de l'en prévenir, devant venir débarquer tout droit *chez nous*, à Carleton, dans l'ignorance où j'étais de tout ce qui s'était passé à son sujet. Et ce contre-temps, ce brave Chamberland qui l'avait deviné, me l'avait adroitement dissimulé, en arrêtant sa femme au beau milieu de la révélation qu'elle avait été en train de me faire, toute entière à sa sympathie pour nous. Seulement il m'avait brodé les choses un peu paraboliquement, après m'avoir écouté lui raconter mon expédition depuis la pointe dite de *Megueck Shawk*, ce qui signifie en micmac, *longtemps rouge*, parce qu'en effet elle nous parait de cette couleur d'aussi loin qu'on peut l'apercevoir.

Là des sauvages m'avaient reçu dans un de leurs grands canots d'écorce, fort bien monté.

La distance à franchir était, je crois, de 15 à

18 lieues et, comme c'était l'heure de la marée montante, je passai une nuit splendide à voir faire à mes guides la pêche au saumon au flambeau et avec la nigogue, tout en jouissant du bel exercice de la pagaie en cadence comme ces habiles enfants de la nature savent le faire au grand ravissement des civilisés de mon espèce, toujours pris au dépourvu dans les circonstances graves de la vie où il s'agit de se suffire à soi-même. Nous allions au train de la vapeur, de 15 à 18 milles à l'heure, sans compter les relais. Au point du jour nous débarquâmes pour un peu de temps sur une petite île isolée où mes sauvages voulaient surprendre, en passant, suivant leur tactique d'usage, un volier d'outardes qui venaient s'y poser à la tombée de la nuit, pour en faire le massacre ordinaire.

Et voici comment ils s'y prenaient pour épargner leur poudre et les abattre à coup sûr. Ils s'approchaient sans bruit de l'endroit le plus épais où elles se perchaient, rampant à plat ventre avec un bâton d'une main et leur torche de l'autre ; et poussant tout-à-coup des cris terrifiants en allumant tous ensemble leurs flambeaux goudronnés pour les mieux aveugler, ils les faisaient se lever en désordre et éperdues : et, fondant alors sur elles avec leurs bâtons, en faisaient, par là, un ravage épouvantable en épargnant aussi leur duvet, tant leur bande était épaisse et facile à abattre ainsi prise en désarroi. Et la chasse, à ce compte-là, ne coûtait pas cher et rapportait davantage, en ce que le gibier ainsi épargné par le plomb se vendait en meilleure condition et, partant, à meilleur prix à tous égards. Ah ! nous autres, gens de la civilisation, nous nous donnons souvent beaucoup de mal, et en vain, pour en remontrer aux Micmacs, non seulement à la chasse de l'outarde, mais à celle des misères de la vie que nous provoquons plutôt à pure perte !

Après ce tour de force, nous reprîmes nos canots pour faire route vers le village *français* de Ristigouche. Or, comme je l'ai dit plus haut, il se trouve deux bourgades de ce nom à une distance l'une de l'autre de 3 ou 4 milles s'il m'en souvient bien. La première est le campement micmac, où la tribu cultive pendant l'été et les hommes chassent durant l'hiver. Dans cette dernière saison les femmes s'occupent de la fabrication de souliers brodés en poil de porc-épic, à des collerettes ou petites pélisses ornementées de perles et de verroteries ainsi qu'à des coiffures coquettement agrémentées de plumes d'oiseaux aquatiques qui abondaient alors sur ces bords primitifs mais fortunés.

Deux fois par mois le missionnaire catholique qui desservait et habitait Carleton, venait à leur mission où se trouvait une petite église, fort proprette, ma foi, qui servait au culte religieux le dimanche et de lieu de délibérations aux sauvages pour les affaires collectives de leur mission, pendant la semaine, ainsi que d'école et d'exercice religieux dans l'occasion.

Un vieux de la tribu, nommé Pierre Labôve, remplissait les fonctions de maître-chantre et de substitut du *patlialsh* (c'est ainsi qu'ils nomment leur pasteur,) aux jours fériés, quand ce dernier ne pouvait s'y trouver ; et il faut dire que Labôve était, en vérité, aussi étonnant par son fonds d'instruction dont l'abbé Painchaud avait semé les premiers rudiments, en lui inculquant jusqu'aux premiers principes du chant grégorien, et que M. Gagnon, son successeur, mort curé de Berthier, avait encore considérablement développés, et que M. Malo enfin, son remplaçant d'alors, avait comme complétés, assez du moins pour que son absence obligée ne se fit pas trop sentir. J'aurai à y revenir quand il me faudra raconter l'épisode d'un festin de noces dont la cuisson d'un chien faisait tous les frais, comme la danse à la corne de chasse, qui prend chez eux la place de nos castagnettes, résume tous les appareils et tous les bonheurs et réjouissances de la fête.

J'ai maintenant bien hâte, mon lecteur le sent assez, depuis si longtemps que je brûle d'arriver au seuil sacré du foyer paternel, d'y mettre enfin le pied pour y embrasser les chers auteurs de mes jours, qui étaient loin, de leur côté, de s'attendre à cette surprise.

Mon père, instruit dans sa course par la voix commune, de mon arrivée inattendue, avait brusquement rebroussé chemin, et rejoint sa maison par des chemins de traverse, ayant l'œil aux aguets, et, sans se trahir vis-à-vis des siens, du haut de la falaise où il avait assis sa modeste demeure d'alors, avisait le canot qu'il savait être le mien. Je ne l'avais pas revu depuis près de dix ans, mais j'avais sa photographie profondément gravée dans mon souvenir et dans mon cœur qui palpitait alors à me rompre la poitrine! Seulement le banc de Carleton manquait à l'actualité et au complément du tableau dont j'avais emporté la profonde empreinte en le quittant.

Il descendit au pas de course d'aussi loin qu'il put reconnaître notre embarcation pour venir à notre rencontre. Je me précipitai dans ses étreintes en essayant d'étouffer les émotions qui me coupaient la voix!

C'était un homme fort que mon père, déjà assez vieux loup de mer, ayant passé plus d'une fois par les secousses de Neptune sur son élément, et pas mal aussi par les épreuves non moins rudes parfois de la terre ferme : mais comme tous les hommes de cœur, hardi dans les entreprises et résigné dans le malheur.

Mais un spasme vint lui couper la voix

quand il voulut me faire le récit de son désastre de Carleton, seule date de ma propre histoire, et dont je n'avais encore appris que la surface.

Après ce premier épanchement, il voulut préparer ma mère, mon aïeule paternelle, la providence de son toit, qui n'avait cessé de chantonner une complainte qu'elle avait composée sur mon temps d'absence ; enfin mes frères et mes sœurs dont je ne connaissais guère que la moitié ; et il me quitta brusquement tenant, au retour, ma mère éperdue suivie de ses enfants, scène dont le souvenir m'est encore aussi poignant, après un laps de près de 40 ans, qu'elle me le fut alors !

Ma sœur aînée, pendant ce temps-là, se mit en frais de nous faire à déjeuner, l'œil distrait et braqué sur moi comme si elle eut demandé compte au hasard de mon apparition. On aurait dit qu'elle sortait d'un rêve et qu'elle ne réalisait qu'à moitié ce qui se passait sous ses yeux. Les plus jeunes se serraient auprès de leur mère et me lorgnaient de l'œil avec un air de surprise mêlée d'une curiosité tendre qui finit par céder devant mes caresses et rendre ses droits à la nature. Une heure après nous étions déjà de vieux et chauds amis. Ah! loi du sang, que ton mystérieux empire est puissant.

Mais en attendant le déjeuner, toujours un événement très désirable, je ne laissai pas de leur raconter à tous les causes et les incidents de mon voyage et de ma venue, et d'apprendre d'eux, de mon côté, à quelle cruauté du sort ils devaient le brusque renversement de leur modeste fortune. La suite va nous l'apprendre tel que je le tiens moi-même de leur bouche collective, car ils parlaient tous à la fois et j'avais beau être tout oreille, je n'arrivais pas toujours à saisir le nœud gordien de la péripétie de ce drame, de politique devenu tout à coup domestique, et gros de tant de conséquences funestes à l'avenir d'une famille si terriblement frappée pendant une nuit néfaste!

Mais je ne suis pas loin de cette solution et je ne puis bien y préluder qu'en préfaçant ce poignant épisode par l'histoire d'un personnage célèbre qui va remplir une page assez importante de ces *Mémoires* et *Souvenirs*.

CHAPITRE VII.

SOMMAIRE.

Un épisode politique de ce temps-là.—Un caractère étrange.—La carrière de Robert Christie.—Les péripéties de son existence politique.—Son rôle parlementaire.—Son règne à Ristigouche.—La lutte de la Gaspésie contre ce petit satrape.—L'insurrection universelle des Acadiens de la baie des Chaleurs.—L'attitude de la chambre d'assemblée.—La mission de mon père auprès des électeurs de la Gaspésie.—Un escamotage de candidature.—Suite néfaste de cette aventure.—Solution du problème.

Il vivait alors sur les bords du Ristigouche, à quelques lieues au-dessous de l'habitation de mon père, mais du côté de notre province bas-canadienne, (le Ristigouche, comme je l'ai déjà dit plus haut, le Ristigouche était là la ligne de démarcation entre le Nouveau Brunswick et nous), un personnage qui a tenu beaucoup de place dans nos annales et joué un rôle assez transcendant, je puis bien le dire, à cette époque de vive agitation publique dans toute l'étendue du Bas-Canada. Il avait nom Robert Christie, était très bien apparenté, sortait avec sir James Stuart, son ami de cœur, son collègue en chambre et son camarade de la célèbre école érigée depuis en université du collège du roi à Windsor, N. E. : tous deux aussi étaient devenus plus tard disciples et élèves des juges en chef Sewell et Reid, comme avocats.

Robert Christie, une fois émancipé des bancs, s'était fait l'instrument aveugle de lord Dalhousie, et partant, était devenu la bête noire de la chambre d'assemblée, qui ne l'a pas expulsé moins de six fois successives de son sein en punition des plus flagrantes violations de la loi parlementaire et électorale, et des audacieuses menées au moyen desquelles il s'était imposé à la représentation du district de Gaspé, en s'y cramponnant par l'audace poussée jusqu'à la témérité; et quand la violence ouverte ne suffisait pas, par l'astuce la plus souple, la plus savante et la plus déliée, comme par la tactique et la stratégie parlementaire les moins scrupuleuses, pour ne pas dire, les plus criminelles, qui en faisaient une puissance semi-héroïque avec son apparente invincibilité.

Il s'était fait accorder comme une sorte de lord lieutenance du gouverneur Dalhousie dont il était devenu la créature, le portevoix en dedans comme en dehors de la chambre d'assemblée, et faisait trembler le sol sous ses pas. Aussi était-il devenu une puissance irrésistible aux yeux de tous et la terreur régnait à 50 lieues à la ronde autour de lui dans toute l'étendue de la baie des Chaleurs.

La splendide et pittoresque maison qu'il occupait sur une élévation au bord du Ristigouche, tenait à la fois du castel et de la métairie par ses vastes proportions et le caractère architectural et la singularité de sa construction. En voyant pour la première fois la résidence de Washington, bien que d'une structure plus modeste, sur le Potomac, je fus frappé d'un certain air de ressemblance entre les deux édifices.

Je ne crois pas mieux achever son portrait, en le peignant d'un trait, qu'en lui décernant le nom de George Cadoudal du torysme colonial, dont messieurs Sewell et Stuart furent alors les deux grands-prêtres. Il en avait la fougue et l'industrie, l'audace consciente et le téméraire et aventureux dévouement. Aussi son rôle pesait-il au parlement qui l'empoignait après chaque élection et sans lâcher prise.

Il y exerçait aussi une sorte de magistrature hybride qui tenait à la fois du ressort de la justice de paix et de l'autorité civile, tribunal arbitraire et irresponsable, à tous égards, et qui les combinait tous les deux ; servant admirablement à entretenir la terreur du régime autocratique, préconisé par lord Dalhousie, parmi ces malheureux Acadiens, si éprouvés déjà par leur barbare proscription, depuis qu'on les avait disséminés dans toutes les latitudes américaines pour mieux consommer leur exil de la patrie de cette douce et tendre Evangeline si divinement chantée par l'immortel Longfellow.

Et les anglo-américains, royalistes d'alors, affecteraient d'être étonnés de l'antipathie acadienne pour tout ce qui leur ressemble de près ou de loin ! Je suis étonné, moi, que le sang français qui coule dans nos veines ne remonte pas d'horreur vers sa source à leur seule proposition de nous offrir leur liberté. Fi ! d'une liberté venant d'une main que l'avarice seule avait portée à nous dépouiller sous couvert de redressement de frontière territoriale, mais en réalité pour s'approprier nos gras pâturages avec les splendides troupeaux qui les couvraient et qu'ils nous convoitaient depuis si longtemps.

Mais pour revenir à M. Christie, qui donc aurait oublié déjà la carrière publique de ce partisan aveugle et déchaîné que toute la force coalisée du parti libéral dans la chambre législative put à peine mettre à la raison, maintenu qu'il était dans sa fraude ouverte et violente par le chef de l'exécutif du temps, l'âme de toutes les machinations, secondé par une poignée d'affidés qui lui prêtaient main-forte au parlement avec une audace épatante. Je me rappelle encore, à cette occasion, de la reclamation de ce sage mais énergique Bourdages, qui, brandissant son bras patriotique dans la face du *family compact* du temps, s'écriait :—
" C'est bien, messieurs les constitutionnels, (c'est ainsi que s'intitulait cette cohue d'enra-

gés qui avaient sans cesse l'écume à la bouche,) —fournissez votre carrière de haine et d'iniquités, vous légitimez par là tous nos moyens de défense et ce n'est pas nous qui reculerons ; et après une minute de suspension, ... si vous en doutez, c'est que vous ne nous connaissez pas."

Et le bouillant Christie bondissant sur son fauteuil parlementaire, les lèvres crispées par la rage, encore surexcité par le suisse Gugy, déployait toutes les ressources de sa dialectique loyale pour démontrer à l'inébranlable Bourdages et à ceux dont ce dernier était l'interprète, qu'ils couraient tout droit à l'abîme qu'ils se creusaient avec leurs fausses données sur leurs prétendus titres politiques qu'ils invoquaient sans cesse, disait-il, sans qu'ils eussent le moindre fondement !

Mais j'anticipe, malgré moi, sur l'heure où il me faudra mettre les deux armées en présence et leurs joutes en relief ; car le vif souvenir qui me reste encore de ces passe-d'armes où les nôtres finissaient toujours par avoir le dessus, devient irrésistible même au courant de mon récit le plus froid. Ah! c'est qu'il faut les avoir connus, nos hommes de ce temps-là ; et c'est à leur école, voyez-vous, que j'ai fait mon apprentissage !

Du reste, d'un talent hors ligne pour la parole qu'il maniait aussi habilement dans une langue que dans l'autre, avocat infatigable, retors et rompu à tous les secrets de l'art, presque aussi éloquent à ses heures que les plus distingués de ses collègues parlementaires, comme de ses confrères professionnels, avec beaucoup de distinction de manières, de grâces dans sa personne et de séduction de langage, on juge bien qu'il n'avait guère de peine à maîtriser tout ce qui semblait mouvoir dans son domaine ou venir en contact avec lui.

Ce qui le gâtait beaucoup dans la discussion parlementaire, c'était la vivacité de son tempérament qui lui attirait parfois les foudres de la tribune ou les coups de massue de l'ainé des Bédard dont on pouvait dire comme de Giles : " Il a cela de bon, quand il frappe il assomme."

Mais dans ses rapports personnels, quand il

voulait y mettre les grâces de sa physionomie et de sa personne, marquées toutes les deux au cachet de distinction qui ne l'abandonnait jamais, il trouvait tous ses interlocuteurs prédisposés à écouter ses oracles, et lui-même se sentait irrésistible : puis dominer était son but suprême !

A la faveur de cette omnipotence qu'il avait ainsi accaparée, ce roitelet faisait la pluie et le beau temps dans son pays de cocagne : aussi ne connaissait-il plus de limites à son ambition et à ses visées de domination sur le Ristigouche comme ailleurs. C'est ainsi, par exemple, qu'il y monopolisait la pêche du saumon au moyen d'un certain barrage qu'il y avait pratiqué et qu'il faisait garder à vue, nuit et jour, par des affidés à sa solde, au grand préjudice du reste de cette population de pêcheurs, et à l'encontre de toute concurrence possible ; et ce vaste cours d'eau n'était plus, de son côté du moins, que comme une sorte de vaste estuaire à son profit exclusif.

La même chose pouvait s'appliquer à l'exploitation des foins salés ouverte à la compétition de tous sur les terrains vagues, mais où il dominait aussi en maître au nom de César, sans violence, mais par le seul fait de sa prépondérance dans le pays.

Ce qui était devenu tellemen tintolérable que, de Ristigouche à Gaspé, il n'était bruit que de faire enfin une résistance ouverte et de mettre flamberge au vent contre ce despote qui ne connaissait plus rien à l'épreuve de sa suprématie. Mais c'est à qui n'attacherait pas le grelot !

Avec cela allié par les liens du mariage à une des meilleures familles acadiennes du temps, qui comptaient parmi ses membres entre autres, le remarquable M. Doucet qui avait été curé de Québec et était devenu son beau-frère ; il recevait en grand seigneur toutes les notabilités qui venaient frapper à sa porte, je pourrais dire à celle de son pachalik ; faisant de toute façon un tel éclat de parade et un tel déploiement de ressources de toute espèce, que le découragement s'était presque emparé de la population riveraine, depuis les rives du Ristigouche jusqu'au bassin de Gaspé.

Maintenant il me faut rebrousser le chemin bien loin en arrière pour reprendre le fil de l'opposition électorale à M. Christie, brusquement interrompu par l'histoire de mon arrivée à la baie des Chaleurs.

C'était, je crois en 1822, ou, par là, que mon père faisait alors le cabotage du golfe aux Antilles, et retour, sur un assez grand pied, et qu'il avait aussi des intérêts fonciers dans Ristigouche, qu'il développait de front avec son chantier de marine sur le banc de Carleton, où il avait le siège principal de ses affaires. Il faisait également plusieurs voyages par saison à Québec où il se trouvait parfois attardé par les affaires de son négoce, ce qui le contraignait souvent d'y passer une bonne partie de l'hiver, et qui lui donnait la facilité de pouvoir assister aux séances de la chambre, en lui procurant l'avantage d'y suivre les affaires du pays et d'y cultiver l'intérêt de nos députés avec qui il était en rapport constant, et auxquels il faisait mélancoliquement la peinture de l'épouvantable situation qui leur était faite par le puissant tyranneau d'en bas.

Et là-dessus, les Papineau, les Bourdages, les Lagueu, les Morin, les Borgia, les Neilson, les Berthelot, les Besserer et vingt autres de nos vétérans de la même portée, le conjuraient, le pressaient au nom des intérêts les plus chers à lui et au nom encore plus sacré de ceux du pays : de lever haut la main l'étendard de la résistance ouverte contre cet ordre de choses sans nom qui ne visait à rien moins qu'à l'étouffement d'une population à peine encore remise des terribles suites de ce qu'on appelait alors " la guerre des Bostonnais ; " dans toute la région arrosée par le bas du golfe, contre leurs frères de l'Acadie, décimés, massacrés ou transportés à l'instar de ces bandits dont on cherche à se défaire de toutes les façons possibles.

M. Norbert Morin, fort ami de mon père, et quelque peu acadien lui-même par un côté de ses ancêtres, était chargé par lui de re-vendiquer ses intérêts au nom de mon bisaïeul le Poisset, ruiné au service du roi de France, et qui avait reçu comme indemnité par une concession chartrée une partie du cap Diamant, à Québec, et s'en était retourné en France après son désastre, en laissant après lui un M. Berthelot d'Artigny, comme agent concessionnaire de son domaine. M. Morin était venu à bout, après bien des efforts et des recherches dans les archives publiques, par mettre le doigt sur le document en question, avec le secours du premier commis, M. Félix ou Frédérick Costin ou St. Castin,— mes notes ne sont pas nettes à cet égard,— l'avait fait voir à son client et se flattait de toucher au succès.

Or, cette trouvaille mettait mon père, en présence d'une succession assez opulente, puisque l'agent, M. Berthelot, avait tout concédé alors, mais par malheur, pour son propre compte et en son propre nom, paraissait-il, au lieu d'agir comme simple fondé de pouvoir et représentant du concessionnaire originaire. De là des embarras inextricables que M. Morin avait pourtant la certitude ou se flattait du moins de faire disparaître ou de pouvoir tout au moins mettre en lumière au profit du pétitionnaire. Il croyait donc déjà toucher à la solution de l'incident, quand un jour faisant une nouvelle recherche en vue de la constatation du document et d'en collationner une copie informe ou très défigurée, qu'on avait exhumée du fond d'une cassette plus vénérable par sa vétusté que par son authenticité légale, quand, dis-je, on s'apperçut qu'il y avait une lacune dans le régistre et qu'un feuillet manquait au volume des entérinements.

Grand émoi parmi les employés en sous-ordre ou gardiens des archives. Un M. Boutillier, à la tête du département, fut mandé devant la chambre pour s'en expliquer, mais ne put éclaircir en rien l'imbroglio, et l'incident n'eut d'autre suite que de confondre de plus en plus M. Morin, qui en avait pris occasion de faire une énergique remontrance de plus sur l'irresponsabilité des subalternes et l'indépendance absolue, en pratique du moins, des chefs putatifs de départements.

Quoiqu'il en soit, j'ai obtenu depuis lors, par le ministère de M. Guizot, alors à la tête du cabinet des affaires étrangères, une copie de la pièce brévetée qui n'a jamais pu me servir à grand' chose sous le nouveau régime de mutisme et de proscription qui se succédaient l'un l'autre, et depuis, a tenu le haut du pavé, quand surtout il s'agissait d'une réclamation de ce genre :—si bien que j'ai fini par la reléguer au rang de celle du chevalier de la Ronde qui en rêve toujours, pour sa part, et qui emportera son espérance au tombeau, ce qui ne prouve pas toutefois que le gouvernement anglais ne l'en a pas moins bien et dûment dépouillé !

Mais pendant ce temps-là M. Christie tenait toujours les Gaspésiens en bride, ou plutôt le joug sur le cou de ses esclaves, et les choses en étaient arrivées à ce point d'effervescence que dans cette automne-là, ce fier à bras parlementaire, menacé d'être expulsé pour la troisième fois, par la bouche du vénéré Bourdages, le plus sage et le plus intègre de nos mandataires d'alors, parceque, ajoutait ce patriarche et vrai truchement de la constitution, *les résolutions qui expulsaient monsieur Christie avaient pour bâse la conviction d'un grand crime* (textuel) ; les choses en étaient arrivées à ce point d'effervescence, dis-je, que d'un commun accord entre les libéraux, on dépêcha précipitamment mon père de Québec à Gaspé, pour en revenir en toute hâte, après consultation avec les électeurs, à la raquette, faire son rapport; l'ayant muni de lettres et de dépêches authentiques et avoir dénoncé hautement la faction brutale qui avait jusqu'alors clandestinement régné au cri de *british loyalty*, ce qui signifie en bon français *au plus fort la poche*, comme on dit ici vulgairement.

Mon père encore jeune alors, mais qui avait les mains pleines : des magasins de marine et des chantiers de vaisseaux en voie de construction dont quelques-uns pour des négociants de Québec, et sur lesquels il avait reçu des avances assez considérables ; et mesurant son infériorité à tous les points de vue en face de son formidable adversaire, passé maître dans cette prestidigitation électorale, faisait plus qu'hésiter, en envisageant la responsabilité qui se dressait terrible devant son courage et son patriotisme ; devant sa vieille mère surtout ; elle, l'oracle de son foyer domestique, qui l'avait toujours conjuré à genoux de ne pas céder à la funeste tentation, en lui rappelant ce par quoi les *Bostonnais* les avaient fait passer déjà dans cette chasse sauvage qui les avait éparpillés aux quatre vents du ciel. Il délibéra avec sa conscience, puis hésita ; mais le dé en était jeté ! Tout de même il se mit en route, espérant arriver assez de bonne heure au moins pour faire sinon avorter les combinaisons du candidat en permanence dans la Gaspésie, du moins parer au coup de la nouvelle élection faite en fraude de la loi et en dépit de la très grande majorité des voteurs légitimes.

Après bien des difficultés de navigation à cette saison avancée de l'année et des péripéties venues à la traverse de ses projets et de ses plans d'action, il arriva enfin de sa personne à Bonaventure, après s'être arrêté à Percé et fait un court séjour à New Carlisle pour s'y concerter avec ses amis sur les moyens d'organisation à adopter pour débarrasser le pays du cauchemar qui l'oppressait et pesait sur lui depuis des années en dépit de toutes les tentatives faites pour s'en délivrer.

En apprenant de sa bouche sous quels auspices il leur revenait de Québec à cette heure avancée, et pour quels motifs, et à quelles fins, grand émoi dans le camp acadien qui eut sa vibration jusque dans celui des *philistins christiéites,* toujours en éveil et aux aguets dans ces temps de crise électorale pour lesquels ils étaient parfaitement disciplinés.

De notre côté on se mit donc en mesure d'improviser une organisation serrée et active, car jusqu'alors personne n'avait ôsé braver les hasards d'une telle candidature ou les périls d'une lutte électorale dont on se faisait, à bon droit, un épouvantail, et, en vérité, il y avait de quoi.

On se contentait toujours de dénoncer très haut l'éternel candidat auprès de la chambre d'assemblée, après chaque simulacre d'élection, et cette odieuse et coûteuse farce qui faisait rire Dalhousie dans ses barbes, finissait toujours par amener l'expulsion de son mignon du sein de la représentation législative, où il n'avait guère le temps que de lancer quelques-unes de ses bordées d'invectives à l'adresse des libéraux qui ne s'en portaient pas plus mal, et le relançaient parfois de manière à assombrir quelque peu l'hôte du château St. Louis lequel perdait malgré lui de sa sérénité dans ces luttes entre les deux partis dont L. J. Papineau faisait les plus grands frais.

On en était donc toujours à recommencer, et las à l'extrême de tourner sans cesse dans le même cercle vicieux ; mais on paraissait cette fois tenter pour tout de bon de nettoyer la place de la faction Christie qui s'en était, en apparence, rendue maîtresse inamovible. La cohorte populaire, stimulée par le mouvement des députés de Québec, l'*acadien* Bourdages en tête, avait résolu, pour le coup, de triompher *per fas aut nefas* de cet audacieux envahissement de ses franchises électorales, médité et combiné avec une recrudescence d'audace qui touchait à l'effronterie, sinon à l'insanité : et de proche en proche on s'entendait sur le plan à adopter pour arriver à ses fins.

Mais, il faut bien l'avouer, on avait compté sans son hôte, en croyant dépister le candidat en personne et on verra tout à l'heure comment il faut bien en convenir.

Personne ne connaissait comme lui les ressources d'un entrechat dans un bal d'élection, ni la souplesse des moyens et des ressorts dans les menées d'une cohue populaire aux jours de votation : le roi Robert lui, était passé maître-ès-arts dans la matière et savait utiliser ses pions sur son échiquier. On va le voir. Feignant de s'effacer, ou du moins de se faire désirer, il avait tout-à-coup disparu pour se faire l'âme d'une petite conspiration d'escamotage qui avait eu lieu pendant la nuit de l'avant-veille de l'élection.

Mon père avait eu juste le temps de faire une course chez un intime de son voisinage pour faire tout doucement prévenir les siens de son arrivée de Québec et de la tâche qui lui incombait. Cet ami s'était acquitté de sa commission auprès d'eux avec plus de zèle que de discrétion, et lui, il était reparti comme subrepticement, en les y laissant dans une sorte de consternation, après cette courte confidence faite à la hâte par l'entremise de cet ami.

Mais pendant ce temps-là on avait tendu un traquenard sous les pas de mon père engagé définitivement dans sa candidature d'opposition. Des traîtres consentirent à prix d'argent à entrer dans le secret du complot et, sans donner le moindre éveil au maître-charpentier, nommé Gorman, au service de mon père depuis des années, et possédant toute sa confiance ; ils le députèrent auprès de lui, non seulement sans le mettre dans le secret du guet-à-pens, mais même sous couleur d'intérêt pour lui, pour qu'il l'amenât à une certaine distance, où l'attendaient, disaient-ils, des gens du Nouveau Brunswick venus tout exprès pour une entreprise considérable et pressante et qui exigeait un arrangement immédiat.

Ce fut d'après ces données que Gorman se mit aussitôt en route, plein de zèle, comme tout ce qui est d'un brave et fidèle employé, pour le faire bénificier d'un marché avantageux se présentant si inopinément et qui avait l'apparence d'une si magnifique aubaine. On était bien sûr aussi, d'après cette manœuvre si bien agencée, avec Gorman pour interprête de toute l'affaire, de capter la confiance aveugle de celui qu'on voulait couler ainsi, sans crainte de faire naître le moindre soupçon dans son esprit. On était bien sûr de même que Gorman n'arriverait pas avant le déclin du jour à Paspébiac, où le parti d'opposition avait son rendez-vous ; de façon que tout calcul fait, une fois sur la route de retour vers le point de rencontre assigné à l'accomplissement de la prétendue transaction, il serait physiquement impossible de franchir la distance au *poll* et d'arriver en temps utile pour être présent à l'assemblée des électeurs et d'y poser formellement sa candidature.

Après quelques mots d'explication avec son affidé que rien au monde n'aurait pu faire suspecter dans l'esprit de mon père, et qui ne se doutait pas lui-même le moins du monde de jouer une telle partie au préjudice de son maître, ils prirent congé du comité en se donnant rendez-vous pour le matin suivant à l'ouverture du *poll* à 10 heures a. m.

Après une course de plusieurs heures par des routes que l'obscurité de la nuit rendait encore plus méconnaissables, nos deux voyageurs arrivèrent enfin au but de leur rendez-vous où Gorman déposa mon père, après l'avoir fait connaître aux personnes qui l'avaient dépêché auprès de lui et repartit, non sans avoir participé toutefois à une ronde de santé dignement offerte et fort bien reçue, avant de prendre congé d'eux. Mon père toutefois avait observé l'isolement de la maison, d'assez bonne apparence, mais placée quelque peu en dehors de la voie ordinaire. Du reste, pas la moindre parole, ni le moindre mouvement pour faire soupçonner le moindre complot ; mais, après le départ de Gorman ainsi rafraîchi et congédié avec toutes sortes de remercîments, six hommes se présentèrent à la suite l'un de l'autre, et invitèrent le captif, qui commençait à se demander ce que signifiait cet air de mystère, à venir dans une autre pièce pour y parler d'affaires.

Mon père, dissimulant de son mieux son anxiété et ses soupçons, les y suivit en leur demandant d'en arriver le plus tôt possible au sujet de l'affaire, cause de sa venue, attendu le peu de temps qu'il avait devant lui dans les circonstances où l'élection du lendemain allait le placer.

A ces mots un gros rire naïf éclata parmi eux et ils ne tardèrent pas à l'initier au secret de la situation qui lui était faite dans le moment. Il fallait bien rompre la glace enfin.

Celui qui le premier entra en matière était un fort gaillard calme et résolu qui ne prolongea pas longtemps le mystère. Il déclara à mon père qu'il n'avait point parmi eux d'ennemi personnel, ni même personne de malveillant ou mal disposé contre lui ; mais qu'ils s'étaient engagés au succès électoral de M. Christie pour le lendemain ; que dans la situation qui leur était faite, dans le pays, il leur fallait cette élection et le maintien de cet homme à la chambre à l'exclusion *d'un français ;* et que pour opérer cela il avait été convenu d'escamoter le candidat d'opposition : que pour eux, ils ne lui voulaient aucun mal mais, au contraire, le bien traiter, suivant leurs instructions, d'accord en cela avec leurs propres sentiments ; et que du reste force lui serait bien de ne pas mettre de résistance inutile et désespérée dans la position où il se trouvait : que néanmoins en vue de son énergie connue et de sa puissance physique ses compagnons et lui avaient pris leurs précautions pour le maintenir dans l'impuissance de regimber contre la force pendant au moins les 24 heures suivantes, se chargeant de pourvoir à tous ses besoins en se contentant de le garder à vue jusqu'au soir du lendemain. Convenons qu'on ne pouvait pas y mettre de meilleure grâce !

Naturellement le premier besoin du captif fut de maudire Gorman dans l'acte d'infâme trahison qu'il lui imputait malgré la confiance que ses services des derniers quinze ans avait consolidée dans son âme et conscience. Mais demi attéré et ne sachant comment contenir son désespoir et sa rage, il fit un mouvement de recul comme pour se lancer à corps perdu sur ses escamoteurs. Il allait y avoir une lutte d'un moment, d'un homme contre six et dans le camp ennemi en possession absolue de sa personne. Sa tête en ébullition ne lui permettait plus de savoir quel parti prendre dans une pareille conjoncture.

Mais les six, celui qui leur avait servi d'interprète en tête, toujours calmes et presque bienveillants, du moins de langage et d'attitude, s'approchant de lui les bras tendus vers lui, comme pour implorer le sentiment de son propre salut, lui renouvellèrent l'assurance que loin de vouloir lui faire subir des sévices inutiles, ils avaient reçu des instructions positives de subvenir à tous ses besoins en lui épargnant jusqu'à l'ombre de la moindre provocation ; mais en même temps de lui supprimer la liberté pendant le jour d'élection pour éviter de plus grands malheurs dans l'état des choses.

Le candidat ainsi vaincu et broyé par la force brutale et indigné de l'apparente trahison de son fidèle Gorman, qui lui-même avait continué sa route sans se douter de rien, ne sachant où donner de la tête dans son désespoir, eut à passer une nuit d'enfer avec ses compagnons de circonstance, qui lui firent assez comprendre que l'élection de M. Christie était d'une nécessité absolue pour la minorité anglo-protestante de la baie des Chaleurs.

Si encore les choses en étaient restées là ! Mais le lendemain néfaste n'arriva que pour confirmer M. Christie sur son siège.

Et en face de la disparition subite du candidat d'opposition la veille même au soir de l'élection, interprétée assez peu charitablement par ses meilleurs amis personnels et ses plus chauds partisans politiques, tout cela faisait planer sur lui les cancans les plus odieux et sur sa tête les menaces des plus terribles représailles.

Quand mon père put sortir de sa prison clandestine et venir s'expliquer auprès des siens, ce fut un nouveau coup de foudre et la vengeance de parti en était montée au dernier paroxysme. M. Christie n'avait pas attendu cette heure-là pour prendre la clef des champs et était déjà en route pour Québec.

Mais un misérable envieux profitant de cet imbroglio d'élection pour assouvir sa jalousie de vieille date contre son voisin plus prospère que lui, et à la faveur d'une de ces nuits ténébreuses d'automne comme il en règne sur ces bords désolés, était venu assouvir dans l'ombre son infernale passion en mettant le feu de sa propre main au chantier, au magasin et au domicile de ma pauvre famille désolée, et laissée ainsi soudain sur le pavé, en l'absence de son chef compromis là-bas, avec sa vieille mère trop justifiée, hélas ! dans ses pressentiments !

Et pour comble de malheur, ce ne fut que sur la fin de l'hiver que mon père déjà parti sur les talons de M. Christie pour Québec, sans avoir même eu le temps d'aller prendre congé des siens, afin d'arriver à temps avec les dépêches locales pour contrecarrer la rentrée de son concurrent en chambre, apprit l'immense infortune qui venait de l'envelopper avec tout ce qui lui était cher sur la terre ! Il se souvint alors de son dernier colloque avec ma pauvre grand'mère, qui l'avait conjuré avec larmes de ne pas céder aux instances de ceux qui le pressaient, au nom de Dieu et du pays, de mettre le pied dans cette bagarre d'élection qui ne lui faisait pressentir rien de bon.

Bataille du pot de terre contre le pot de fer.

Mais cela était écrit, et cela devait s'accomplir : telle est la loi de la destinée, me disait ma vieille aïeule vingt ans après, en me racontant l'histoire de cette nuit d'horreur !

M. Christie avait déjà pris les devants, et, de son côté, le candidat trahi ayant, en apparence du moins, laissé champ libre à l'autre, ne devait pas reculer d'une minute l'heure de le suivre, dès qu'il se serait expliqué avec ses amis sur le complot qui l'avait mis dans l'impossibilité d'être présent au *poll* à l'heure dite, de façon non seulement à être exonéré à leurs yeux, mais plus que jamais digne de leurs chaudes sympathies.

D'aucuns, parmi les nôtres avaient ôsé élever un soupçon de connivence entre les deux candidats ; mais on ne mit pas longtemps à éclaircir la situation, surtout après la terrible nuit qui avait éclairé les faits à la lueur de l'incendie dont la victime, déjà partie, était la seule à ne pas connaître l'occurrence.

Dès que les papiers essentiels à la contestation furent préparés au complet, ce qui ne prit à peine que quelques heures, tant on était au fait de l'opération depuis le temps que M. Christie avait pratiquement édifié les intéressés sur le jeu de ses manœuvres et sur les moyens de les enrayer dans la chambre ; que mon père avait, de son côté, fait ses préparatifs de voyage, et accompagné de deux micmacs et de quatre chiens atte'és à des *tobogan* pour transporter les provisions de bouche et les documents nécessaires au but de la course, avait pris la foret où pendant cinq à six semaines ils eurent à labourer la neige de leurs raquettes.

C'était déjà tard en mars quand ils purent rentrer dans Québec où M. Christie les avait précédés de deux jours à peine, ayant pris la voie de Madawaska comme celle qui lui était la plus familière et pour plus de célérité : de sorte que lui non plus ne savait rien encore du désastre arrivé à son antagoniste, et ajoutons, de suite, à sa louange et à son honneur, que dès qu'il le sut il en fut lui-même sincèrement consterné.

Et voilà comment il se fait que près de vingt ans après, ne reconnaissant plus le banc de Carleton, qui avait jusqu'alors concentré tous mes plus chers souvenirs, j'allais chercher à Ristigouche les débris de notre foyer de famille et que j'y retrouvais, en désespoir de cause, l'auteur de mes jours si affaissé sous le coup du malheur.

Mon père qui joignait à une force physique peu commune qui lui faisait mépriser tout danger personnel, un fond de résolution qui jusque là ne s'était pas encore démenti, ne se releva jamais de ce coup de foudre de la nuit néfaste qui l'avait terrassé et, cette fois, pour de bon !

Mais reprenons maintenant l'histoire de ma venue, interrompue pour donner suite à la politique du temps.

Quand donc je rentrai pour la première fois à Ristigouche, il y avait longtemps déjà que cet horrible mystère s'était éclairci ; et je me hâte de le proclâmer bien haut, au grand honneur de la mémoire de M. Christie : comme je me sentais, depuis le commencement de ce récit, pressé de trouver l'occasion de le déclarer. Cela va à établir une fois de plus que la vraisemblance n'est pas toujours, tant s'en faut, le criterium de la vérité, ni non plus un guide toujours sûr pour sa découverte ou l'établissement de la réalité.

M. Christie n'avait pas été, sans doute, fort scrupuleux dans ses machinations électorales, et il est plus que probable qu'il était pour quelque chose dans l'habile escamotage accompli inconsciemment par Gorman, de la candidature embryonnaire de mon père, dont il devait tout le premier rire comme d'une bonne farce qui ne devait pas tirer à conséquence ; mais de là à la participation d'un crime sauvage et atroce comme celui dont je viens d'esquisser le récit, en le tirant de ses plis sombres, halte là !

Ce que l'on avait regardé longtemps comme une diabolique représaille d'élection n'avait été que le fait d'un vulgaire mécréant, le produit de cette passion aveugle et maudite de l'envie, que la prospérité de mon père empêchait de dormir, et qui avait cru devoir profiter du moment favorable de tourmente électorale pour s'assouvir, dans l'ombre impénétrable d'une nuit épaisse, par la perpétration d'un crime odieux et infâme, qui mettait en un clin d'œil toute une famille, jusque-là en sécurité et en voie de prospérité, sur le pavé de la rue !

Le misérable avait pris la fuite presque instantanément, sans qu'on sut au juste pourquoi et comment il était disparu. Pendant ses dix-huit mois ou deux ans d'absence, un soupçon terrible pesa, dans certains esprits du moins, sur la tête de celui que son rôle mettait en évidence et qui semblait devoir profiter du crime ; bien que sa valeur morale, son élévation de sentiment et de caractère, comme homme, le mettaient bien au-dessus d'un tel moyen de triomphe ou, encore moins, de vengeance. Il acceptait pourtant d'une manière muette d'en porter le poids, bien que l'odieux de la chose révoltât son âme, et le tint, comme malgré lui, comme sous l'empire d'un cauchemar ! Mais la rentrée dans le pays, après ce laps de temps, du monstre que la misère forçait au retour, comme pour venir mourir dans l'abjection sur le théâtre même de son crime, en le confessant tout haut à l'horreur de tous ses voisins et amis, dans un atroce remords de conscience qui faisait frémir tous ceux qui s'y trouvaient présents : cela mit un terme à tous ces odieux cancans et régla la question.

M. Christie lui-même était, du reste, tellement exonéré dans sa personne ou celle d'aucun de ses partisans, à ce titre, que quand je visitai Ristigouche, en 1834, mon père et lui, qui n'avaient jamais eu maille à partir ensemble n'avaient guère eu non plus de peine à se reconcilier sur tout autre terrain que celui de la politique pure et simple : car il l'avait toujours tenu pour incapable d'être l'instigateur, le fauteur ou l'inspirateur à un degré quelconque de rien qui approchât de l'ombre même d'un pareil forfait.

Puis, la disparition de lord Dalhousie, déjà parti depuis longtemps et en grande défaveur du Canada ; les modifications apportées par le temps dans la représentation de la Gaspésie par les élections successives de MM. Thibaudeau et De Blois, (le dernier fait juge depuis lors,) avaient changé beaucoup la face des choses : à tel point, que de mon temps, la maison de M. Christie était presque devenue la mienne, que j'y fus son commensal habituel, et qu'à dix ans de là j'étais devenu un instant son collègue parlementaire ; tout cela, dis-je, avait bien modifié la situation ; et M. Christie, comme on le verra plus loin, était devenu lui-même un autre homme politique, en restant le même personnage é'égant, homme du monde, de cabinet et même de parti, mais modifié par ses études, ses travaux de plume et l'expérience acquise dans sa longue et laborieuse carrière publique.

Je trouvai même en lui un sympathique appui dans l'occasion, qui se complaisait à me reporter aux réminiscences du passé pour philosopher sur les vicissitudes des choses humaines et déplorer, tout le premier, les préjugés et les antécédents de la première partie de sa vie publique active et de sa carrière parlementaire surtout.

Il a voulu s'en éclaircir avec le public dans les œuvres qui sont depuis lors sorties de sa plume ; et dans son Histoire du Canada en 6 volumes, qui est la pièce de résistance de tous ses travaux du genre, et qui reste comme une preuve incontestable de la valeur et de la mesure de l'homme si différemment apprécié de nos jours.

Quand je présidais à la rédaction du *Canadien*, devenu ma co-propriété avec celle d'une association dont M. Joly, père, était l'âme avec M. Tessier, aujourd'hui juge de la Cour d'Appel, et quelques autres hommes de la même trempe, pour adjoints : je recevais de M. Christie de longues et savantes correspondances, signées *Préjugé*, qui firent sensation dans le temps et sont restées un monument de sa valeur politique, j'allais dire de sa conscience éclairée à la lumière des événements qui lui avaient dessillé les yeux, par le reflet qu'ils projetaient sur le passé qui l'avait eu pour adorateur. Et on verra plus loin quelle autre preuve s'est manifestée chez lui de son penchant vers les doctrines libérales, et quels autres gages il a donnés de sa sincérité à cet égard, après la rentrée de L. J. Papineau dans son pays, en face de toute la représentation d'alors, sortie des flancs de l'Union, que ce dernier combattait en brêche, suivant la logique de toute sa vie.

Je ne saurais trop m'appesantir et insister sur ces faits qui ont une si grande portée et une signification si vive et si lucide, après le sombre nuage qu'avait produit et laissé l'époque dalhousienne dans l'atmosphère politique de notre province bas-canadienne.

Un seul trait de sa vie intime va le peindre comme âme et comme cœur, un fois abandonné à sa propre nature.

Un jour que nous avions fait une partie de chasse ensemble, c'est-à-dire, que lui tirait le gibier et que moi je le recueillais dans la gibecière, il s'arrêta tout à coup et, me fixant d'un regard qui me troubla quelque peu, ce dont il s'apperçut avec sa finesse d'observation, il me dit :— Il n'y a pas longtemps, n'est-ce pas, mon jeune ami, que votre père vous eut cru peu en sureté en ma compagnie ; et dire que c'est la maudite politique qui a fait si mal juger de moi, jusqu'à me faire prendre pour un vulgaire fanatique, quand je n'étais que l'instrument aveugle d'un parti dont j'avais épousé généreusement les passions ou plutôt sucé les préjugés avec le lait. Eh bien, prenez ce fusil qui n'a jamais fait de mal qu'aux oiseaux, je vous le donne pour qu'il serve à la protection de votre excellent père, dans l'occasion. Emportez aussi le gibier pour vous comme fruit de votre chasse sur mes terres, et quand la bonne grand'mère en mangera : après tout, lui direz-vous, tout ce qui vient de ce M. Christie n'est pas si mauvais qu'on aurait pu le croire, et il se mit à grater la terre avec sa botte de chasse en ajoutant : vous, vous êtes encore assez jeune pour faire connaître la vérité à mon égard ; "—et nous rentrâmes nous rafraîchir après l'exercice que nous nous étions donné.

Puis reprenant le fil de ses observations :— " Quant au fusil, repartit-il, en le fixant comme pour la dernière fois, il signifiera, ainsi déposé dans vos mains, que les miennes n'en ont plus besoin pour ma défense personnelle, parce que je ne me connais plus d'ennemis depuis qu'ils savent combien ils m'ont fait souffrir injustement sous l'empire d'un soupçon qu'ils n'ont pas hésité de faire peser sur une tête comme la mienne ; "—et une agitation fébrile s'empara de lui :—" Si cependant, ajouta-t-il, je pouvais disposer d'un autre gouverneur, comme je viendrais vite au secours de mon pauvre voisin ! "

Pour bien comprendre l'homme et interpréter le sens de ses paroles, il aurait fallu le voir et l'entendre comme moi, dans la circonstance dont il s'agit, où il se révélait avec la naïveté d'un enfant.

Je balbutiai seulement quelques paroles pour le rassurer sur les sentiments des miens à son égard, et je pris congé de lui en lui donnant une de ces poignées de mains qui en disaient plus que tout ce que ma bouche aurait pu proférer de rassurant pour lui.

Quelques années après, il publiait son Histoire du Canada, (texte anglais), œuvre d'un esprit cultivé, pleine de recherches et dans laquelle il a fait preuve de sa supériorité d'intelligence, et, j'allais dire, de l'élévation de ses sentiments au-dessus de ses préjugés innés et de son pseudo-patriotisme dalhousien, qui l'avait entraîné dans tant d'aberrations étranges, effet de son tempérament plutôt que de sa constitution morale.

Mais ce qui le rachète par-dessus tout, à mes yeux du moins, c'est lorsqu'il eut le noble courage, siégeant en face de son ancien et irréconciliable adversaire, qui l'avait tant de fois foudroyé du haut de la tribune parlementaire, à Québec, et l'avait enfin précipité comme un autre ange déchu, puni de son orgueil et de son aveuglement dans la guerre à mort qu'il faisait à cette poignée de martyrs de la Gaspésie : c'était après le transport du siège du gouvernement à Montréal et la rentrée de L. J. Papineau en chambre ; où il sut prendre l'attitude ferme et héroïque avec laquelle il s'y manifesta, et qui seule le poserait devant l'histoire ; et voici à quelle occasion. Papineau, après un discours de plus de deux heures, dans lequel il avait défendu, justifié et préconisé la politique qui avait préludé à la levée de boucliers de 1837, avait présenté un amendement à la réponse ministérielle au discours du trône, comme on le dit pompeusement ici, proposée par un partisan du cabinet Lafontaine-Baldwin, et dans lequel ce dernier proclamait bien haut le pouvoir métropolitain de "*gouvernement juste et fort ;*" Papineau s'écria, en tenant son amendement à la main, en l'agitant comme pour inviter le concours d'un de ses collègues parlementaires de son origine, mais en cherchant vainement du regard dans ses rangs ce secondeur désiré, mais impalpable ; Papineau, après une nouvelle pose, ajouta en se reprenant : " Gouvernement *fort*, oui, mais *juste*, non ! " Il y eut un moment de frémissement par toute la chambre.

Le ministère, accoutumé à la servile discipline des siens, semblait péricliter cette fois devant la résurrection de cette voix du passé qui venait de réveiller les échos de notre ancienne liberté dans ces âmes engourdies, mais que ce discours pour ainsi dire d'outre-tombe semblait avoir tirées de leur torpeur.

J'assistais moi-même à cette mémorable séance où le géant libéral siégeait sur la montagne parlementaire, et à petite distance entre Woolfred Nelson et George Etienne Cartier, qui, eux-mêmes, semblaient attérés devant ces accents d'un autre temps, pendant lesquels chacun semblait retenir son haleine et était tout oreille.

Papineau toujours debout, altier et ferme devant ses adversaires de convention, comme devant l'ancienne faction tory, qui venait d'applaudir, comme à son insu, à ces accents que les O'Connell, les Brougham, les Hume et les Roebuck faisaient retentir sous les voûtes des communes métropolitaines : Papineau, toujours en présence, attendait le dénouement de cette scène où il ne reconnaissait plus le siècle des Bourdages et des Bédard ! Ce fut Robert Christie qui, au milieu d'un silence solennel, se leva le premier pour rendre un hommage éclatant à la carrière de cet illustre ami et défenseur de son pays, entraînant après lui les Prince et les McNab dans ce haut témoignage envers un grand et irréprochable citoyen qu'ils auraient rougi, disaient-ils, de mettre ainsi dans l'impossibilité d'inscrire son protêt solennel, dans le régistre des procédés et délibérations parlementaires, contre une déclaration ministérielle qui révoltait la conscience civique de cet homme qui, pendant cinquante ans de sa vie publique, avait été le fidèle défenseur et l'éloquent interprète des sentiments de son pays.

Robert Christie fut le premier à s'offrir, en présence des sourds-muets qui n'osaient plus donner un symptôme de libéralisme depuis que le joug du gouvernement "*juste* et *fort*" leur avait été imposé et le baillon mis dans la bouche. Et grâce à ce mouvement d'indépendance, grâce au noble Christie, le protêt de Papineau fut reçu et enrégistré : et le gouvernement "*juste* et *fort*" eut l'humiliation de recevoir ce soufflet devant le pays!

Je mourrai décidément sans connaître les hommes, me dit, à cette occasion, M. D. B. Viger, à qui je venais de rapporter la scène dont je sortais d'être témoin. Ce vénérable patriote, qui a laissé le pays rempli de son nom, était toujours pris par surprise chaque fois qu'il surprenait une lâcheté dans la bouche de quelques-uns de ceux qu'il se complaisait à regarder comme des gens de cœur et des esprits droits, ou qu'il s'émerveillait de ces retours d'opinion, comme celui que venait de manifester si hautement, et dans une occasion si solennelle, M. Christie, en face de ses antécédents. Jamais je n'ai vu un homme aussi gratifié que le fut, dans ce moment-là, ce vieil apôtre des doctrines constitutionnelles, aussi touché des nobles actions, qu'il restait contristé et déconfit en présence de ces actes d'apostasie ou de faiblesse commis devant l'autel du veau d'or, comme il en avait vu tant d'exemples, dans sa longue et honorable carrière, qui rappelait celle de Dupont de l'Eure par l'intégrité de son caractère comme par l'étendue de son érudition.

C'est que la rectitude elle est dans la conscience ; c'est là qu'elle a sa source ; et c'est aussi le grand ressort qui l'a fait triompher partout, en Angleterre comme au Canada, dans les délicates missions dont il fut chargé par son pays et dont il se montra l'interprète le plus habile et le représentant le plus digne. Mais il eut bien des fois à dévorer son humiliation devant de honteuses chutes ou de lâches défections, déterminées par les besoins du ventre ou de la vanité, parlant plus haut que le cri du devoir, comme il en fut si souvent le témoin, parmi ceux même qui avaient posé en acteurs inébranlables ou en citoyens incorruptibles, et à qui le cœur fit défaut en présence du faux dieu ou en face du tyran courroucé. Aussi l'éclat qu'avait donné M. Christie à sa noble action d'indépendance le toucha-t-il profondément ; car jusqu'à la fin de sa vie il en parla comme d'un de ces traits qui suffisent pour racheter toute une carrière. Sentiment que partageait avec lui le vénéré M. John Neilson de Québec, son Sosie parlementaire, et son coadjuteur à Londres, dans une de ses plus remarquables missions autorisées par le pays.

CHAPITRE VIII.

SOMMAIRE.

Christie continué.—Lord Dalhousie.—Dissolution des chambres.—Dalhousie et Caulincourt à Waterloo.—Le juge Thompson—L'Histoire du Canada en anglais par Robert Christie.—Eclatante preuve de son indépendance après l'Union.—Scène parlementaire à ce sujet.—Les honorables D. B. Viger et John Neilson.—Juge Thompson sur la sellette.—Venue de MM. Thibeaudeau, De Blois et Winter, dans la Gaspésie.—Rénovation de la Gaspésie par l'action de ces trois intelligences.

Mais revenons à Québec au moment où le gouverneur venait de dissoudre la chambre.

Une victime d'expiation était tombée sous le coup du nouvel attentat électoral : mais au moins le branle avait été donné et pour de bon, cette fois, à la Gaspésie tout d'une pièce. Elle s'était levée d'une extrémité à l'autre de la baie des Chaleurs. Lord Dalhousie ne vit que trop bien où avait enfin abouti tout son stratagème ; que ses ficelles étaient rompues après avoir été usées jusqu'à la corde, et qu'il lui fallait compter maintenant avec l'opinion publique insurgée et rendue au dernier diapason du cri d'alarme. Il brouilla de son mieux les cartes avec la chambre qui, de son côté, regimbait sous l'aiguillon en se montrant plus que jamais récalcitrante. Or, son premier besoin était de sauver la personne de M. Christie. Par là, il se trouva réduit à la nécessité d'une dissolution. Dans ces conjonctures, il n'hésita pas, il cassa le parlement. M. Christie restait encore sur une jambe, pendant que son adversaire ne s'en retournait, les mains vides, que pour aller contempler son irrémédiable ruine dans les cendres de ce qui avait été son établissement ! Et, pour comble de malheur, tous, jusqu'à ses créanciers, lui jetaient la pierre en lui reprochant d'avoir tout mis en jeu, en enveloppant leurs propres intérêts par-dessus le reste : de sorte, qu'en fin de compte, le plus coupable était celui qui s'était immolé lui-même pour la rédemption de ses compatriotes, depuis si longtemps laissés à la merci d'une faction dont l'audace ne connaissait plus de bornes.

Mais lord Dalhousie, acculé à cette impasse, avait enfin résolu d'établir un siège judiciaire à New Carlisle, ce à quoi il songeait depuis longtemps déjà. Aussi bien, il avait sous la main l'instrument qui convenait à ses vues et à ses besoins de circonstance. On sait que lord Dalhousie avait figuré comme général, avec distinction, à Waterloo, où il s'était mesuré avec le duc de Vicence, (Caulincourt,) dans la vallée de St. Jean, restée si célèbre depuis lors, qu'elle est devenue le rendez-vous général des voyageurs de quelque marque sur le continent et comme le pélerinage des célébrités de l'Europe et du monde pour lesquelles elle est un point de rencontre.

De mon temps, on y vendait encore de vieux boutons anonymes, recueillis sur le champ de Waterloo, comme des reliques de ceux qui étaient tombés là dans cette lutte gigantesque où se balança, pendant un moment l'empire du monde, qui tint à un fil, puisque l'arrivée de Blucher à la place de ceile de Gruchy, en déjouant les calculs de l'empereur, fit incliner le plateau de la balance du côté des alliés.

Or, un soldat de service, nommé Thompson, qui s'était attaché à sa personne, l'avait suivi au Canada en amenant avec lui son fils, qui pouvait, lui aussi, compter sur la protection de son maître. Lord Dalhousie installé au château St. Louis, il ne tarda pas à installer de même son fidèle Thompson comme concierge des casernes, à Québec, et son fils dans un greffe de police pour s'y utiliser au travail de copiste en attendant mieux. Or, ce fut sur ce fortuné fils de son valet de pied d'alors, qu'il jeta les yeux pour l'improviser juge à Gaspé, après l'avoir, pour la forme, fait passer par des cabinets d'avoués, où il allait au pas de course pour monter d'assaut sur le banc du nouveau district. Comme on le conclut assez, la tête et les études du nouvel adepte n'étaient pas absolument fortes ; la première, pour surcroit, était sujette à des incartades à force d'être surmenée par des libations périodiques et prolongées ; les secondes un peu nulles ou indigestes, en ce qu'elles résultaient d'un pêle-mêle de procédures copiées de la main fébrile de ce simple fesse-cahier, déjà juge en herbe, ou tout au moins *in petto*, et qui n'avait guère eu le temps de ruminer sur le Digeste et les Pandectes, et encore moins sur la Coutume de Paris. Du reste, la suite le fera assez voir, quand arrivera l'heure de dessiner sa binette judiciaire, prise à la décalque sur la sellette législative, où on le vit figurer en relief à côté des Fletcher, des Kerr, des Foucher, entre autres, moins pour leur tenir compagnie, que pour répondre " de son inconduite scandaleuse par-dessus ses " autres méfaits et flagrantes violations de de- " voirs, sans parler de son incompétence no- " toire et de sa complète incapacité morale et " légale, " pour parler le langage du document accusateur. De sorte donc que ce juge de nouvel alloi fut plutôt un auxiliaire pour la clique Christie qu'une protection pour la circonscription territoriale de ses justiciables, jusqu'au moment du moins où l'avènement de messieurs Thibaudeau, De Blois et Winter réussit à placer la Gaspésie au rang des membres civilisés, en la rendant partie intégrante de la communauté canadienne, et la faisant rentrer dans le concert général pour les fins de l'administration de la justice et de la représentation parlementaire.

Trois jeunes avocats, avec des aspirations d'avenir et des sentiments élevés du devoir et du patriotisme, firent leur entrée dans la nouvelle juridiction en y laissant une traînée lumineuse après eux, et en y ouvrant de nouveaux horizons devant leurs nouveaux compatriotes d'adoption qui les voyaient arriver dans la jubilation, comme des sauveurs.

En effet, ce fut une ère nouvelle que celle qui suivit l'inauguration de ces trois influences capitales dans la récente extension du ressort judiciaire et représentatif tout à la fois. Elles firent tomber les vieilles entraves qui avaient paralysé l'action collective des francs tenanciers qu'elles surent organiser et discipliner pour cette double fin, en laissant une démonstration de faveur sur leur passage à leur entrée dans le pays, ce qui changea bientôt la face des choses en y faisant régner l'ordre et la légalité. Leur présence seule était déjà assez imposante pour museler la meute hargneuse qui avait su accaparer la place et la défendre à belles dents.

Une grande influence locale, la puissante maison commerciale des Robin, concentrait entre ses mains la pression qu'exerce toujours le pouvoir monétaire, surtout dans une société primitive. Mais avec les nouvelles sommités venues à la rescousse, les Gaspésiens se sentaient dans une nouvelle et meilleure assiette, et la prééminence de M. Le Bouthillier dans cette opulente maison, dont il était devenu le chef, avec des affinités plus propres à se concilier ceux qui avaient beaucoup de choses en commun avec lui, avait aussi beaucoup annihilé du terrain d'évitement que la vieille politique d'exclusion avait créé.

Aussi quand je revins dans la baie des Chaleurs, en 1834, le pays avait-il changé de face. M. Thibaudeau y était alors devenu une influence prépondérante non seulement dans le pays qu'il habitait, mais dans la représentation où il avait été député par une majorité enthousiaste qui lui resta fidèle jusqu'à la fin. Ce fut lui qui donna l'élan à la régénération politique et sociale de cette terre promise de notre province bas-canadienne. Malheureuse=

ment il ne survécut guère aux efforts énergiques que lui coûtèrent ses luttes en dehors comme en dedans du parlement. Il mourut au plein milieu de sa carrière, après y avoir régné assez longtemps toutefois pour faire apprécier sa perte par la chambre et le pays. Mais il avait eu le temps de saper le piédestal du juge Thompson et celui de M. Christie. Ce qu'il avait laissé d'inachevé, son successeur, M. J. F. De Blois, le reprit en sous ordre et le mena à bonne fin.

Mais il est dû plus qu'une simple notice biographique ordinaire à cette trinité patriotique qui eut nom Thibaudeau, De Blois et Winter, dont le concours amena la réhabilitation de ce petit peuple, condamné sans eux, à languir quelque temps encore dans les étreintes de la compression la plus féroce, avant de succomber enfin sous le marteau de la double enclume politique et judiciaire qui se nommait en langue humaine Christie-Thompson.

Le temps viendra aussi pour eux de revendiquer leur valeur et leur poids dans la balance de nos destinées, quand s'ouvriront toutes larges les portes de cette chambre d'assemblée où ils eurent leur part de responsabilité, de travaux et de succès ; ce qui sera pour le couronnement de cette œuvre qui a principalement en vue de leur élever à tous leur piédestal devant leur postérité qui regrettera de ne les avoir pas vus à l'œuvre, puisqu'il m'a été donné à moi d'avoir cette bonne fortune.

Jamais la nature n'a pu combiner des éléments humains apparemment si disparates que ceux de ces trois chevaliers sans peur et sans reproche, si dissemblables par les dehors et le côté physique de leurs personnes, mais si bien doués tous trois pour amener la délivrance de ceux dont ils avaient chaleureusement épousé la cause. Ils seront à jamais les trois pionniers émancipateurs de la Gaspésie, eux que la nature avait créés, ce semble, comme des antithèses les uns des autres. Par exemple, ce long et frêle phtysique de Thibaudeau dont la tête largement développée semblait, comme par une distraction de la nature, s'être trompée de place en allant se percher sur ce corps de cacochyme, souple comme un roseau, et qui paraissait ployer sous le faix. De Blois, par contre, charpente trapue et solide, rompue à tous les exercices : taille moyenne, nature énergique et pleine d'élasticité, esprit infatigable, travailleur sans arrêt, avec une physionomie à la fois grave et ouverte, mais marquée au cachet de la persévérance. Enfin Winter, le plus court, le plus vif, le plus apte et, à tout prendre, le plus complet des trois, une fois à l'œuvre de leur mission civique : une espèce de Thiers par la taille, l'à-propos de la riposte et les ressources jamais taries pour sortir d'une impasse et triompher d'un obstacle soudainement élevé sur leur route.

Ces hommes-là, moins Winter, dont le rôle pour n'être pas parlementaire ne laissait pas de faire sentir son action au moins dans les comités, où il avait tout le poids que lui donnait sa prépondérance dans le barreau et son influence personnelle dans la Gaspésie, ces hommes-là, dis-je, n'auraient pas été déplacés dans une grande société, et déjà, sur notre théâtre parlementaire de Québec, ils avaient pris leur niveau parmi les libéraux du premier rang. Bourdages surtout en était fier, comme acadien, et ne leur ménageait pas non plus ses approbations. Il jetait surtout des regards de complaisance sur Thibaudeau dont il admirait la gravité, l'érudition et la persévérance dans la carrière ; et, de vrai, la parole de celui-ci laissait dans les esprits l'empreinte de la probité de l'homme et de l'indépendance de caractère du politique. Notre A. N. Morin, alors le régisseur de la presse libérale bas-canadienne, le préconisait comme un homme d'avenir et déjà presque comme un sage. Mais le juge Thompson est complètement exonéré de cet avis-là, et a quitté ce monde sans se compromettre jusqu'à ce point.

Le chef libéral lui-même tenait en haute considération ces représentants si fermes, si dignes, qui figurèrent si avantageusement au sein de la représentation ou dans le mouvement d'organisation de la Gaspésie, au milieu de l'effervescence de ce temps de crise sans intermittence.

De ces trois, deux furent successivement appelés à prendre siège sur le banc judiciaire,

MM. De Blois et Winter, où ils réussirent à purifier la place en jetant de l'éclat sur une contrée vouée jusque-là à l'ignominie de servir de marchepied à un homme qui s'était fait omnipotent par tous les artifices et moyens illégitimes que la politique avait pu mettre à la portée de son ardente ambition encore allumée par le fanatisme sans nom d'un Dalhousie. MM. De Blois et Winter étaient montés tour-à-tour sur le banc judiciaire pour en relever la dignité si honteusement contaminée par la triste figure qu'y avait faite M. Thompson : et de leur avènement au tribunal protecteur de la société civile, dont ils rehaussèrent l'éclat par leurs talents élevés comme par leurs qualités morales, date l'époque d'émancipation de cette Gaspésie alors si cruellement éprouvée, et maintenant sur la voie avancée de la civilisation où elle marche à grands pas.

DEUXIÈME PARTIE

CHAPITRE IX.

SOMMAIRE.

Retour au Souligny.—Ma grand'-mère.—Départ de Ristigouche.—Course dans le golfe.—Visite à St. Pierre Miquelon.—Le capitaine Rivarol.—L'île du Prince Edouard dans le golfe et l'île de Jersey dans la Manche.—Le gouverneur Daly.—Passage à Londres.—Le Reform Club.—Le cap Breton.—Le choléra à Halifax.—Rencontre inattendue du capitaine Rivarol.—Son invitation de m'amener en France.—Départ pour Miramichi.—Le cap Sable.—Le jeune Latour.—Gérin-Lajoie, l'auteur du drame inauguré au collège de Nicolet.—Mécomptes de voyage.—Embarras de navigation.—Fin de l'épisode de Gérin-Lajoie.

Il est temps enfin pour moi de retrouver le capitaine Painchaud qui n'était venu nous rejoindre à Ristigouche qu'après m'avoir laissé amplement le temps d'y prendre mes ébats et de satisfaire à mes besoins de cœur dans le sein de ma famille, et surtout de ma vieille aïeule qui ne me perdait pas une minute de vue et semblait se rattacher à la vie au contact de mon adolescence. Vous savez, *les extrêmes se touchent*.

Notre commandant avait jeté l'ancre dans la rade de Carleton d'où nous devions faire voile pour les différents ports du golfe où ses affaires l'appelaient. L'heure était donc sonnée pour moi d'interrompre le charme de ma vie oisive de notre sauvage habitation passée presque exclusivement, comme je viens de le dire, dans la compagnie assidue de mon antique grand'-mère, encore ingambe, lisant et crivant sans lunettes à quatre-vingt-douze ans, et avec l'esprit aussi lucide et sa mémoire aussi fidèle et présente que dans sa première jeunesse, surtout quand il s'agissait de l'Acadie. Elle devenait alors aussi éloquente et aussi poétique que Longfellow! Que de fois j'ai épongé ses grandes joues creuses où roulaient dans leurs sillons de grosses larmes qui tombaient chaudes sur ma main tremblante d'une religieuse émotion devant ce vieux monument humain qui se redressait avec la fierté plastique du sphinx au souvenir des désastres par lesquels cette femme doublement trempée avait passé! Mon père adorait sa vieille mère et l'entourait d'un véritable culte filial : c'était elle qui lui avait enseigné les premiers rudiments de sa langue, à prier Dieu, à honorer ses parents et les vieilles gens, en attendant que son père put compléter quelque peu ce commencement d'instruction indispensable à quiconque aspire à être au-dessus d'une simple machine humaine corvéable à merci. Aussi sa mère il fallait la lui voir entourer des attentions les plus délicates et des soins les plus assidus ; et, de son côté, elle adorait son Joseph et son vif sentiment de tendresse pour lui se reportait sur ses petits enfants, et sur moi tout le premier qui en était l'aîné. Aussi se donnait-il bien garde de chercher à la calmer dans ses moments de vives réminiscences qui révélaient si bien la trempe de sa nature ; mais il la soulageait en lui disant que son petit fils recueillerait un jour les bénéfices de ses épreuves, ce qui la trouvait d'ordinaire assez incrédule ;

aussi faut-il bien convenir que mon père ne s'est guère montré bon prophète à cet endroit, ce que je n'ai pas beaucoup de peine à lui pardonner du reste.

J'avais pour lui, surtout depuis ses malheurs, ce profond sentiment de respect qu'on éprouve pour toute victime de l'injustice humaine, surtout quand cette victime a des droits de sang à notre amour. Mais il y avait plus que cela dans ce que j'éprouvais pour lui. Je n'aurais pas été plus fier du nom de cet homme s'il m'avait légué par-dessus un blason, un domaine titré. Mais mes quartiers de noblesse ne résident que dans les sentiments j'ai hérités de lui, et ce sont aussi là les armoiries que je voudrais laisser à mon tour à ceux qui me succéderont. C'est là mon testament devant Dieu et devant les hommes!

Mais je touchais au moment psychologique, et il me fallait rompre enfin avec ce dernier lien qui nous retenait à la terre, dans cette chère et vénérable ruine qui planait encore comme une ombre protectrice sur notre foyer de famille, dans la personne de ma vieille aïeule,

Le capitaine Painchaud vint m'arracher, mais non sans efforts, de ses bras roidis par l'âge et les étreintes de son émotion. Il la vénérait pour le dévouement qu'elle avait montré à sa famille après la ruine consommée par la guerre " des Bostonais," et l'écoutait toujours avec une sorte de ravissement raconter les épisodes si poignants qui avaient entouré ses premières années à dater de son berceau.

Il lui fit consentir à mon départ en lui promettant, sur sa foi de capitaine, que ce n'était que pour quelques semaines que nous allions faire cette absence, après quoi il me ramènerait vers elle pour lui faire mes derniers adieux.

En effet, il avait à visiter Terre-Neuve, le cap Breton, les îles de la Madeleine, l'île du Prince Edouard et enfin St. Pierre Miquelon, dont le capitaine connaissait familièrement le lieutenant-gouverneur d'alors, un remarquable officier de marine, nommé Rivarol, s'il m'en souvient bien, qui, en effet, nous fit un fort bon accueil et très sympathiquement aussi les honneurs de son hospitalité : car c'était par là que nous avions débuté dans notre nouvelle course maritime.

Je ne m'appesantirai pas ici sur une description oiseuse de cette île double St. Pierre et Miquelon, seul coin de possession française qui reste aujourd'hui dans l'Amérique septentrionale à la puissance de fondation de ce vaste pays que Jacques-Cartier avait trouvé sur sa route en dirigeant sa *Grande Hermine* dans les parages du golfe St. Laurent.

J'avoue qu'en débarquant à Port Louis par un brouillard épais et une températnre d'automne je ne fus pas heureusement impressionné, bien que mon cœur battait très fort en sentant mon pied fouler pour la première fois une terre française.

Et puis les pêcheurs qui y font le gros de la population pendant la saison de la pêche de la morue y abondaient tellement à notre entrée à Miquelon, que j'eus d'abord quelque peine à saisir le jargon qui bourdonnait à mes oreilles.

Mais ce fut autre chose pendant la huitaine que nous eûmes la bonne fortune de passer à la maison du gouverneur, où nous pûmes jouir d'un charmant pied-à-terre, pour les marins de distinction qui s'y donnaient rendez-vous pour y jouir un peu de cette petite cour française où l'on prenait ses ébats sans façon, en sablant le bourgogne et le sauterne du fort gracieux maître de céans ; car nous ne fûmes pas plutôt entrés dans le port qu'il apprit l'arrivée du navire qu'il se rappelait d'avoir visité en Espagne et de son capitaine dont il avait conservé un souvenir des plus sympathiques depuis lors. Au canon du midi il arriva à notre bord pour se mettre à la disposition du capitaine Painchaud, ce qui entraînait de soi une nouvelle bonne fortune pour son jeune compagnon de voyage et protégé. Aussi fut-ce de la meilleure grâce du monde qu'il se prêtât à me faire bénificier de son invitation, et je me prends encore à regretter parfois d'être à jamais sevré de ces bonheurs-là, quand je me laisse empoigner par mes réminiscences de jeunesse, où mon adolescence seule, jointe à la protection de mon dévoué capitaine, m'ouvrait toutes les portes et me prodiguait toutes les occasions d'agrandir mon horizon d'avenir !

Sans la douce hospitalité et charmante compagnie du capitaine Rivarol avec qui nous menions toute une vie d'intérieur par ce temps de brouillards qui nous laissaient à peine le plaisir d'attraper un rayon de soleil, notre séjour n'eut guère été de nature à m'éprendre de St. Pierre-Miquelon. Mais les amis qui se succédaient à chaque instant, les jeux, la musique et *last but not least,* comme dit l'anglais, les secrets de l'art culinaire aidant pour pallier à tout le reste des contrariétés du dehors, tout cela nous faisait un intérieur si vivant, si suave, que nous trompions le temps du dehors et que, quand vint l'heure de prendre congé de notre aimable hôte et de ses non moins aimables compagnons, nous ne regrettâmes guère de n'avoir pas eu le temps de faire de longues courses au dehors, une battue dans les rares bouquets de bois d'alentour, où même une pêche à la morue dans les goélettes pêcheuses qui s'étalaient par myriades à nos regards. Je me rappelle seulement que pendant huit jours je mangeai de la morue apprêtée d'une nouvelle manière chaque fois, sans savoir pour laquelle opter !

Le second port où nous touchâmes, comme eu passant, après St. Pierre-Miquelon, fut celui de Charlottetown, à l'île du Prince-Edouard, que les contemporains de ma grand'-mère ne connaissaient eux, que sous le nom de l'île St. Jean, déjà notée pour sa prodigieuse production de pommes de terre, et sa douce et sereine saison d'été qui en faisait un lieu de rendez-vous pour un bon nombre d'Européens, surtout pour ceux qui la possédaient à titre de seigneurs fonciers et l'affermaient à des prolétaires qui leur servaient ainsi de marchepied à la fortune, et par qui ils se faisaient servir en petits roitelets. Nous n'y fîmes qu'un séjour très court et qui ne me permit guère d'en parcourir l'étendue. Seulement, en parcourant les îles de la Manche, plusieurs années après, et en débarquant à Jersey, je fus frappé de ses points de comparaison et de ressemblance avec elle, assez saisissants pour me la rappeler, en contemplant cette dernière à qui on décernait le gracieux titre de jardin de l'Europe à cause de ses luxuriantes plantations, de la symétrie de ses cultures et de son abondance de fleurs et d'odorants arbrisseaux. Je rencontrai à St. Hélier un Canadien qui était venu y reclâmer l'héritage d'une vieille tante dont la vie et la succession tenaient à un fil, puisqu'elle était, d'une part, fort avancée en âge; et que, de l'autre, les lois du pays s'opposaient à la tradition légale de la propriété foncière de protestant à catholique. Et la vieille dame paraissait tenir à ce que son héritier, pour ne pas être déçu, et elle non plus, se mit en règle à cet égard, pour être sûr qu'en lui fermant les yeux, il tint les siens ouverts sur la propriété de manière à ce qu'elle ne lui échappât point, du moins en ce bas monde! Je ne fis pas un assez long séjour à St. Hélier pour connaître le dénouement de cette affaire. Mais je restai à Jersey assez de temps du moins pour faire les observations des points de contact entre l'île du Prince Edouard et celle dont je parle plus haut.

Sans doute qu'à l'époque dont je parle l'île du Prince Edouard était loin du développement de celui de Jersey à plusieurs égards; mais les voyageurs d'aujourd'hui semblent en raffoler, depuis surtout qu'une ère d'émancipation est venue racheter la condition de ses habitants, aujourd'hui, je crois, possesseurs indiscutables du sol, et dont la propriété semble assise sur une base inébranlable ; sauvegardée qu'elle est par la législation locale entre les mains dirigeantes de sa représentation propre, à l'ombre de la confédération.

On se rappelle sans doute que notre ancien secrétaire provincial, l'honorable, depuis sir Dominick Daly, en fut le gouverneur pendant quelques années ; mais il était loin, certes, d'en être épris, si j'en crois le récit que j'eus de sa propre bouche, en passant par Londres, de tous les ennuis qu'il y éprouva et de tous les déboires dont il y fut abreuvé, au moins par une certaine caste de la population, laquelle s'était rendue parfaitement intolérable à son genre d'administration et à son esprit de gouvernement. A l'entendre parler il avait été presque aussi berné que Sancho-Pança dans son île de Barataria, et pour le moins aussi contrarié dans son mode de discipline officielle par une sequelle d'intrigants de bas étage, mesquins et jaloux, qui se faisaient une étude de le contrecarrer, ce qui le força enfin de demander son rappel au plutôt.

C'était au *Reform club* que j'avais trouvé l'ex-gouverneur Daly dont j'avais été dans le temps un des familiers au pays. Aussi se prêta-t-il avec la plus courtoise obligeance à me faire voir ce vaste palais, rendez-vous de toutes les célébrités de Londres, et où il me montra Cobden en colloque alors avec Bright, le fils de sir Robert Peel faisant sa cour à lord Brougham ; et plusieurs autres personnages du temps circulant dans les vastes salles de cette sorte de pandémonium de tous ces grands démons politiques qui agitaient alors l'opinion publique de l'Angleterre et un peu beaucoup celle de l'Europe et du monde.

Notre course ne fut pas heureuse dans cette partie du golfe, car à peine avions-nous abordé le cap Breton et passé deux jours à Sidney et un à Arichat à bailler aux corneilles et à attendre au passage des contrebandiers au flair fin, sur lesquels le capitaine voulait faire main-basse, qu'il en fut pour sa peine et son attente :

car non seulement ils nous évitèrent habilement, mais ils enlevèrent une de nos chaloupes en lui substituant en place une vieille pirogue piquée des vers, qui nous servit à la cambuse pour notre feu de cuisine, et d'aliment à l'inépuisable fond de plaisanteries de notre capitaine, qui ne tarissait jamais, même au milieu des contrariétés inséparables de la navigation et des mécomptes du cabotage, dont il fut presque toujours la malencontreuse victime.

Contraints de virer de bord, nous mîmes le cap au vent pour louvoyer vers Halifax, où on nous apprit que le choléra asiatique, qui s'y était déclaré depuis peu, rageait déjà de telle sorte que nous n'osâmes y rester que pendant trois jours à peine : et encore n'eut été la rencontre inattendue du capitaine Rivarol, auquel nous eûmes le bonheur de serrer la main, et qui nous donna rendez-vous pour le lendemain à son bord, notre capitaine était décidé à détaler au plus vite : car, enfermés dans notre vaisseau en rade, ou dans l'hôtel où nous étions descendus le premier jour de notre arrivée, nous étions bien empêchés de pouvoir jouir de rien au dehors, sans compter l'insécurité de l'hôtel lui-même, où nous ne tardâmes pas à apprendre que près de la moitié des dineurs en commun avec nous de la veille étaient disparus dans la nuit suivante emportés par le fléau régnant. L'histoire de cette nuit funèbre n'était pas bien faite pour nous y retenir ! Mais le bonheur de retrouver notre charmant hôte de Miquelon et, pour ma part, de renouveler connaissance avec lui, passait par-dessus toute autre considération. Il n'en était pas ainsi du capitaine Painchaud, fort contrarié de se voir en butte à tant de déceptions à la fois : car non seulement les affaires étaient paralysées par suite de la terrible calamité publique qui régnait en souveraine dans le pays, et planait sur Halifax en particulier ; mais la fuite soudaine d'un grand nombre de gens d'affaires de l'intérieur qui n'y étaient appelés que pour s'enfuir aussitôt après ; et la terreur qui retenait ceux des campagnes loin du foyer pestilentiel, faisait d'Halifax, où le choléra sévissait le plus fort, une sorte de désert.

Déterminé de s'en remettre à son retour de

Terreneuve pour reprendre le fil de ses affaires plus tard en automne, notre capitaine se détermina à s'éloigner au plus tôt de ces bords désolés, sans trop arrêter de quel côté il allait faire voile juste à ce moment. Mais en attendant, nous eûmes bien le soin de ne pas manquer au rendez-vous qui nous attendait à bord du navire français, et notre connaissance de Miquelon était devenue déjà une telle intimité qu'il n'eut tenu qu'à moi d'accepter son invitation de faire avec lui le voyage de France, rêve de toute ma jeunesse, et sans autres frais d'aller et retour, me disait-il, que la satisfaction pour moi d'aller embrasser la terre de mes pères, et de bénéficier, à tant d'autres égards, d'un séjour de quelques mois en France à l'ombre de sa paternelle protection.

Bien que je brûlasse de partir avec lui, dans de telles conditions, je dus céder devant les observations du capitaine Painchaud, qu'il ne lui conviendrait guère d'encourir la responsabilité d'entreprendre ainsi, sur la volonté de mes parents et bienfaiteurs qui m'avaient confié à sa garde, en la lui rejetant toute entière sur ses propres épaules, et qu'il ne se sentait pas du reste le droit de violer ainsi sa consigne vis-à-vis d'eux. Et que mon père, tout le premier, serait enclin à désavouer cette indiscrétion de ma part, loin d'y donner son assentiment au nom de mes parents et bienfaiteurs de Trois-Rivières.

Je dus donc me résigner, mais non sans enfermer dans mon âme un regret qui n'a cessé que le jour où j'ai pu le réaliser par moi-même près de vingt ans après, ce vœu qui m'était si cher et qui fut, grâce à Dieu, si bien couronné alors! Je n'en remerciai pas moins chaudement le généreux cœur qui avait palpé si profondément le mien en se prodiguant ainsi pour moi, quand je me sentais si peu de titre à tant de générosité de sa part ; et lorsque je lui fis mes adieux, il dut comprendre l'étendue du sacrifice que j'accomplissais devant le devoir!

Nous ne prîmes congé de lui que pour cingler de suite vers Miramichi. Aussi bien, car ma bonne grand'-mère m'avait surtout pressé, en la quittant, d'aller revoir les lieux qu'elle avait habités du temps des Français, et d'où son père, M. Le Poisset, alors garde-magasin du roi de France, avait été impitoyablement chassé par " les Bostonais," après leur avoir vu saccager par-dessus l'arsenal, sa propre habitation, et livrer au pillage tout ce qui lui appartenait sur la place, et qui l'auraient massacré lui-même avec tous les siens, sans une lutte désespérée, qui leur avait au moins laissé la vie sauve, mais au prix de l'exil et de la ruine la plus complète.

Aussi ne manquais-je pas, certes, d'aller faire ce pieux pèlerinage aux lieux qu'elle m'avait spécialement indiqués, mais alors si défigurés ! et je crus qu'elle me mangerait des yeux quand, à mon retour, je lui rapportai les choses telles que je les avais trouvées. La brave vieille eut une de ces crises héroïques en me relatant la scène dont elle-même avait été le témoin dans le perfide coup de main ou le traître guet-à-pens qui les avait soudainement dépossédés et proscrits ! Et quand je l'embrassai pour la dernière fois en regagnant le Canada, elle me dit avec un accent que je n'oublierai jamais de ma vie—" les misérables, ils paieront cela un jour ! "

N'allez pas vous offusquer de trouver une telle malédiction dans la bouche de cette femme, tout-à-l'heure octogénaire, qui s'était usée dans les larmes, les ennuis et les labeurs d'un veuvage prématuré, et pendant un temps, dans les transes d'un état voisin de la détresse qu'elle avait essuyée sans la mériter.

C'est l'écho de cette même prophétie, répétée depuis, et à une époque plus sanglante encore, par Chevalier de Lorimier en montant à l'échafaud, après avoir embrassé ses amis Prieur et Hindenlang, et avoir écrit cette déchirante lettre d'adieu à sa femme adorée, et qu'on trouva collée sur son cœur après son exécution. — " Les misérables... ils paieront cela un jour ! "

Mais à Dieu ne plaise que cette prévision du désespoir ne se réalise jamais ! Seulement, nos concitoyens d'une autre origine devraient en tirer une leçon qui puisse, quoiqu'il arrive, leur profiter pour l'avenir.

Nous en étions là de notre course dans le golfe, quand l'idée de toucher au cap Sable me travaillait l'imagination presque autant que

Miramichi l'avait fait. C'est aussi qu'il avait été le théâtre des exploits de ce jeune Latour qui, mettant l'amour de la patrie au-dessus de la voix du sang, s'était décidé à combattre corps à corps, son propre père, au moment même où la fortune de la France périclitait en Amérique. Le père du jeune Latour s'était voué corps et âme, par une lâche trahison, fruit d'une ambition dénaturée, à faire triompher l'ennemi séculaire de sa patrie sur cette terre promise si prodiguement arrosée de son plus beau et de son plus généreux sang. Ce drame si bien fait pour réveiller dans l'âme d'un jeune patriote, alors allaité par les muses, le plus sublime des sentiments du cœur humain, avait trouvé son interprète dans un collégien qui a depuis fait sa marque dans la littérature de son pays.

Il y avait alors au collège de Nicolet, parmi les rhétoriciens, un de ces êtres timides et concentrés qui semblait avoir peur de se révéler au contact de ses condisciples et en fuyait l'occasion. Toujours replié sur lui-même, rêveur et méditatif, à l'âge où les autres sont toute pétulance et dissipation. On ne connaissait de lui que sa modestie et ses aptitudes. Il avait brillé dans toutes ses classes sans avoir l'air de s'en douter. Son caractère était mélancolique sans être sombre : mais assurément qu'au fond la colombe roucoulait tout bas ses projets d'avenir et ses goûts de prédilection, car elle se sentait prédestinée aux triomphes anticipés, et, peut-être, hélas ! à l'essor d'un vol prématuré vers les régions de l'oubli, et se hâtait de faire sa marque en bas avant de s'élancer en haut !

Cet initié du secret de la muse épique avait nom A. Gérin-Lajoie, et il conçut l'idée de mettre l'épisode Latour sur la scène, au collège même, un jour de grand examen, fin d'année, où il avait remporté le suffrage universel, à commencer par celui de l'archevêque qui y présidait de sa personne. Quel début pour un adulte de collège de seize ans à peine, apportant cette conception d'un esprit mur et qui révélait déjà ce a quoi il était appelé, une fois lancé sur la grande scène du monde, si sa complète absence de toute ambition ne l'y tenait pas par trop effacé.

Deux feux sacrés couvaient dans cette âme voilée aux yeux des profanes, celui du patriotisme et de la poésie, à l'âge où d'ordinaire on ne connait que celui de l'effervescence de la jeunesse. Aussi ce coup d'essai avait-il eu un succès fou dans l'immense assistance, et, comme on dit au théâtre, avait été à l'emporte-pièce : car on se demandait comment à cet âge, ce collégien encore imberbe, avait bien pu deviner les plus secrets ressorts du cœur humain, au point de les mettre ainsi en action et avec un si grand succès d'exécution et de mise en scène, et sur un théâtre si peu fait, ce semble, pour qu'il osât l'y risquer tout d'une pièce.

Gérin avait sauté à pieds-joints par-dessus toutes les difficultés avec la prestesse du génie qui sent sa force et a conscience de soi-même. Car il faut bien se rendre compte du nœud de l'intrigue pour deviner la difficulté de le dénouer devant pareille assistance. Le père du jeune Latour, dont celui-ci combattait corps-à-corps la trahison, était aussi infatué d'une passion délirante qui l'avait entraîné hors de la voie du devoir et de la morale ; car c'était à un amour insensé, encore plus qu'à une ambition effrénée et criminelle, que ce traître sacrifiait les intérêts de son pays : et il fallait la délicatesse de touche de ce dramaturge à peine pubère, qui peut-être n'avait jamais mis le pied dans un théâtre, pour triompher de cette délicate situation.

Quoiqu'il en soit, j'avais fait partie de l'assistance, j'en étais sorti ravi d'admiration pour le jeune auteur, et je ne soupirais plus qu'après le moment de me voir au cap Sable, où s'était déroulé cet événement tragique à l'extrême qui allait jeter aux quatre vents du ciel les restes de la puissance française dans cette partie de l'Amérique. Et voilà pourquoi je brûlais de le voir et qu'il m'importait tout spécialement de pouvoir le contempler de mes yeux, déjà assez assouvis pourtant, ce semble, du spectacle de Miramichi sous le coup des " Bostonais," dans le triste sort que ceux-ci avaient infligé aux infortunés Acadiens, tombés vifs devant leur sinistre, soudaine et barbare irruption.

Qu'on me permette de m'en dédommager un peu ici, car je ne puis guère résister au désir de reproduire la chanson héroïque par laquelle débute le jeune Latour, moins à raison de sa composition lyrique assurément, qu'à cause des nobles sentiments que Gérin tire de sa belle âme pour justifier le rôle que sa conscience lui inspire dans sa résistance ouverte au coupable père de son héros. *Amour, tu perdis Troie*, a dit le poète latin, et ici le fils Latour aurait pu dire à son père : l'amour rendu plus coupable par l'ambition te perdra. Et, après tout, une des filles d'honneur de la reine, à ce prix, n'était qu'un marché honteux pour les deux côtés : la langue française appelle cela *trafiquer de son honneur*, et c'est prostituer le saint mot d'amour que de l'appliquer à cet odieux acte de lâche combinaison qui sent la prostitution d'un coté et suinte la trahison de l'autre.

Le jeune Latour en arrivant sur la scène chante :

Sur l'air : *Un jour pur éclaire mon âme.*

> Je ne recherche que ta gloire
> Et ton bonheur, ô mon pays,
> Que les palmes de la victoire
> Couronnent le front de tes fils !

Jeune guerrier, l'amour m'enflamme,
Mais connaissez-vous mon amour ?
Ah ! j'aime, tu le sais, mon âme,
Le sol où j'ai reçu le jour ! (*bis*)

Qu'un autre chante sa folie
Et les attraits de son Iris,
Moi, je chanterai ma patrie
Elle seule aura mes souris !

Je veux lui conserver ma flamme
Et lui faire à jamais la cour,
Car j'aime, tu le sais, mon âme,
Le sol où j'ai reçu le jour ! (*bis*)

Pour elle autrefois dans les plaines
Nos aïeux ont versé leur sang !
Ils ont su repousser les chaînes,
Moi, je veux soutenir leur rang.

Et si mon pays me réclame
Je saurai périr à mon tour,
Car j'aime, tu le sais mon âme,
Le sol où j'ai reçu le jour ! (*bis*)

Je me rappelle encore l'éclat avec lequel fut reçu le dernier couplet. Je crus un instant que la salle croulerait sous les transports de l'assistance ! C'est qu'alors le sentiment du patriotisme n'avait pas encore été contaminé aux attouchements de la *fée Lanlure* comme de nos jours. On y allait de franc collier en ce temps-là.

C'était donc ce cap Sable, qui avait été le témoin des dernières convulsions de notre liberté, et où s'était manifestée cette résistance si généreuse, si héroïque du jeune Latour à la double infamie de l'auteur de ses jours, qui me travaillait l'imagination presque à l'égal des indignes exploits des terroristes anglo-américains à Miramichi. Mais il aurait fallu pour cela cingler de nouveau vers les bords de l'Atlantique et franchir le détroit de Canso, en se détournant de la route désignée d'avance pour la poursuite de notre itinéraire commercial et maritime, tel qu'assigné par notre armateur qui n'aurait pas entendu de cette oreille-là ; et c'eut été payer un peu cher le plaisir de gratifier les goûts d'un voyageur fantaisiste, encore frais émoulu du collège, que de céder à des instances indiscrètes que je n'osai pas faire non plus, comme on le pense bien, me contentant de dévorer solitairement le cruel désappointement qui en résultait pour moi de ne pouvoir pas me promettre de sauter au col de mon bon

Gérin, à notre première rencontre, et de lui dire : Eh bien, et ton cap Sable, où ton jeune Latour avait fait une si belle figure, je l'ai vu enfin, et il ne manquait que toi pour être témoin de mon délire ! Mais il était écrit que ce ravissement ne me serait pas accordé, et je dus en prendre mon parti, sans même oser trop y laisser paraître l'amertume de ma déconvenue.

Le plus déçu et le plus désolé de nous deux était bien le patron de se voir si loin de compte dans tous ses calculs, et toutes les affaires s'en allant ainsi à vau-l'eau par suite de cet état anormal de la saison devenue si calamiteuse.

Toutefois je ne suis pas fâché que ce souvenir m'ait fourni le sujet de cet épisode qui n'est que le prélude de ce que j'aurai à faire connaître de ce travailleur infatigable, trop tôt enlevé à son pays, auquel il avait voué le culte de son intelligence et de son cœur, et qui, avec ses relations de famille, faisait partie d'un groupe intellectuel qui n'a été dépassé par aucun autre en ce pays ; quand on se rappelle qu'il avait un Etienne Parent pour chef, avec un Gérin-Lajoie, un Gélinas et un Benjamin

Sulte, derrière lui pour maintenir les traditions d'un des fondateurs de notre presse franco-canadienne, et qui l'ont le plus honorée dans le demi siècle écoulé, comme nous le verrons plus loin dans le cours de ces *Souvenirs*.

CHAPITRE X.

SOMMAIRE.

Les soucis du capitaine Painchaud et mes propres ennuis.—Irrésolutions sur le parti à prendre.—Monotonie de la situation.—Le pilote jersiais à la barre.—Le français parlé dans les îles de la Manche.—Les aurores boréales et lumières zodiacales.—Odelin et les frères Désaulniers.—Le capitaine Landry.-Rencontre inattendue à Dalhousie.—La pointe à Chamberland.—La mission micmac.—Les noces indiennes.—La messe et le dîner du mariage.—Carleton, sa population.—Mon séjour.—M. Souligny.—Dr. Labillois.—Ned Mann et Bustead.—Hésitations nouvelles.—L'abbé Malo.—Départ pour Anticosti.—La vieille.—Le capitaine Allard —Un nouvel épisode de famille.—L'arrivée de mon grand père en Amérique.—Le grand vicaire Desjardins.—La traversée d'Angleterre en Amérique.—Ce que c'est que la destinée.—Chaîne de famille complémentaire.—Le commandant Fortin de la *Canadienne* et les améliorations du golfe.—Départ définitif et retour à Québec.

Si le capitaine commençait à se montrer soucieux devant les embarras qui surgissaient de tous côtés sous ses pas, non plutôt sous ses voiles, puisque c'étaient elles qui semblaient ne pas obéir aux vents ; je me disais à part moi, que tout n'était pas rose à bord d'un navire ballotté par la lame, même pour un philosophe de première année à Nicolet, et je poussais parfois de gros soupirs qui auraient pu enfler la misaine si ç'avait été seulemeut le vent qui nous eut manqué. Mais tout au contraire, il en soufflait quatre fois par jour de tous les points cardinaux. Sous ce rapport nous étions servis à souhait. Mais songer à tirer une bordée sur Caraquet lorsque la saison des huitres était encore éloignée : ou pousser jusqu'aux grandes pêcheries de morue et de saumon, quand l'heure des livraisons n'était pas près de sonner non plus, et que celle du hareng commençait à peine à s'ouvrir. Puis les échéances, payables en nature, ne pouvaient pas être collectées davantage, de sorte qu'en fin de compte, nous étions condamnés au repos forcé, sans bien entrevoir à quel temps il nous serait loisible de lever l'ancre pour de bon. Je tuais le temps comme je le pouvais, le plus souvent, surtout le soir, auprès du gouvernail où le matelot de la barre, un vieux jersiais édenté, hurlait des complaintes ou des romances qui auraient bien plutôt engendré la mélancolie si j'en avais compris le sens : car on sait qu'elle sorte d'argot l'on parle dans les îles de la Manche, où l'on paraît jaloux cependant de conserver la langue française et où l'on se pique même de la parler pittoresquement dans la société. Les français appellent cela *le jargon des salons.* Quant à mon bonhomme, on aurait dit qu'il avait entrepris d'endormir le gouvernail, tant il mettait de persévérance à chantonner ses mélodies de St. Hélier aux nymphes des rivières d'alentour, où l'on entrait parfois pour briser la monotonie, quand nous avions croupi trop longtemps à l'entrée des baies, à pêcher du goujon pour nous distraire un peu de notre inaction. Mais que dire et que faire, et de quel autre côté me retourner le soir quand je n'avais plus sommeil et que chacun ronflait à qui mieux mieux dans son coin ? Si mes notions de la géographie céleste m'avaient permis de promener mes regards dans la région éthérée et d'y contempler les phénomènes que la nuit y développe, par quelles sublimes rêveries j'aurais pu remplacer les stupides ennuis qui absorbaient toute mon intelligence ! J'avais bien lu, dans la *Minerve* du temps, la savante discussion de M. Odelin, de St. Hyacinthe, avec les frères Désaulniers, de Nicolet, sur les aurores boréales et les lumières zodiacales ; mais, ma foi, toute cette science d'en haut m'avait passé par-dessus la tête, et en contemplant celles du golfe qui y abondent à certaines époques, je ne me sentais pas de force à trancher la question. Je vis bien enfin, en jetant les yeux autour de moi, comme disait Gil Blas en regardant la cellule de sa prison, que " le digne neveu de mon oncle Gil Perez se trouvait pris comme un rat dans une ratière ! " Mais le dénouement de la situation ne pouvant venir de moi, je me résignai philosophiquement à l'attendre de la force des choses, et le meilleur de ma journée se passait à lire les plaisantes aventures de Don Quichotte et de Sancho-Pança dont le capitaine lui-même faisait encore son régal dans les entractes de la navigation. Il ne se fatiguait jamais de voir berner Sancho et raffolait surtout des batailles de Don Quichotte avec les Moulins à Vent. Il aurait changé d'avis s'il avait eu à suivre les savantes pérégrinations de notre Jules Verne d'aujourd'hui à travers les mondes sousmarins ; ou les sublimes recherches dans les domaines de l'astronomie du successeur des Arago et des Leverrier, à l'Observatoire, qui fouille le ciel et la nature qui semblent n'avoir plus de secrets pour lui ; j'ai nommé Flammarion.

Par exemple, ces aurores boréales qui, dans le ciel du golfe, se manifestent si souvent et avec tant d'éclat et de magie, qu'en entendant ce cliquetis du firmanent, ce crépitement de la voûte céleste qui accompagnent toujours ce luxe de lumières multicolores, si mouvementées comme si chatoyantes, qui se prodiguent dans ces régions éthérées, un poète pourrait dire que les Vertus des cieux s'apprêtent à prendre leurs ébats en dansant comme avec des castagnettes et en y semant les reflets de leurs gloires et de leurs joies.

Mais je me prends à oublier que nous avions cependant à parcourir les parages du golfe ; or, chaque matin le programme de navigation se trouvait changé. Nos lettres du Canada se faisaient désirer, et je commençai à délibérer avec moi-même s'il ne serait pas mieux de reprendre, pour mon propre compte, la route de Ristigouche, puisque les choses avaient pris une si mauvaise tournure dans les eaux de la Baie des Chaleurs. Aussi bien, le capitaine Jean Landry, un ami du nôtre et un ancien voisin de mon père, à Carleton, nous ayant croisé un bon matin, nous le hélâmes, et il fut convenu que je profiterais de l'occasion heureuse pour moi de reprendre en effet ma course du côté de Dalhousie, pour où était destiné le nouveau venu, ce qui me mettrait à une portée de chez nous.

Nous ne délibérâmes pas longtemps, et il fut arrêté que le capitaine Painchaud, sa course achevée, me reprendrait à Carleton, pour remonter à Québec de bonne heure au commencement d'octobre, sinon à la mi-septembre. Je fis donc voile vers Dalhousie avec le capitaine Landry. C'était alors une ville naissante que Dalhousie, où les deux frères Montgommery avaient le siège de leurs affaires et y menaient un train de vie et de maison qui les aurait fait prendre pour des Roscœ. Ils étaient alors à la tête du commerce du bois de construction qu'ils faisaient sur une immense échelle, et le jour où je débarquai dans ce port, Hugh, le chef de la maison, et l'aîné de la famille, venait d'y rentrer dans un immense navire à lui qui lui donnait les airs d'un gouverneur, y ayant été reçu au bruit du canon, et avec toute sorte de démonstrations de faveur.

J'étais à parcourir les rues de la ville en herbe, quand j'aperçus, venant droit à moi, l'air plus que surpris, en me fixant, vous le devinez assez, je le jure, mon père qui me croyait alors à Terre-Neuve, d'après l'itinéraire que nous nous étions tracé à notre départ de Ristigouche, et ne s'expliquait pas comment j'étais déjà sur le retour, et à Dalhousie plutôt qu'à Carleton. Il venait d'apprendre, du reste, par un caboteur du Cap Breton, l'épouvantable manière dont le choléra ravageait Halifax et les alentours, et j'achevai de lui expliquer ma venue, à ce moment, en lui racontant ce qui précède sur les causes de déception qui avaient placé le capitaine Painchaud dans un dilemme inextricable, et m'avaient déterminé moi-même à revenir au foyer de famille, sauf à reprendre plus tard la course interrompue s'il y avait lieu. Ses affaires terminées, mon père ayant son embarcation au rivage, avec le vent et la marée favorables, me proposa de partir afin de faire notre première relâche à la pointe à Chamberland dont j'avais remporté, on se le rappelle, de si bons souvenirs à ma première arrivée à Ristigouche ; et la seconde, à la mission des micmacs, où se trouvait alors le *Patlialsh* pour la célébration de mariages dans la tribu.

Nous quittions la rive du Nouveau Brunswick sur les quatre heures de relevée avec la perspective d'une belle lune pour la nuit pardessus l'avantage du vent et de la marée qui semblaient se faire une fête de nous seconder. Je jouai de la pagaie mieux encore que la première fois, car je ne sais ce qui m'animait, mais il me semblait que j'étais porté sur les ailes de la fortune vers des lieux enchantés. Mon père avait ouvert son répertoire de chansons maritimes et, comme il avait bonne voix et était en belle humeur, on eut dit que son rhythme donnait de l'élan à la pirogue qui lui obéissait avec une sorte d'ardeur. Mais la brise venant au secours du montant il n'y eut plus bientôt qu'à tenir le gouvernail et à diminuer de la voile pour courir en sûreté sur la crête des vagues bouillonnantes et animées par le salin. A dix heures du soir, la grosse lumière de la pointe à Chamberland, malgré le brillant éclat de la lune paraissait lutter de reflet avec elle et nous débarquions, allègres et dispos, foulant d'un pas joyeux le domaine de notre ami qu'on ne prenait jamais au dépourvue. Son excellente femme eut bientôt mis la table chargée au souhait de notre appétit qu'avait réveillé encore l'exercice à la pagaie, joint au bon air que nous avions respiré.

Il était déjà assez tard, presque sur le matin quand je fis mon acte d'apparition dans la salle à manger où m'attendait du bon café fumant avec la galette cuite au four dont je connaissais déjà le goût appétissant. Nous restâmes quelques heures à repasser dans notre causerie les événements des vingt dernières années qui avaient été fatales à tout ce qui me touchait de plus près ici-bas, et puis nous poursuivîmes notre course jusqu'à la mission des micmacs dont mon père était le favori. C'était le lendemain que les noces de Catheline Labôve devaient se faire, en même temps que celles d'une autre de ses amies, avec deux jeunes et des plus beaux chasseurs de la nation dont j'ai essayé en vain de retracer les noms dans ma mémoire. Tout était en mouvement dans le camp indien et le soleil prodiguait son éclat de saison à la fête. Chacun d'alentour s'était empressé d'apporter son cadeau, qui un ornement de tête, qui une pièce de soie rouge dans le goût des fillettes indiennes, qui un joyau quelconque pour la main ou pour la collerette de la mariée et des gâteaux de fantaisie achetés là-bas, à la pointe à Ferguson, de l'autre côté de l'eau, pour le dessert du dîner du mariage.

Et puis les jeunes gens du village avec leurs

plus belles *mitasses*, sorte de guêtres frangées et brodées en rasades qui leur couvraient une partie de la jambe et du dessus du pied, couronnés de plumes variées, et le buste revêtu de chemises en soie de couleurs diverses, ce qui tout ensemble leur faisait un costume des plus pittoresques : tous rivalisaient de goût et d'entrain pour donner du relief à ces fiançailles dont le chef Labôve avait le droit d'être justement fier, puisqu'il en était au fond l'objet.

La chapelle elle-même resplendissait d'ornements et le *patlialsh* avait revêtu les siens comme pour dans les grandes fête du culte, pendant qu'au dehors les vieilles mères apprêtaient le dîner mis à la crémaillère suspendue au milieu de la place, dans le voisinage de la chapelle, où un chien cuisait tout d'une pièce, préparé avec le plus grand soin culinaire pour servir de pièce de résistance au banquet d'hyménée. Puis des danseurs avec leurs cornes à poudre suspendues par un bandeau croisé sur leurs poitrines, leurs haches pendantes sur leur côté droit et leur yatagan de l'autre. La messe de mariage célébrée avec le plus grand recueillement, le chant modelé sur un diapason que la voix de Labôve seule savait comment conduire et inspirer, tout était fait pour impressionner vivement l'assistance et donner un caractère suave à cette fête de mariage, où une certaine mélancolie se mêlait à l'allégresse religieuse qui dominait toute la scène. Pour moi, j'irais bien loin pour assister à un pareil spectacle dont la naïveté me conquiert chez ces enfants de la nature. Leurs accents ont quelque chose de si touchant quand ils s'élèvent vers l'auteur et le maître de l'univers, et ils se tiennent en sa présence avec tant d'apparente et conciencieuse soumission à ses décrêts. Je ne sais, mais leurs naïves invocations me semblent bien faites pour les faire bienvenir du ciel quand ils le pressent d'écouter leurs suaves mélodies !....

Par exemple, il en était tout autrement du dîner ; j'avoue que ce festin de nouvelle sorte pour moi ne disait pas grand'chose à ma gourmandise et que n'eut été le respect humain, en présence du *patlialsh* et de mon père, je ne crois pas que j'aurais pu triompher de ma répugnance. Pour me réconforter dans cette nouvelle épreuve j'usai de toute sorte d'artifices avec mon estomac. Je lui rappelai sa révolte contre le premier plat de cuisses de grenouilles qu'on m'avait présenté au collège après une pêche abondante de ces batraciens dont on raffolait parmi mes condisciples et que je finis par dévorer comme les autres, une fois le préjugé vaincu ; et le moment venu, je pris place entre mon père et le missionnaire, bien résolu de m'exécuter sans trop faire la grimace. Seulement je glissai à l'oreille du *patlialsh* que je ne voyais pas d'assiettes auprès de nous, et sur ce, ce dernier ôta son soulier du pied droit, le retourna sens dessous dessus, puis plongeant une fourchette de bois dans le chaudron, en retira un fort beau morceau qu'il divisa en deux, m'en offrant une portion et mettant l'autre sur la semelle de son soulier qui, du reste, était aussi propre que pouvait l'être cet article toujours en contact avec l'herbe des champs qu'il n'avait cessé de fouler. Je compris par là les fausses délicatesses de la civilisation en présence des nécessités imprévues ; mais des écorces toutes fraîches nous étant présentées en guise de couvert, je profitai de l'aubaine pour me conformer de mon mieux aux exigences de la situation.

Je n'ajouterai pas ce que fit mon estomac pour triompher du fardeau que je lui avais imposé un peu tyranniquement : c'est un détail qui se passa entre lui et moi et dont il n'est pas absolument nécessaire de confier le secret à la postérité.

Le repas de noces dépêché, la danse succéda au plaisir de la table, et j'admirai beaucoup la grâce et la prestesse avec lesquelles nos micmacs l'exécutaient, en frappant leurs cornes de la paume de leurs mains de façon à battre la mesure, en accompagnant leurs pas cadencés de cris joyeux qui manifestaient tout le plaisir qu'ils goûtaient à cette manifestation. Mais je dus m'effacer à petit bruit pour tenir en respect mon estomac révolté faute d'être assez aguerri au régime nouveau par lequel il venait de passer, pendant que les autres mieux organisés, s'applaudissaient du fricot et se livraient à la sieste.

Nous prîmes, mon père et moi, vers la tombée

du jour, congé de nos hôtes que nous quittâmes en liesse, pressés, de notre côté, de revoir les nôtres auxquelles nous allions faire une douce surprise dans mon arrivée si inattendue à cette heure-là.

Dès le lendemain, nous repartions tous pour Carleton, où nous étions depuis longtemps sollicités par de nombreux amis dont nous connaissions assez la franche hospitalité, proverbiale, du reste, parmi cette population acadienne qui a, comme on dit, le cœur sur la main et sait se multiplier dans l'occasion. Aussi, ça-t-il été un des regrets de ma vie de n'avoir pas pu fouler plus souvent ce sol béni d'où le sort fatal m'avait déplacé avec tous les miens ; et, hier encore, je lisais dans des journaux le décès d'une dame Michaud, qui nous était restée amie héroïque dans le malheur et à qui j'avais tant promis, en la quittant, de revenir souvent au banc de Carleton, causer des jours d'antan et philosopher avec elle sur le compte des viscissitudes humaines.

Mais l'homme propose et Dieu dispose......

Nous étions donc à Carleton. Les vieux de

l'endroit l'appelaient encore *Tracadièche* qui n'était que la dépoétisation du mot *Tlacadigets*, que les micmacs lui avaient donné à l'origine. Carleton avec la Nouvelle, qui en était comme une dépendance pour ne pas dire un faubourg, en faisait une localité d'une certaine importance, avec une population très-industrieuse, intelligente et active, qui y vivait dans une certaine aisance, et bien que restreinte à un certain nombre de familles, ne laissait pas que d'y occuper une place fort importante de la Baie des Chaleurs. Celle des Landry, entre autres, des Bijaud, des Allard, des Dugas, des Michaud, des Allain, la première surtout, en était une des plus nombreuses et des plus opulentes. C'est de l'une de ces branches que sortait le Dr. Landry, plus tard de Québec, fils d'un ancien navigateur fort respecté qu'on appelait alors le père Bastien, devenu par son mariage le beau-frère de ce célèbre abbé Painchaud dont il a été question plus haut. Ses frères, Hypolite et Jean, y étaient au premier rang des plus honorés de l'endroit, le dernier des deux, celui même avec qui j'étais revenu à

Dalhousie. Du reste, toutes ces familles étaient plus ou moins alliées entre elles par le mariage et n'en formaient pour ainsi dire qu'une dans l'endroit. Un véritable type était un certain Gédéon Ahier, jersiais d'origine, d'une instruction fort passable, d'un esprit fort original surtout, dont la femme s'appelait Rose et était l'idole de l'endroit à cause de sa bonté et de ses vertus domestiques, quelquefois mises à l'épreuve par les caprices de son seigneur et maître. A ses heures celui-ci était un compagnon fort amusant par ses originalités, ses reparties vives, sa causerie pleine de verve et ses qualités naturellement sympathiques. Il m'avait attiré à lui dès ma première enfance et j'en avais conservé un souvenir vif en revenant à Carleton. Aussi passais-je le meilleur de mon temps auprès de lui à lui faire raconter son histoire assez piquante et à jouir de ses excentricités. De la sorte mon séjour à Carleton, dans un milieu aussi sympathique, m'était fort agréable et parfois il me prenait un vif désir de m'y rapatrier. Mais enfant d'adoption d'un oncle dans des conditions d'aisance, à Trois-

Rivières, et auquel j'étais grandement attaché, cela m'en détournait, et le temps approchait bientôt où il me faudrait rentrer au collège pour y terminer mes études interrompues par suite du choléra qui en avait fait fermer les portes forcément avant l'heure.

J'étais donc suspendu à la détermination du capitaine Painchaud pour l'heure du départ pour le Canada et il me tardait de l'apprendre avant qu'il ne fut trop tard pour prendre mes mesures à cet effet. Le capitaine Landry lui-même m'avait obligeamment offert de le remplacer dans le cas où les circonstances le forceraient d'ajourner son retour à Québec à une époque qui ne cadrerait pas bien avec celle de ma rentrée régulière au collège.

Les choses en étaient là, lorsqu'une vague nouvelle parvint jusqu'à moi que les affaires au Canada, par suite aussi du choléra, avaient placé M. Souligny, le fréteur du navire commandé par le capitaine Painchaud, dans des conditions telles que peut-être cela influerait sur les nouvelles destinées de ce dernier lui-même. Terrifié par l'état des choses, M. Souligny s'était tout d'un coup effrayé au point de se croire ruiné, et comme c'était un négociant d'une grande sagesse jusque-là, on ne savait trop que penser des résultats de cette crise. Célibataire et complètement absorbé par ses affaires, dans lesquelles jusqu'alors il n'avait jamais cessé d'être heureux, M. Souligny avait été tout-à-coup frappé d'une terreur panique et ses meilleurs amis avaient peine à le calmer dans ses agitations. Hautement et légitimement respecté de tous ceux qui le connaissaient intimement, ou qui avaient été en relation d'affaires avec lui, sa situation présente avait redoublé leur sympathie pour lui.

Il faut avoir connu ce vieux type de nos hommes d'affaires du temps pour savoir apprécier ce qu'ils valaient. Il y en avait en plusieurs endroits du Canada, entre Québec et Montréal, comme les Leroux à l'Assomption, les Soupras et les Franchère sur les bords du Richelieu ; les Clouet, les Brunet, les Buteau et les Massue, de Québec, entre cent autres, qui avaient pris un tel rang et une si grande importance parmi les armateurs du pays, qu'ils étaient entourés de la considération publique et avaient, en Angleterre, et dans quelques autres parties de l'Europe, une véritable prépondérance sur les marchés extérieurs pour les fins de leur commerce. M. Souligny était grandement de ceux-là, et le capitaine Painchaud, comme on a pu en juger par ce que j'ai dit dans ces *Mémoires*, était un de ces instruments propres à seconder des hommes de cette portée par leur énergie et leur activité. J'aime à montrer ainsi ce qu'était déjà à cette époque la *race inférieure* qui, en dépit de toutes les entraves semées sur sa route, par sa seule force propre, savait trouver sa place au milieu de la concurrence du temps, et se maintenir ferme à côté de la privilégiée, alimentée qu'était cette dernière par les grandes maisons de Londres, Liverpool et Manchester, entre autres, pendant que la nôtre en était réduite à ses seules ressources pour se soutenir dans cette rivalité mal équilibrée.

Je languissais, de mon côté, dans l'attente de nouvelles directes, n'osant pas faire moi-même d'ouvertures indiscrètes au capitaine

Painchaud, de ce qui me revenait de là-bas comme apporté sur les ailes de l'air. Mais j'étais cruellement intrigué d'un côté, et anxieux de l'autre, de le voir, moi qui lui étais si attaché, en butte à tant de dangers à la fois. Je ne vivais plus guère et me faisais violence pour dissimuler aux yeux de la famille l'impasse dans laquelle ces cruels incidents me plaçaient. Si j'ai aujourd'hui quelque peu d'expérience, il ne faut ni me la disputer, ni me l'envier, car elle me coûte assez cher et m'a désillusionné sur bien des choses aussi, grâce à Dieu. Hélas ! la vie, elle est ainsi faite, qu'elle ne vaudrait guère la peine de s'en préoccuper si le devoir n'était pas un motif tout puissant, non seulement pour la faire accepter, mais pour nous faire rendre grâces à Dieu de nous l'avoir départie dans des vues que nous n'avons guère le droit de discuter aux lumières de notre logique humaine, toujours courte par quelque côté.

Quoiqu'il en soit, j'étais rentré à Ristigouche où je partageais mon temps entre M. Christie et les miens, et puis un docteur Labillois, chirurgien d'un régiment de l'Empire, que les hasards de la vie avaient jeté sur nos côtes, après la chûte de Napoléon, et qui menait à Ristigouche une vie utile et dévouée aux gens qui avaient besoin de ses secours professionnels. Du reste, Monsieur et Madame Labillois étaient gens du meilleur ton, encore dans la moyenne de l'âge, et devenaient une grande ressource de société dans cette retraite de Ristigouche, où nous comptions également quelques anglais, entre autres, un M. Ned Mann, chef de la branche des pilotes pour les vaisseaux d'outre-mer, fort distingué de manières, de tenue et de langage ; et un M. Busteed, magistrat de l'endroit, ami personnel de M. Christie, bien que modérément son partisan politique ; très sympathique à mon père dont il connaissait les tristes aventures ; et quelques autres, que je pourrais nommer, qui formaient à eux tous un véritable noyau d'association de bon voisinage : de sorte, qu'à tout prendre, je n'avais encore qu'à m'applaudir de me voir dans un pareil milieu, en attendant la solution de la position précaire qui m'était faite par l'incertitude des évènements, dont je dépendais absolument.

Je continuai de soupirer après des nouvelles favorables, mais, comme dans la chanson, j'avais beau tenir l'œil ouvert, et l'oreille tendue, je ne voyais rien venir, et n'entendais pas davantage les échos d'alentour me répéter ce après quoi j'aspirais comme après une délivrance. Hélas ! non : le choléra, ce fléau si funeste qui avait décimé notre population des villes au Canada, continuait sa course meurtrière à travers les villes et les villages jusqu'alors si épargnés, et tenait tout le monde dans la terreur. Puis le commerce ne battait que d'une aile ; les entreprises en tout genre étaient nulles, et cette paralisation de toute chose, personne n'en prévoyait la fin prochaine. Dans ces circonstances, il ne me restait plus qu'un parti à prendre, c'était de profiter de la première bonne occasion qui s'offrirait à moi de tendre vers Québec. Mon père lui-même était de cet avis, tant la crainte de me voir manquer à l'appel, à la rentrée des classes à Nicolet, lui prenait au cœur. Mais le capitaine Landry lui-même hésitait de faire cargaison pour le Canada, maintenant qu'il ne se flattait plus guère de voir s'améliorer matériellement les choses avant la saison d'hiver, bien encore qu'assez éloignée.

J'étais resté dans ce cruel état d'incertitude quand je reçus enfin un mot du capitaine Painchaud, par l'entremise d'un missionnaire avec qui il avait eu une entrevue, comme en passant, et dans laquelle il me faisait assez comprendre qu'il n'irait pas au-delà d'Anticosti, si même il s'y rendait au commencement de septembre, pour là et alors déterminer quel parti prendre, à moins d'instructions précises de la part de M. Souligny, dont la condition ne paraissait pas s'améliorer aux dernières dates.

Aller à Anticosti pour faire ma cour à Gamache, peut-être pendant tout l'hiver, était une perspective qui n'avait absolument rien de séduisant pour moi; non pas que j'eusse à me plaindre de lui, tout au contraire : car dans un naufrage essuyé sur ses côtes et dont j'ai déjà narré les circonstances dans le temps, je n'avais eu qu'à me féliciter de la réception qu'il m'avait faite, ayant été jusqu'à nous charger de présents, après nous avoir hébergés gratuitement pendant toute une semaine.

Je me consultai avec l'Abbé Malo, à Carleton, sur le meilleur parti à prendre, et il fut d'avis qu'il ne fallait rien précipiter et surtout tenir le mieux possible mes protecteurs de Trois-Rivières au courant des choses, ce que je m'étais déjà mis en frais de faire. Je passai quelques jours chez lui à le suivre à la chasse et à l'aider à la consommation de son produit.

C'était une excellente pâte d'homme que l'Abbé Malo, doux, prudent et éclairé. Il était à la fois, prêtre, docteur et notaire, tout ensemble, suivant le besoin de la circonstance, et se faisait ainsi fortement apprécier de ses ouailles, auxquelles il se faisait tout-à-tout sans jamais paraître embarrassé de ses fonctions multiples et si diverses. Et puis sa causerie était une ressource surtout pour un collégien en vacances, qui n'avait point de bibliothèque portative qui le suivît et qui n'était que trop heureux de puiser auprès de lui des notions utilitaires de toute sorte dont j'étais passablement affamé pour ma part. J'y rencontrais de fois à autre le capitaine Landry qui ne me perdait pas beaucoup de vue et tenait toujours son offre ouverte devant moi pour le cas où il irait lui-même faire le voyage d'automne au Canada. Qu'en tout cas il avait à aller à Anticosti où il rencontrerait le capitaine Nicolas Allard, autrefois de Carleton, mais établi à Québec depuis plus de 20 ans, et que lui m'enmènerait sûrement à Québec, et qu'il se chargeait d'arranger l'affaire avec lui à leur première rencontre.

Ce fut aussi ce qui arriva une fois que je fus fixé sur la destination du capitaine Painchaud qui devait laisser hiverner son navire en bas et s'en retourner seul de sa personne à Montréal, pour s'entendre avec M. Souligny sur ce qu'il serait à propos de faire alors pour parer aux conjonctures possibles. On conviendra, certes, que je devenais un personnage encombrant dans l'état des choses.

Dans de telles circonstances, il ne me restait plus qu'à en attendre le résultat pour me conformer aux suggestions de mes aviseurs, et c'est aussi le parti que je pris, faisant mes préparatifs en conséquence, pour répondre à l'appel dans les vingt-quatre heures, dès qu'il y aurait lieu.

Il me tardait donc de me mettre en mesure

de regagner Québec le plutôt possible, et tous mes pas et démarches ne tendaient plus qu'à cet unique but.

Le 5 de septembre suivant, le capitaine Landry appareillait à Carleton pour l'île d'Anticosti, et c'était sous ses auspices que je me dirigeais vers le point de ma destination. Nous ne fîmes qu'un arrêt de quelques heures à Gaspé pour y saluer la *Vieille*, en passant, suivant la coutume : car quand il se trouvait plusieurs goélettes ensemble à ce point de réunion, le plus ancien des capitaines présents faisait l'invitation aux autres de venir à son bord pour rendre la *Vieille* propice au voyage par une libation. On donnait ce nom de *Vieille* à un rocher en forme de madone qui s'avançait dans la mer et faisait l'effet à distance d'être une immense statue qu'on aurait dit construite au ciseau du statuaire, tant les formes se dessinaient à l'œil trompé par la distance ; puis la cérémonie faite, on reprenait la course en chantant à la *Vieille* un hymne d'adieu en chœur.

Ce rocher, sapé par la bâse par le reflux des

marées, s'est écroulé enfin au grand regret des marins qui lui avaient voué cette douce et superstitieuse invocation, aussi innocente au fond qu'aucune de ces coutumes qui s'établissent ainsi bizarrement, fruit de ces habitudes de convention qui font les légendes en peuplant les imaginations primitives. Seulement, la *Vieille* ne nous avait pas préparés à un contre-temps inattendu sous forme d'un brouillard de neige qui dura quelques heures et dont le plus grand inconvénient fut d'estomper la lumière de l'unique phare d'Anticosti qui existait à cette époque. Le capitaine Allard nous y avait précédé, de sorte que nous pûmes ratifier le marché convenu pour ce qui me concernait.

J'ai voulu vous faire connaître par quel côté ma famille tenait à l'Acadie, et avant de refouler le Golfe, et de le quitter désormais pour longtemps, peut-être, je veux vous dire aussi, par quoi et comment elle relevait de la France.

Parmi les illustres débris que le flot de la Révolution Française avait jetés sur nos bords, se trouvait le premier des deux frères Desjardins (l'abbé Philippe Jean Louis) docteur en Sorbonne, Grand Vicaire de Paris, que le règne de la terreur avait chassé de France, et qui, pour échapper à la terrible proscription du temps, avait entrepris de la traverser à la faveur d'un déguisement. Il s'était affublé d'un costume de cocher de place conduisant une diligence, pleine de prêtres aussi travestis, dont on faisait alors la chasse, en se dirigeant sur Douvres, par le Pas de Calais. Parmi sa charge de voiture ainsi encombrée, se trouvait un jeune homme dissimulé lui aussi, s'étant attaché aux pas du Grand Vicaire de qui sa famille était fort connue, étant du ressort de sa paroisse, et l'avait secrètement suivi jusqu'à Londres, où il s'était furtivement glissé à bord du vaisseau qui devait traverser l'abbé Desjardins en Amérique, et s'y était casé en tapinois parmi les bagages des voyageurs. Et ce ne fut qu'au deuxième jour après la sortie du port, que le jeune et aventureux téméraire, forcé par la faim, osa sortir de sa cachette, pour venir se jeter dans les bras du Grand Vicaire qui ne se doutait guère de l'aventure.

L'abbé, bien qu'un peu beaucoup embarrassé de la soudaine apparition, et dans de telles circonstances, de ce nouveau protégé qui lui tombait ainsi des nues; dissimula de son mieux son trouble, en lui donnant quelques paroles d'encouragement, après avoir prêté l'oreille à la révélation des motifs qui l'avaient ainsi poussé à ce coup de tête si plein de témérité.

Ce jeune homme, à peine nubile, mais poussé d'un côté par l'ambition ; de l'autre, par son dévouement à la personne du Grand Vicaire qui avait été pendant longtemps l'ange-gardien de sa famille ; et gagné lui-même aussi par la terreur qui avait éparpillé celle-ci tout d'un souffle, s'était ainsi lancé à corps perdu sur les traces du dignitaire ecclésiastique qui était l'objet de son culte et de sa vénération.

Ce jeune homme, dis-je, qui avait le modeste nom d'Alexis Barthe, et qui avait, au vu et su de l'abbé, fait des études assez suivies de marine et d'hydrographie, et était plein d'aspirations pour les aventures, avait évoqué dans l'âme de l'abbé Desjardins comme une soudaine explosion d'intérêt, le réconciliant avec la nouvelle situation qui lui était ainsi faite par le protectorat improvisé de cet aspirant de marine en herbe qui lui tombait ainsi sur les bras. Après avoir pesé toutes ces considérations, l'Abbé le présenta au capitaine, lui insinuant que les connaissances spéciales de ce nouveau venu pourraient peut-être le mettre à même de l'utiliser de façon à couvrir au moins ses frais de passage. Une objection grave, c'est que le commandant ne comprenait guère le français, et que le marin improvisé ne savait pas un monosyllabe d'anglais.

Mais la marche de la providence ne se trouble pas de si peu.

Le capitaine lui mit l'octan avec un planisphère dans les mains, et se mit en quête d'un interprète entre eux parmi les passagers, ce qui se présenta comme tout à point. Un armateur d'Amérique, faisant le commerce avec Port-au-Prince, du nom, je crois, de Carbonnel de Beaumanoir, accueillit le jeune homme avec bonté, causa familièrement avec lui, et édifié sur ses aptitudes, lui fit entrevoir des horisons dans la carrière à laquelle il rêvait, le chargea de quelques petits travaux hydrographiques, pour tuer le temps durant la traversée, et enfin parla de lui avec intérêt au capitaine qui, de suite, le mit à sa table et promit à l'Abbé Desjardins de le seconder dans tout ce qu'il pourrait faire pour son avancement.

Ce dernier, enchanté de la tournure que venaient de prendre les choses, poussa de son mieux à la roue de fortune qui semblait le seconder si bien jusque-là, et donna à son protégé, avec de bons conseils de conduite pour l'avenir, les leçons d'expérience de la vie qui lui manquaient, en le rassurant sur l'avenir qui l'attendait dans les *colonies encore françaises* où il allait mettre le pied. Tout le temps de la traversée fut employé ainsi à lui faire un plan de vie qui devait le mener au succès.

Et pendant tout le voyage qui avait duré tout au plus de quarante jours, d'un port à l'autre, l'abbé Desjardins n'avait cessé de cultiver cette bouture qu'il allait transplanter si inopinément en Amérique. Le jeune Barthe continua de frayer pendant tout le voyage avec le capitaine, l'armateur et l'abbé Desjardins qui, tous trois, semblaient s'intéresser vivement à lui. En arrivant à Annapolis, où l'abbé n'eut que l'instant de mettre le pied, il glissa avec quelques pièces de monnaie dans la main d'Alexis une chaude lettre de recommandation, revêtue de son sceau spécial, à l'adresse d'aucun de ses confrères du sacerdoce avec lesquels celui-ci pourrait venir en contact ; puis il l'embrassa et le bénit, en lui recommandant de ne jamais perdre de vue les sages leçons qu'il avait reçues dans sa famille ; puis le navire recontinua sa route vers le Canada intérieur, laissant Alexis à ses seules pensées, isolé et solitaire dans cette contrée où l'accent normand se faisait cependant encore un peu entendre. Après avoir communiqué sa lettre de l'abbé au premier missionnaire venu qui se trouva sur sa route, ce dernier lui proposa d'ouvrir une école sur la place où est située aujourd'hui la ville de Dalhousie, N. B., que les habitants du lieu appelaient alors vulgairement *la Rivière à l'Anguille*. Mais il voulut auparavant parcourir quelque peu le pays pour se former un plan d'action qui avait toujours pour premier objectif le commerce par navigation avec les Antilles, et ce fut dans cette pensée qu'il dirigea tous ses calculs.

Parmi ses connaissances d'aventure, un sieur Robichaud qui jouissait alors d'une certaine influence dans le pays, se prit d'un certain intérêt pour lui, le promena par toute la contrée, en le faisant profiter de toutes ses suggestions, en vue d'un établissement quelconque au milieu de ces nouveaux compatriotes que les circonstances mettaient ainsi à sa portée. Ce fut dans cette famille des Robichaud que le jeune homme fit, un peu plus tard, connaissance de Mademoiselle le Poisset qui devint assez peu de temps après l'épouse d'Alexis Barthe, et que j'eus ainsi dans leurs personnes, les deux souches de ma famille au Canada. Ce ménage amena avec le temps trois enfants, deux garçons et une fille, dont mon père fut l'aîné, et qui apprit du sien ses premières notions de marine qui, plus tard, en firent un navigateur régulier. Malheureusement, pour eux tous, mon grand'père Barthe mourut assez prématurément d'une maladie de poitrine qui ne lui donna guère le temps de faire autre chose que de laisser au cadet de ses fils, Augustin, un petit domaine à cultiver, et à Joseph, mon père, tout ce qu'il lui fallait de connaissances, au moins les plus nécessaires, pour devenir un marin capable de se tirer d'affaire dans les parages du Golfe St. Laurent, et même dans toute l'étendue du domaine maritime de l'Amérique. Voilà en deux mots l'histoire assez modeste de ses débuts et qui donne la clef de l'existence qu'il mena depuis lors dans cette Baie des Chaleurs, théâtre de ses succès et de ses revers.

Pendant les sept années qu'il passa à Québec, le Grand Vicaire Desjardins ne perdit jamais mon grand'père Barthe complétement de vue, si bien que lorsque son frère, Louis Joseph, lui succéda au Canada, où il était venu le rejoindre, en 1794 ce dernier s'enquit vivement de lui et de tout ce qui lui tenait de près ou de loin, et que quand mon père commença ses voyages entre Halifax et Québec, tout jeune encore, le survivant des deux Desjardins l'appelait à lui pour le faire bénéficier de ses conseils et de ses relations sociales alors déjà très étendues.

Ce dernier venait quelquefois, accompagné de l'abbé Dolé, au Séminaire de Nicolet, passer une huitaine avec nous, et c'était fête alors parmi nous, au collège. Le père Dolé, l'auteur de la plupart de nos cantiques populaires, et qui avait une voix délicieuse, nous régalait de ses accents, pendant que l'abbé Desjardins, autour duquel nous faisions cercle serré, nous racontait les grandes scènes de la Révolution française, par laquelle il avait passé, et avec un talent de conteur hors ligne, qui nous grisait littéralement nous autres qui étions tout oreille et le dévorions des yeux ! Une fois qu'il nous faisait précisément la relation de la fuite de son frère, dont il est question ci-dessus, et que j'avais peine à me contenir, j'éclatai tout à coup en sanglots devant lui. Il s'interrompit un instant, s'informa auprès du Directeur qui j'étais, et en entendant prononcer mon nom, et se rappelant la circonstance qui concernait mon grand' père Barthe qu'il tenait du Grand Vicaire son frère, sans doute, il me prit dans ses bras (j'avais à peine 10 ans alors) me calma de son mieux, et me donna rendez-vous à sa chambre pour le lendemain matin après sa messe, où il me fit cadeau d'un Paroissien romain avec son nom signé de lui en toutes lettres, comme memento de son intérêt tout particulier pour moi. Ce livre sacré pour moi, je le gardai jusqu'à la fin de mes études et l'emportai à la Baie des Chaleurs, pour le laisser en souvenir à ma bonne grand'mère qui le reçut avec transport.

Tous ces faits, insignifiants pour d'autres, ont pour moi un prix et un charme ineffables qui me font tressaillir encore chaque fois qu'ils me sautent à l'imagination pour venir me frapper au cœur. Qu'est-ce donc que l'existence, après tout, si ce n'est la succession de ces vives sensations de la vie, s'enchevêtrant pour ainsi dire les unes dans les autres, pour en former une chaîne dont les mailles sont d'or et les deux extrémités de fer : ou plutôt une source inépuisable d'épreuves dont la mémoire est le véhicule et le cœur le réservoir?

Quoiqu'il en soit, je prie mon indulgent lecteur de me passer mes chères puérilités, puisqu'elles sont, pour ainsi parler, le fond, l'âme de ce grand rêve de ma vie, et sans lesquelles, étant toute dépoétisée, elle serait pour moi un problême insoluble, et dont je n'oserais pas chercher le dernier mot.

Nous allons maintenant reprendre notre course dans le haut du Golfe vers Québec, notre point de destination, où il me tardait de toucher désormais, et le plutôt possible, à cette heure avancée de la saison, à laquelle la rentrée dans les classes se faisait dans toutes les institutions d'enseignement classique par tout le pays : car il me restait à moi à terminer mon dernier cours de philosophie pour compléter mes études interrompues par la fermeture prématurée de la précédente année par suite du choléra, ce terrible fléau qui avait décimé nos populations des villes et entamé jusqu'à celles de nos campagnes jusqu'alors réputées si salubres.

Je brisai donc à nouveau avec cette Baie des Chaleurs, où je laissais tant de liens chers à mon cœur, et tant de souvenirs intimes qui me roulaient dans la tête comme un monde, pour ne songer qu'à poursuivre ma carrière sous les auspices de ceux avec lesquels je l'avais commencée. Je me recueillis en moi-même et me résignai à tout ce que la Providence voudrait de moi, bien qu'il m'en coûtât fort de rompre ainsi avec tout ce que je quittais derrière moi, sans même entrevoir si jamais je serais à même de refouler le sol natal de mes pas et d'y retrouver tout ce que j'y laissais de cher à mes affections naturelles.

Mais j'ai promis qu'en remontant le Golfe, je toucherais quelque peu aux améliorations dont le besoin s'y faisait tant sentir et pour lesquelles le commandant Fortin de la *Canadienne* s'était intelligemment dévoué dans la mission dont il avait été chargé en en prenant le commandement. Une chose frappante aussi pour l'observateur sérieux est la stupide indifférence qu'avait mise le gouvernement à améliorer cette voie de toute importance pour le progrès du commerce et des relations de toutes sortes avec ces populations éparses çà et là, qui y languissaient dans l'isolement; sans compter les malheurs qui en résultaient pour la grande navigation d'outre-mer qui y voyait décimer ses vaisseaux et compromettre le sort de sa marine commerciale par la multiplicité des dangers de toute sorte qui l'entouraient.

Mais il faudrait, pour ainsi dire, une œuvre toute spéciale pour faire ressortir tous les besoins de la situation et ce qui a pu être accompli par suite de l'initiative du commandant de la *Canadienne* à cet égard. Il résulte de documents que j'ai sous les yeux que c'est beaucoup par son action que les choses ont pu changer de face pendant le cours de son administration de la *Canadienne* depuis lors dans le Golfe, et n'était l'exiguité de mon cadre pour y faire entrer tant de choses si dignes d'intérêt sous ce rapport, je ne laisserais pas échapper la circonstance pour m'appesantir un peu sur les efforts si efficacement faits par lui, et dont les résultats sont si hautement et si légitimement appréciés aujourd'hui.

Mais il faudra bien me contenter, du moins pour ce premier volume de mes *Souvenirs*, d'extraire de la lettre officielle du commandant de la *Canadienne* du 28 novembre 1881, ce qui jette déjà quelque jour sur le système d'améliorations suggérées par lui et qui a donné l'élan au progrès qui s'est développé depuis lors, en mettant notre système de pêcheries dans la condition de prospérité où il se trouve aujourd'hui.

Le commandant Fortin a éveillé l'attention de la France, dans le temps, en se mettant en rapport avec des hommes de la spécialité et qui faisaient autorité sur la matière, et a su, par là, jeter un nouveau reflet d'intérêt sur les immenses ressources de son ancienne colonie.

Je n'ai juste que l'espace de citer l'extrait suivant de la lettre officielle dont il est ci-dessus question et que voici :

LE SYSTÈME DU GOLFE.

(No. 19591.)

" OTTAWA, 28 novembre 1881.

" MONSIEUR,—Dans la première semaine du mois de mai 1875, six grands steamers, portant au-delà de mille personnes, outre de riches cargaisons, étaient considérablement retardés, quelques-uns d'entre eux de plusieurs semaines, dans leur course à travers le golfe Saint-Laurent. C'était l'avant-garde de la flotte des steamers, venant d'Europe, qui visitent tous les ans nos ports de Québec et de Montréal.

" Grande anxiété partout, en Canada, aux Etats-Unis, en Europe, comme on le pense bien. Et aucune voie de communication quelconque avec les côtes ou les îles près desquelles ces vaisseaux pouvaient se trouver. Avaient-ils été jetés à la côte par les glaces? Ou bien étaient-ils simplement retenus par une barrière infranchissable de glaces, à l'entrée du golfe? Nul ne le savait; nul ne pouvait le savoir!

" L'idée d'un système de télégraphe sur les côtes et les îles du golfe fut lancée dans le public, à la suite de la commotion produite dans les cercles maritimes par la crainte de la perte de ces vaisseaux. Je dois ajouter que l'on acquit alors la conviction qu'il manquait un auxiliaire puissant à la navigation du Saint-Laurent. La presse accueillit cette idée avec faveur, et l'on peut dire que les armateurs et les marins l'appuyèrent de toutes leurs forces, car ils y virent un nouveau moyen de développer la navigation de cette magnifique voie d'eau.

„ En 1876, un comité de la Chambre des Communes, après avoir étudié le système de télégraphe recommandé, ses avantages et son coût probables, fit un rapport tout à fait favorable à son établissement.

„ Bientôt le gouvernement prit l'affaire en mains, car l'opinion publique le lui demandait, et en 1879, il fut voté par le parlement une somme de $35,000, dont $20,000 pour une ligne de télégraphe côtie. entre Halifax et Canso ; quant aux $15,000 restant de cette somme, elle devait constituer une subvention annuelle et perpétuelle offerte aux capitalistes pour engager quelques-uns d'entre eux à ériger et à faire fonctionner les systèmes télégraphiques des îles de la Madeleine et de l'île d'Anticosti.

" Mais l'essai ne réussit pas, parce que l'entreprise paraissait aventureuse, bien qu'elle ne le fût pas en réalité.

" L'année suivante, 1880, $10,000 de la subvention de 15,000 furent capitalisées à 5 pour cent, ce qui donna ($200,000) deux cent mille piastres, et une fois cette somme votée par le parlement, le département des travaux publics se mit sérieusement à l'œuvre. Un service spécial fut organisé dans ce département, appelé le service des télégraphes et des signaux, et on en confia la charge à M. F. N. Gisborne, dont les connaissances et l'habileté pour tout ce qui regarde les télégraphes, soit de terre, soit de mer, sont bien connus.

" Je suis revenu sur ces faits, dans ma lettre, afin de faire voir que ce n'est qu'au bout de cinq ans de travail et d'étude que l'idée des télégraphes côtiers pour venir en aide à la navigation dans le fleuve et le golfe Saint-Laurent put être mise à exécution.

" Depuis, les travaux de construction des lignes de terre, ainsi que les opérations de l'immersion des câbles électriques, ont marché avec assez de rapidité. Ces travaux ont été bien exécutés, et avec économie ; les matériaux employés sont tous de première qualité, et enfin les systèmes des îles de la Madeleine et de l'île d'Anticosti, estimés à ($200,000) deux cent mille piastres, n'ont coûté en réalité que ($180,000) cent quatre-vingt mille piastres. Et avec la balance l'on a érigé des lignes télégraphiques côtières fort utiles dans la Nouvelle-Ecosse et le Nouveau-Brunswick, entre autres, le système télégraphique de l'île du Grand Manan.

" Je donne plus bas un état que je dois à l'obligeance de M. Gisborne, indiquant les systèmes et le nombre de milles de télégraphes sur terre en opération, ainsi que le nombre de milles de câbles électriques immergés."

(Signé.) P. Fortin.

Le voyage vers Québec fut monotone et long, et le mal de mer eut beau jeu auprès de ceux qui n'avaient pas le pied marin, ou qui n'étaient pas suffisamment aguerris contre ses attaques ; mais il s'accomplit au moins sans accident notable. Et quand nous entrâmes dans la rade de Québec, déjà tard en octobre, le sol était déjà blanc de neige.

CHAPITRE XI.

SOMMAIRE.

Retour à Québec.—Le Parlement.—Son démolissement.—Calcul machiavélique des intrigants du temps.—Etienne Parent.—A. N. Morin.—Le *Canadien* ancien et nouveau.—La petite famille.—La bande montréalaise.—Austin Cuvillier et le gouverneur de Gaspé.—L'*Ami du Peuple*.—Guerre au *Canadien*.—La *Gazette* de Québec.—John Neilson.—Le Dr. Painchaud.—Les conférences d'Etienne Parent. —La *Gazette* de France, et M. de Lourdoueix.—Le Duc de la Rochefoucault — Doudeauville.—La Société Orientale.—Mde de Grandfort.—Assistance à sa conférence sur l'Amérique et le Canada.—Gérin-Lajoie et Sulte.—Départ du premier pour les Etats-Unis.—L'*Aurore des Canadas*.—Procès politiques.— Détresse extrême de Gérin.—Robillard.—Entrevue avec Gérin.—Beau trait du juge Drummond.—Continuation et fin de la carrière d'Etienne Parent.

Je revoyais donc Québec, avec un certain transport après les sept mois d'absence écoulée dans le pays de mon berceau ; et l'œil fixé sur notre Palais Législatif, qui dominait la scène de toute la hauteur du promontoire qui lui servait d'assise, il évoquait en moi un sentiment de légitime orgueil, autant qu'il flattait mon sens artistique, en ce que, d'un côté, je le regardais comme notre palladium national et que, de l'autre, il était le produit et l'honneur de notre architecture indigène : avec ses proportions à la fois élégantes et solides, il me faisait l'effet d'être le représentant monumental de la race dont il abritait les droits et les destinées.

Une des dernières profanations de notre administration locale a donc été la démolition de cet édifice national qui donnait le cachet à notre représentation, en même temps qu'il était devenu l'ornement de la vieille Cité de Champlain.

On avait petit-à-petit défiguré notre château St-Louis, et une influence latente restait à l'œuvre pour faire disparaître, l'une après l'autre, sous couleur d'améliorations locales, tout ce qui fixait la réminiscence de nos œuvres de fondation, tout, jusqu'aux portes de ville, qui offusquaient le rayon visuel de nos loyaux sujets de fraîche date.

Un homme politique de néant qui s'était fait l'instrument de la politique d'asservissement de l'époque, en quête de popularité, crut devoir se prêter à l'accomplissement des vues de ceux qui se faisaient ainsi une étude d'effacer en détail les traits caractéristiques de notre physionomie autonome.

Les électeurs du quartier Champlain demandaient un marché : c'était, croyait-on, une heureuse occasion pour démolir l'Hôtel du Parlement sous prétexte qu'il nécessitait des réparations, et, sous couleur d'économie, comme on voulait le raser, on le rasa. Mais chaque canadien, digne de ce nom, ressentit le contre-coup du marteau démolisseur, et de ses décombres est sorti le marché qui fait aujourd'hui le luxe du Cul de Sac, à Québec, pendant que la législature fut enfermée dans cette disgracieuse enceinte, construction de brique jaune, qu'on aurait prise volontiers pour une manufacture de savon, ou pour quelque chose de plus trivial encore.

Et voilà où nous ont amené les intrigants petits roitelets qui ont à tour de rôle manipulé nos intérêts de patrie et de famille canadienne, en se faisant un piédestal de nos ruines, sans plus de souci de notre avenir que si telle chose ne pouvait pas être. Et voilà ! dis-je.

Je n'eus pas plutôt mis pied à terre dans Québec que, suivant l'avis de mon père, à mon départ, je me mis en quête d'un de ses plus anciens et meilleurs amis, M. Vital Têtu, qui habitait alors sur le Cap une espèce de pavillon double dont le populaire rédacteur du *Canadien* d'alors occupait l'autre partie. J'ai nommé Etienne Parent qui, avec son *alterego*, Auguste Norbert Morin, étaient les inséparables, les deux jumeaux Siamois, de la politique libérale, le dernier occupant à la *Minerve*, à Montréal le rang que le premier avait au *Canadien*, à Québec, dont ils étaient les directeurs respectifs. M. Têtu avec sa bienveillance ordinaire s'empressa de me présenter à son ami et voisin de gauche avec force appel à ses plus chaudes sympathies. De ce moment les deux portes voisines l'une de l'autre me furent ouvertes à deux battants. Et c'est là que j'ai commencé à connaître cette génération de

Spartiates que je voudrais faire poser devant le pays, et dont j'ai appris à connaître et à honorer les principes qui sont restés le refuge de notre race dans les jours d'affliction de la patrie, comme ils sont restés l'orgueil et l'honneur des héritiers de cette génération-là même.

Quand je voudrai chercher un type de patriote comme ce que l'on entendait par ce mot, dans ma jeunesse, je n'aurai pas besoin, pour le trouver, d'aller frapper à d'autres portes qu'à celles d'Etienne Parent et de Vital Têtu, un autre patriarche de l'école libérale aussi modeste que digne et ferme dans ses principes.

Ce fut ce dernier qui fut chargé par la chambre d'assemblée, au nom du pays, d'aller porter en Angleterre la pétition des 87,000 citoyens contre l'Union.

Mais celui dont je vais entreprendre d'esquisser la carrière à grands traits, Etienne Parent, était l'image vivante de sa nationalité par dessus tout ; nature franche et généreuse, surabondante de sève, prodigue de soi-même, et doué d'une de ces intelligences d'élite comme la Providence sait en susciter parfois pour les besoins de circonstance, et à qui on n'en a pas connu de supérieure parmi nous, du moins dans cette génération là, ni depuis lors, ma foi !

Il avait une telle désinvolture de manières avec un langage si primitif pour un classique de son espèce, qu'un de ses plus grands appréciateurs, l'honorable D. B. Viger, l'avait surnommé le " *Sauvage de la Civilisation.*" Il était toujours émerveillé de la portée de son intelligence et de son intuition primesautière, comme il admirait surtout l'indépendance consciencieuse de son caractère et le désintéressement de ses opinions. C'était bien là l'instrument qui convenait à la direction de la presse libérale dont il fut le fondateur réel en ce pays.

En effet, l'ancien *Canadien* de Lefrançois, qui nous avait ouvert la voie à travers les ronces et les épines du temps, avec le concours des Bédard, aîné, des Taschereau et des Blanchet, ayant subi la décollation comme Jean Baptiste, notre patron, avait bien été à la vérité, un précurseur dont la mémoire doit nous rester chère ; mais la gloire revient à Etienne

Parent de l'avoir élevé sur le piédestal où il le garda pendant un quart de siècle et plus. Il était dans le journalisme ce que Papineau était à la tribune parlementaire, c'est-à-dire sinon aussi véhément dans la forme du moins aussi ardent dans la lutte et aussi fort dans la logique constitutionnelle ; avec, bien entendu, les éléments essentiels aux deux ordres de tactique de résistance pour pouvoir soutenir ici les termes de la comparaison. Ils complétaient à eux deux l'avant-garde du boulevard de nos droits, l'un en tenant ferme le drapeau sur lequel il avait inscrit au frontispice de sa feuille patriotique : Nos Institutions, notre Langue et nos Lois ; l'autre, en foudroyant de sa parole incisive et de sa logique inexorable les fauteurs des abus chaque fois qu'ils osaient dresser leur tête hideuse devant le pays outragé.

Sa maison était alors le rendez-vous des plus éminents d'entre les jeunes patriotes du temps, des Elzéar et Isidore Bédard, des Huot, des Caron, des Morin, des Lagueux, des Dubord, etc., qui finirent par amener une certaine dissidence avec la phalange plus accentuée de Montréal, qui appelait ceux de Québec *la petite famille*, par forme d'une innocente plaisanterie, mais qui au fond s'était combinée pour museler quelque peu la cohorte plus avancée de Montréal, dont les Lafontaine, les Vallée, les Rodier, les Côte, les Girouard, les Labrie, les O'Callaghan, les Dewitt, les Scott, les Dr. Valois, les Perrault, les Leslie, les deux Nelson, les Cherrier et les Kimber, étaient les membres les plus avancés d'alors, ayant en tête les deux vétérans Viger et Papineau.

Parent aiguillonnait l'ardeur ou modérait la fougue des siens suivant les besoins de circonstance avec une grande habileté de tactique, secondé en cela par l'honorable John Neilson qui était à lui seul une puissance avec laquelle on était tenu de compter alors, en ce qu'elle emportait dans son orbite, tout protestant qu'il était, la puissance cléricale toute entière que sa savante tactique séduisait. On l'appelait alors le sage du Carouge où il avait sa retraite après les heures d'affaires. La *Gazette de Québec* et le *Canadien* étaient comme des frères jumeaux et faisaient à eux deux une fort belle résistance au torysme débordant.

Au physique, Etienne Parent n'avait de très remarquable que son œil splendide qui faisait presque oublier celui de l'évêque Plessis dont l'influence magnétique imposait jusqu'aux grands de l'état. Du reste, il ne cherchait pas par les voies du charlatanisme à se faire sa place que le *Canadien* lui avait trouvée toute faite dès son entrée au Parlement. Même après l'Union, il se faisait écouter avec une attention soutenue à cause de la netteté de ses idées, de la lucidité de sa logique et de l'éclatante franchise de ses sentiments, malgré un certain embarras d'articulation dans la voix qui ne laissait guère place à l'éloquence des formes. Mais sa haute raison, sa fidélité de conduite, sa puissance d'analyse en faisaient un homme parlementaire précieux, surtout dans les débats sur les matières d'économie politique où il n'avait pas de supérieur parmi les siens, pas même M. Austin Cuvillier qui avait exercé la royauté à cet égard dans le parlement bas-canadien. C'est ce dernier qui, dans un éclat de fou rire qui avait gagné toute la chambre, avait fait rayer de la liste civile le traitement du gouverneur de Gaspé, un mythe, à la faveur duquel les adroits du temps se faisaient sans doute, une secrète bonne bouche de cette friande aubaine.

Mais ce qui posait par-dessus tout Etienne Parent au milieu des siens comme une tour d'airain, c'était son *Canadien* qui régnait dans notre atmosphère politique comme un drapeau respecté même de nos adversaires, pour ne pas dire de nos ennemis. Il ne savait ce que c'était que l'injure dans la polémique quoiqu'il y fut invincible, au moins tant qu'il fut celui qui donnait le ton au journalisme de l'époque. Sa force d'intelligence y répugnait, et il avait un jour répondu provisoirement à l'*Ami du Peuple* qui s'était adressé à lui en style de carrefour, qu'il ajournait la réponse à celui-ci jusqu'à ce que la rédaction eut fait la découverte d'une plume capable d'exprimer en langage honnête le plaidoyer de ruelle qui suintait l'odeur des égoûts pour laquelle son sens olfactif n'était pas fait. C'en fut assez, le folliculaire de Montréal rentra sous terre, et les propriétaires putatifs de la feuille en question s'empressèrent de désavouer le polémiste sans vergogne qui avait cru avoir si bon marché de lui avec les ordures de bas étage qu'il s'était permis de lui lancer. Et cependant personne n'avait eu jusque-là de luttes plus intenses que lui avec ses adversaires de la presse échevelée du temps ; jusqu'à ce que enfin, après sa sortie de prison, où de nouvelles mains qui n'avaient appris à pétrir rien autre chose que de la boue, par un ignoble calcul de rivalité, entreprirent de miner l'influence du libéral éprouvé. On suscita une louche et ordurière opposition au *Canadien* qui entraîna, comme malgré lui, celui-ci à une résistance en champ clos et sur un terrain où il n'avait pas encore mis le pied jusque-là, et on eut le regret de voir pendant des mois le vieux champion forcé de descendre dans une arène qui devint un cloaque creusé par la nouvelle école pour l'y exposer à la déconsidération. Si ce ne fut pas une chute pour lui, ce fut au moins un malheur pour le vrai parti libéral et le pays qui, depuis lors, ont plus ou moins fait de soubresauts compromettants dans leur agitation, sans retrouver leur assiette solide et leur équilibre aux yeux des doctrinaires de l'ancienne école.

Il n'y eut pas jusqu'à M. Neilson avec qui il lui fallut rompre des lances après la dissidence de ce dernier, avec ses anciens alliés de Montréal, mais plutôt sur des points de tactique et de stratégie parlementaire que sur des questions sévères de principe et de constitution. Aussi cette déchirure entre le Nestor de la *Gazette* et l'*Achille* du *Canadien,* elle les avait si peu écartés l'un de l'autre de la voie libérale, qu'à Kingston, après l'Union, ce fut à qui des deux réclamerait le plus haut justice pour le parti du mouvement et le défendrait le plus énergiquement en face de la coalition haut-canadienne qui, sur ce terrain, ne faisait presque un contre nous.

Etienne Parent avait exercé son ministère de journaliste comme un sacerdoce. Aussi avait-il le respect de ses adversaires les plus irréconciliables. S'il a eu à se plaindre, ce fut d'avoir été si longtemps négligé de ceux qui avaient profité si largement de ses travaux, si grandement bénéficié surtout de ses luttes énergiques autant que désintéressées, en labourant si héroïquement le terrain de la carrière libérale et constitutionnelle, sans rougir de la détresse dont il avait eu à souffrir dans le début, et dont il ne triompha que par une persévérance ardue, incessante, et qui n'a été que bien tard et bien faiblement reconnue : et c'est ainsi que les partis souvent font rejaillir leur ingratitude jusque sur la patrie elle-même !

Cet esprit philosophique, nourri de fortes études, dans le silence du cabinet, je pourrais dire, ce génie tourmenté par sa propre force d'expansion, ce fut lui, je crois, un des premiers, qui donna le ton, sinon l'exemple de ces conférences littéraires qui eurent tant de succès et aussi tant d'imitateurs parmi les jeunes esprits cultivés de l'époque.

Le Dr. Painchaud avait commencé à les populariser, mais ce fut Etienne Parent qui les mit surtout en honneur ; et on vit, après lui, toute une pépinière de talents variés marcher comme à l'envie sur ses brisées et dont plusieurs remportèrent les suffrages du maître par-dessus ceux du public : car pour lui son orgueil était avant tout celui de son pays. Des dignitaires même ne crurent pas descendre en emboîtant le pas derrière lui, et, à son instar, nos hommes d'étude et de cabinet rivalisèrent de zèle à monter à la tribune.

Lié, quelques années après, avec M. de Lourdoueix, qui avait succédé à l'abbé de Genoude à la rédaction de la *Gazette de France*, et voulant enflammer encore l'intérêt ardent qu'il portait à notre pays, je lui faisais part des efforts que nous faisions, de ce côté de la mer, pour que la mère France n'eut pas trop à rougir des orphelins qu'elle avait laissés là-bas. Je lui communiquai les quelques échantillons que j'avais alors de notre littérature canadienne, et parmi ceux-ci quelques-uns étaient le produit de notre aigle canadien dont je connaissais si bien l'envergure. Je n'ai pas besoin d'ajouter si M. de Lourdoueix s'empressa de leur faire l'honneur de la reproduction dans la *Gazette de France*, et avec un commentaire élogieux de sa façon, comme savait les faire cette intelligence élevée chez qui j'avais réussi à réveiller tout son intérêt pour la *France transatlantique,* comme il appela depuis le Canada. —" Avez-vous beaucoup d'esprits de cette " force-là, me dit-il, en me remettant mes " journaux canadiens, car alors, ajouta-t-il, je " ne serais plus si étonné de l'industrie qu'a " mise votre marâtre à vous étouffer dans le " silence." Et il comprima un soupir en me jetant un regard significatif dont je mesurai toute la portée.

Cela me valut la connaissance du duc de la Rochefoucault-Doudeauville, alors le chef de la maison de ce nom, à qui M. de Lourdoueix avait eu la permission de me présenter, et qui me chargea de lui amener tous ceux de mes compatriotes qui pouvaient se trouver à Paris pour assister à une conférence de madame de Grandfort sur l'Amérique, et le Canada spécialement, qui se faisait dans une aîle de son vaste hôtel du faubourg St. Germain, qu'il nommait la salle de la Société Orientale, savante compagnie dont il était le patron et, je crois, le fondateur. Madame de Grandfort était là même que celle qui, sur son passage au Canada, retour de la Nouvelle-Orléans, nous avait donné quelques-unes de ses intéressantes conférences sur l'Amérique. Parmi les canadiens, alors à Paris, je ne trouvai, pour m'y accompagner, que M. Martial Leprohon, père du consul de France à Portland, sa fille, un Dr. Gauvreau, faisant alors ses études médicales à Paris, et le Dr. Landry dont il a été question déjà dans ces *Mémoires*, auquel la duchesse de la Rochefoucauld prodigua toutes les attentions possibles, ainsi que madame de Grandfort elle-même, une familière de l'illustre maison, ravie d'avoir ainsi l'occasion de nous y faire si bienvenir à titre de canadiens. Quand à mon retour au Canada, je pus raconter à M. Parent ce qu'il nous avait valu là-bas, il en attribua tout l'honneur à madame de Grandfort que j'avais beaucoup connue à son passage au Canada, fort flatté tout de même d'avoir été l'occasion de nous ouvrir les portes de la Salle Orientale et glorieux surtout de savoir en quelle estime on nous tenait déjà en France dès ce temps-là.

Ce qui fait d'Etienne Parent une figure historique toute spéciale, c'est d'avoir été le chef et le centre d'un groupe de famille intellectuel des plus remarquables de son pays. Et puisque j'ai déjà commencé à faire connaître à mes lecteurs Gérin-Lajoie qui, avec Gélinas et Benjamin Sulte, formait un foyer littéraire qui laissera sa marque dans l'histoire de notre littérature nationale, et sa trace dans notre ère propre ; qu'on me permette d'anticiper encore une fois, quelque peu prématurément, peut-être, à ne considérer que l'ordre chronologique des dates, pour achever de mettre en lumière un de ces talents, que sa modestie encore plus que le destin, a tenu non pas précisément sous le boisseau, mais dans l'ombre d'un crépuscule que la providence elle aussi semble s'être plue à prolonger jusqu'au moment même de sa fin prématurée : comme si elle eut favorisé ses instincts de désintéressement à cet égard.

Comme tous ceux que le feu sacré tourmente, à peine avait-il entamé ses vacances, ses études finies, qu'il se sentit tout-à-coup envahi du besoin d'aller courir le monde, à l'aventure, à la recherche d'une position sociale comme *Jérôme Paturot,* et mieux que ça, au légitime désir de donner suite aux sacrifices que les auteurs de ses jours s'étaient imposés pour compléter son cours d'études classiques, et se mettre en position de les seconder en les aidant à en faire autant à l'égard de ses cadets. Or, ils étaient dix-sept bien comptés sous le toit du père Gérin-Lajoie.

Notre héros sortait d'une de ces fortes et fécondes familles plébéiennes et patriarcales de la contrée comme notre sol en a tant produit pour l'honneur et le salut de notre race.

Son père, un *Agricola,* comme Tacite a peint ceux de son temps, représenta longtemps la circonscription électorale dont il faisait lui-même partie, et figura avantageusement en chambre par son sens exquis des affaires, sa dignité de tenue, sa discrétion de maintien et de participation active aux délibérations, et surtout par son inébranlable fidélité au devoir et à la cause de son pays.

Mais il avait une si lourde charge dans sa nombreuse famille que notre héros ne voulant pas peser plus longtemps sur lui, au préjudice de ses autres membres, prit tout-à-coup la résolution d'aller tenter la fortune pour son propre compte.

Je venais alors de succéder à la rédaction de l'*Aurore des Canadas* à ce brave et dévoué Boucher-Belleville, tout frais sorti de prison, que l'inamovible M. D. B. Viger m'y avait fait connaître, à l'occasion de ma visite à la prison de Montréal, où se trouvait également le dévoué John McDonell de Belêtre, pour le procès duquel un ordre de témoignage m'avait fait venir de Trois-Rivières avec le député d'alors, M. Jean Défossés.

C'était aussi l'époque fixée pour celui du capitaine Jalbert, ce qui faisait du nôtre tout-à-fait un voyage à sensation.

M. Viger m'avait fait une telle obligation de ne pas laisser tomber l'*Aurore* que, malgré mon inexpérience dans la carrière, pressé par les sollicitations de Belleville, d'un côté, de ne pas laisser périr son œuvre, et, de l'autre, par M. Viger, de commencer à payer généreusement ma dette à la patrie, en méritant pour cela les faveurs de la providence, je crus devoir céder à leur double instance en entrant, faute de mieux, dans le fauteuil *éditorial*, moi qui ne faisais juste que d'évacuer ma cellule de la prison de Trois-Rivières, dont j'aurai bientôt à faire l'histoire en revenant sur mes pas.

En attendant, suivons un peu les pas de Gérin qui, sachant que j'étais ainsi installé à l'*Aurore des Canadas*, ne voulut pas franchir la place sans y venir timidement frapper à ma porte. Seulement avec sa timidité ordinaire il ne me révéla que la moitié de son projet d'avenir. Je devinai bien à ses allures qu'il n'emportait pas un trésor dans sa sacoche, je l'amenai dîner et nous ne nous quittâmes que pour nous retrouver bientôt.

En ne le voyant pas revenir, comme j'y avais compté, je fus m'enquérir de tout côté, jusqu'à ce qu'enfin j'appris que le courageux garçon était parti à pied, un bâton à la main et un sac de voyage sur le dos, en route pour New-York, avec juste assez de menue monnaie dans le gousset pour ne pas mourir de faim sur la route, en supposant que le voyage qui ne pouvait pas durer moins de dix jours, dans les meilleures conditions possibles, et sans autre encombre, ne se prolongeât pas au delà : et qu'en aboutissant à cet immense gouffre de New-York la providence se présentât tout droit à lui toute prête pour le servir à souhait.

Ignorance is bliss, dit l'adage anglais ; *Ignoti nulla cupido*, dit le proverbe latin. A la faveur de cette double maxime, pas toujours très sûre, Gérin dans sa douce ignorance de ce monde si froid, si cruel, au milieu duquel il allait se perdre, s'était lancé sans plus de souci que s'il suffisait d'avoir un bon cœur, une intelligence d'élite et un estomac d'écolier, encore frais émoulu du collège, pour faire son chemin en refoulant tous les obstacles devant soi.

Moi, je tremble rien qu'à songer à ce qu'il va advenir de ce sevré nicolétain de la veille !.... Mais non, je cesse de trembler quand je me reporte à un grand livre qui m'apprend qu'il y a encore des anges Raphaël pour tous les Tobies en pérégrination !...

Il n'en fut guère ainsi malheureusement, car chaque fois qu'en allant de par la ville, au milieu de cette foule affairée, emportée comme un torrent, et qu'il avait le malheur d'ouvrir la bouche pour débiter son anglais de collège, ses interlocuteurs, après l'avoir toisé des pieds à la tête, (et il n'y en avait pas bien long, car à peine le nouveau Jérôme Paturot avait-il cinq pieds de hauteur !) qu'ils l'écartaient comme un Ostrogoth ! Et que je dise, en passant, qu'à ce bienheureux temps-là, à Nicolet, celui qui nous enseignait l'anglais était un brave ecclésiastique irlandais qui apprenait, en retour, le français et qui était si glorieux de nous montrer ses progrès quand il nous disait avec emphase en allant au réfectoire, avec son index dirigé vers l'estomac : *Oh ! je suis bien faim !* pas trop, repartaient les espiègles qui l'écoutaient en s'ébaudissant de rire. Et lui d'insister en répétant : *Oh ! oui, je suis faim, bien faim !*

Le désespoir allait s'emparer du pauvre Gérin, (on se rappelle encore de sa chanson, *Un canadien errant*, sortie d'un déchirement de son âme,) quand de guerre lasse il eut la pensée de s'informer dans un estaminet portant une enseigne qui lui semblait quelque peu française, s'il n'y avait pas quelqu'un de son espèce dans ce Capharnaüm où il se croyait perdu. Bien lui en prit, ma foi ! car à peine avait-il posé la question qu'un individu fort pressé qui venait d'entrer derrière lui lui prêtant un instant l'oreille pour le questionner sur son aventure, lui donna rendez-vous pour le lendemain à heure et lieu fixes. Mais l'épuisement amené par la faim et la fatigue prolongées qu'il avait subies depuis plusieurs jours consécutifs, l'avaient tellement affaissé qu'il alla s'étendre à l'ombre du premier arbre qu'il avisa au bord de la route. Quand il s'éveilla la fièvre s'était emparée de lui à un tel point que son pauvre cerveau en ébullition n'y tenant plus, il s'enquit du premier hôpital venu et s'y dirigea du même pas. Heureusement pour lui qu'une main charitable l'accueillit avec la compassion qu'inspiraient sa condition, sa jeunesse et sa bonne et franche physionomie. Il y passa assez de temps pour se restaurer de façon à pouvoir se remettre en route, mais non pas sans avoir pris assez de connaissances locales cette fois pour pouvoir enfin mettre la main sur un compatriote au sortir même de l'hospice où il avait reçu un si charitable accueil, mais dont il prenait congé avec un certain dégré d'espoir d'émancipation et de salut : tant il est vrai que l'imprévoyante jeunesse ne se désillusionne presque jamais, même au milieu des plus critiques situations ! Or, cet espoir, heureusement pour lui, ne tarda pas à se réaliser. Il alla tout droit chez la personne qui lui avait donné ce rendez-vous dont il avait conservé la mémoire et se trouva en face de M. J. C. Robillard qui, à cette époque, était à la tête d'une maison de commerce florissante à New-York à qui il fit part de son commencement d'épopée, en sollicitant de lui, sous forme d'emprunt, de quoi se rapatrier, se recommandant auprès de lui de plusieurs noms connus qui avaient été ses condisciples de collège et dont plusieurs figuraient avantageusement devant le public. Sur ces représentations qui portaient l'empreinte de la plus naïve bonne foi, il réussit à obtenir dix dollars, somme qu'il jugeait suffisante pour le mettre en état de rentrer dans ses pénates ; et c'était huit jours après qu'il revenait frapper de nouveau à ma porte, presqu'en tremblant de ce qu'il appelait son indiscrète démarche que, dans sa détresse, disait-il, il avait eu la témérité de prendre ! J'eus peine à réprimer mon émotion en recevant de sa bouche l'histoire des terribles péripéties par lesquelles il venait de passer, et je le rassurai bientôt en lui donnant une bonne poignée de mains et le remerciai, pour ma part, de la bonne opinion qu'il avait gardé de nous, en lui remettant les dix dollars pour M. Robillard.

Rencontrant un ou deux jours après, notre condisciple Drummond, déjà en évidence sur la scène et avec des perspectives qui ne se démentirent pas après, je lui fis part de l'épisode Gérin, (car il portait beaucoup d'intérêt à ses contemporains de Nicolet ;) il en fut vivement touché et me pressa d'accepter la meilleure partie de la petite somme que j'avais mise dans la main de Gérin pour racheter sa promesse en désintéressant son providentiel créancier. Ainsi le mérite, si mérite il y avait, revenait tout entier à notre ami Drummond que je trouvai toujours disposé de la même façon chaque fois que l'occasion s'offrit à lui de venir ainsi au secours des écoliers de Nicolet, surtout ceux de sa classe, quand ma position de journaliste les faisaient d'abord venir à moi dans des circonstances analogues.

Plus tard Gérin étant devenu un des rédacteurs de la *Minerve* avec qui l'*Aurore des Canadas* était en guerre ouverte, les représailles arrivèrent à ce point de chaleur et de récrimination qu'elles finirent par amener un conflit personnel entre le propriétaire de la première et moi. Mais rendu à ce point, le pauvre Gérin n'y pouvant plus tenir, car les atrocités ne connaissaient plus de bornes à mon égard, et osant à peine me saluer au passage, vint me confesser en secret, que sa position lui était tellement intolérable qu'il avait résolu de la sacrifier plutôt que d'encourir à mes yeux ce qu'il aurait appelé une ingratitude sans nom s'il eut été vrai qu'il eut contribué d'un iota de sa plume à la fabrication des odieuses calomnies qui se publiaient ainsi à l'ombre de la rédaction dont il n'avait pas le contrôle et dont il était le souffre-douleur. Je le rassurai sur mes sentiments à son égard et le conjurai de n'en rien faire, attendu que je savais parfaitement à qui faire remonter la responsabilité des indignités dont il rougissait lui-même tout le premier. Mais j'eus bien du mal à combattre ses répugnances à subir cette position équivoque que les circonstances apparentes lui faisaient en dépit de tous ses désaveux. Nos relations continuèrent comme de plus belle, et plus de quinze ans après, le retrouvant à Ottawa, toujours le même modeste esprit, toujours le même noble cœur, faisant alors partie d'une autre famille que j'aimais à l'égal de la mienne, je coulai avec eux tous quelques-uns de ces jours heureux comme il ne nous est pas toujours donné d'en avoir à souhait.

Il m'est difficile de rompre avec ce sujet collectif qui a laissé une des traces les plus lumineuses que nous ayons eues dans notre ciel politique et littéraire ; car Etienne Parent, issu, lui aussi, comme son gendre Gérin, d'un brave agriculteur de Beauport, avait pour frère un prêtre qui aurait fait aussi sa marque s'il ne se fut pas contenté de paître tout humblement ses brebis de la Pointe-aux-Trembles dont il était adoré. Etenne Parent, dis-je, sans viser ni prétendre à l'éclat de la majesté dans sa personne, se contentait de déployer ses ailes, sentant bien qu'il avait le vol du génie.

Il fallait le contempler alors au haut de la tribune aux conférences, avec son grand œil noir baignant dans la lumière de l'inspiration, comme le cygne dans son onde, et jetant des reflets magiques et des traînées étincelantes après lui.

Il s'y laissait emporter avec bonheur quand il planait ainsi dans la carrière qu'il a enrichie de ses œuvres, qui est restée une partie intégrante de notre histoire contemporaine, comme lui-même est resté comme le reflet typique de sa génération et un des caractères les plus remarquables de son temps. C'est lui qui me disait un jour qu'il lui avait fallu copier de sa main un ouvrage venu d'Europe, trop pauvre pour pouvoir se le procurer alors, tant notre nouvelle métropole mettait d'industrie à nous sevrer de la France par ses exagérations de tarif douanier, qui allait jusqu'à la proscription effective, sur tout ce qui pouvait alimenter ou émanciper notre intelligence. Et malgré cela nous surnagions contre le courant et sommes arrivés, quoique un peu haletants peut-être, à tenir le pas avec ceux qui nous disputaient le terrain avec si peu de générosité. Grâce ! grâce ! *pour la race inféricure !*

Quelle autre époque a donc produit plus de caractères, d'intelligences et de dévouements que celle qui date de Dalhousie et se clôt à l'Union ? Combien nous reste-t-il aujourd'hui de Bourdages, de Borgia, de Bédard ? Combien comptons-nous de météores comme Vallières de St. Réal ? Combien de types à la Norbert Morin ? A Dieu ne plaise que je cherche à déprécier notre temps, à flétrir notre époque de course au clocher vers le pouvoir ; mais ces mâles vertus qui enfantaient les hommes incorruptibles qui nous ont rachetés même au prix du martyre sur l'échafaud, que sont-elles devenues devant cette politique de brigandage inaugurée par l'Union et qui a eu sa pleine floraison à la foire des consciences aux tanneries des Rolland ?

Quoiqu'il en soit, Etienne Parent a été un des derniers à conserver les anciennes traditions de notre code politique et de nos croyances libérales dont il n'a pas déserté la voie à l'instar de tant d'autres. La couleur politique de l'époque de l'Union a pu forcément se déteindre quelque peu sur lui dans la position subordonnée que les événements lui avaient faite, mais jamais on a pu mettre à sa charge un de ces actes de lâcheté qui suffisent à contaminer toute une vie de dévouement comme la sienne. Et il a laissé derrière lui une pléiade de jeunes hommes dans ses trois gendres, dont il fut le chef de file, et son fils, héritier de son nom, de son caractère et de son intelligence d'élite, de quoi faire l'orgueil et le perpétuel honneur de son pays. A la tête de la colonne militante qui est restée ferme au feu sans jamais broncher, il méritait bien que cette page coulée de la plume d'un ami de cœur, fut consacrée à cette sentinelle de la vieille garde, qui est morte sous le harnais après avoir été toute sa vie sur la brèche, avec un désintéressement qui n'a eu d'égal que la haute et vaste intelligence avec laquelle il a su labourer l'ingrate carrière du journalisme franco-canadien, dont il eut avec A. N. Morin, son frère de lait politique, le rude apostolat. Oui honneur à eux, ces hommes de foi, qui, pour ne pas perdre de vue l'étoile d'Orient, copiaient de leurs mains, dans le silence des nuits, les œuvres des maîtres pour se tenir au niveau de la France et trouver dans ses doctrines et ses hautes inspirations le secret de notre affranchissement et le salut de leur race ! Leurs nobles aspirations les ont exaltés au-dessus de nos misères publiques en les faisant surnager aux rudes épreuves que leur virilité et leur indépendance de caractère semaient sur leur route. Etienne Parent fut de ceux-là surtout et son exemple moralisa la jeunesse de son temps dont il remplissait sa maison qui était devenue la cour du roi Pétaud où tout le monde était maître excepté lui. Une fois qu'on avait franchi son seuil hospitalier, c'était un besoin pour tous les initiés à l'école du maître d'y conserver leur prise de possession, et chacun aussi se montrait-il jaloux de fréquenter le plus possible cette sorte de foyer cosmopolite, où les hommes de toute nuances d'opinions se frottaient les uns aux autres, à la faveur de cette hospitalité qui était le cachet particulier du maître de céans, sans en remporter autre chose qu'une profonde estime pour lui et de douces inclinations de rapprochement les uns pour les autres.

Que de préjugés, en apparence exclusifs, il a vu s'effacer devant cette hospitalité qui leur offrait un terrain neutre et qui a été le secret de cette popularité naïve qui lui en revenait, dont tout le calcul était tout simplement d'obéir à sa riche nature et à son patriotisme de franc aloi.

Tel est le sentiment qui m'est resté de lui et des siens ; et après mon retour de France, quand il me pressa de prendre la direction du *Canadien*, je ne crus pas pouvoir reculer devant ses instances, malgré les scrupules que me suscitaient les modifications que le *Journal de Québec*, à force de roueries, avait réussi à amener sur le vieux terrain déblayé par l'honorable John Neilson et lui, lesquels eurent tous les deux à en subir les conséquences de la part du nouvel athlète qui, dans sa triste carrière, a couru toute sa vie dans un cercle vicieux, dont il est menacé de ne sortir à l'heure qu'il est que par la ruine et l'écroulement de son frêle échafaudage d'ambition. Fatal retour des choses humaines, en apparence les mieux agencées, mais dont la bâse vermoulue ne saurait promettre ni amener d'autre résultat.

CHAPITRE XII.

SOMMAIRE.

Vital Têtu et Etienne Parent.—Le groupe de patriotes chez Parent.—Parlement et Cour d'Appel.—Vallières de St. Réal.—D. B. Viger et Plamondon.—Un coup d'œil d'intérieur en Cour d'Appel.—Napoléon et Pie VII.—Vallières révélé.—Mocquin et Bacquet.—James et Andrew Stuart.—Portrait historique de Parent.—Gérin-Lajoie continué.—Le *Canadien*, ancien et nouveau.—La petite famille.—Rivalité entre Québec et Montréal.—Départ de Québec pour Trois-Rivières.—La tempête et les ennuis et dangers du voyage. — Bloqué à Batiscan. — Réminiscences de voyage, Agassiz, etc.— Arrivée à Trois-Rivières.—Entrevue et délibération de famille et visite au directeur Leprohon, à Nicolet, et consultation.—Décision de l'auteur et retour à Trois-Rivières.—Le célèbre John Burroughs, secrétaire d'ambassade de Franklin aux Etats-Unis.—L'abbé de Calonne.—Le colonel Jean Défossés et l'auteur appelés à Montréal pour le procès de John McDonnell de Bilêtre.—Procès-Jalbert.—Weir du *Herald*.—Adam Thom de la *Gazette*.—Charles Mondelet et Walker, défenseurs du capitaine Jalbert.—Visite à la prison de Montréal.—Boucher-Belleville.—*Aurore des Canadas.*—Comparaison rétrospective des torys d'alors avec ceux d'aujourd'hui.—Liste des principaux chefs.—Les trois libéraux irlandais, Waller, Tracey et O'Callaghan.—Portraits historiques des trois.—Leurs luttes héroïques.—Waller, sir James Stuart et Dalhousie.—Lutte du docteur Tracey avec Papineau au quartier ouest.—Terrible affaire.—Les victimes du vingt et un mai.—Le colonel de la garnison et la magistrature sur la place.—Fusillade des citoyens électeurs.—T. S. Brown.—Le docteur O'Callaghan.—Le rôle de ce dernier à Albany.—Ma connaissance devenue intime avec lui après mon élection à Yamaska comme son successeur.—Son opinion de Waller.—Une anecdote touchante à ce sujet.—Le fils Waller.—Le culte de Papineau et Viger pour le père et le fils.—La cause de la venue ici des trois libéraux irlandais.—Faits palpitants d'intérêt à ce sujet, etc.

Le long épisode amené par l'apparition de M. Vallières au début de mon arrivée à Québec et de ma visite à l'audience, nous a forcément écartés de la relation étroite avec le sujet principal du récit courant, j'y reviendrai.

M. Parent, alors bibliothécaire de la chambre d'assemblée, m'y promena par tout le bel édifice, me faisant voir les trésors de notre splendide bibliothèque, fruit de tant de travaux et d'efforts de la part de plusieurs de nos bibliophiles que des sacrifices publics et privés de nos concitoyens et représentants eux-mêmes sous forme de votes législatifs. Et ce sont ces trésors si précieux pour nous que la lie de la faction tory, remuée par les mains du suisse Gugy et les instruments aveugles d'Adam Thom ou de ses successeurs à la *Gazette de Montréal,* livrèrent après aux flammes pendant une nuit néfaste et en pleine séance parlementaire. On sait que les tyrans de toute sorte sont toujours ennemis des lumières, et nos éteignoirs d'ici dansèrent sur nos ruines comme des furies en goguette faisant, par là, le jeu et accomplissant les fins et les calculs de ceux qui avaient juré notre anéantissement politique et social. C'étaient là les précurseurs des dynamitards de notre époque qu'on réprouve aujourd'hui si hautement, et pour cause, en Angleterre.

Dans l'après-midi du même jour, je visitai avec M. Têtu la cour d'appel où se plaidait ce fameux procès de Viger-Pothier qui dura près ou plus de trente ans, je ne sais plus lequel, et où l'étoile du barreau du temps, Joseph Remi

Vallières de St. Réal, occupait pour une des parties concernées. La chambre d'audience regorgeait de monde, et ce fut grâce aux relations intimes qu'avait M. Têtu dans le barreau, si je trouvai à m'y caser, et dans les meilleures conditions, pour voir et pour entendre ces célèbres débats judiciaires qui eurent tant de retentissement à cette époque.

M. Vallières était alors dans tout l'éclat, la puissance et la majesté de son talent, et avait à côté de lui le célèbre Plamondon, élève du fameux Mocquin, dont il perpétuait les traditions au barreau. C'était après une nuit de goguette passée avec les joyeux viveurs de ce temps-là, comme la plume de M. de Gaspé a su nous les rendre, que M. Vallières, sortant du lit où il avait passé la grasse matinée à se refaire un peu des désastres de la nuit précédente, venait d'entrer à l'audience encore un peu dans les fumées du vin et qu'il entendit appeler tout à coup pour audition la fameuse cause en appel de Pothier-Viger, ou *vice versâ*. Il se lève sans plus se consulter lui-même et débute avec un sans façon et un aplomb incroyables par entamer les considérants de sa cause. Seulement il se trompe de partie et se met à développer les moyens de son adversaire et avec un ton d'assurance et une désinvolture qui finirent par mystifier complètement le président de la cour qui l'arrêta en s'écriant : Mais, M. Vallières, je croyais que vous occupiez pour l'intimé dans cette cause, et voilà que vous arguez en faveur de votre adversaire ! Et Vallières, comme dégrisé par ce coup de foudre inattendu, que son voisin Plamondon avait essayé de prévenir, mais sans succès, Valières feignant de feuilleter un peu la procédure pour se donner le temps de se retourner sur lui-même, reprit gravement et sans paraître le moins du monde embarrassé : "Eh, oui, qu'il plaise à la cour, voilà ce que j'aurais dit si j'avais représenté l'appelant," et du même souffle il se met à démolir tout son échafaudage et à mettre en lumière la cause de l'intimé qui était bien la sienne, en pulvérisant toute la savante argumentation dont il venait de se servir, au grand ébahissement des juges et de l'audience ; et que je dise de suite, par anticipation, qu'il gagna sa cause. M. Viger, l'intimé, qui venait d'entrer sur les entrefaites, et qui ne savait pas au juste si la plaidoirie devait avoir lieu ce jour-là, levait les mains au ciel, en apprenant le coup de théâtre de Vallières, après être revenu de sa propre mystification. Un tour de force comme lui seul était capable d'en faire, et qui se sont multipliés dans le cours de sa pratique.

Il faut dire aussi qu'il avait alors sir James Stuart pour adversaire et qu'il redoutait énormément d'avoir à se mesurer avec lui, autant à cause du cynisme que celui-ci mettait à défigurer les faits de la cause, ou de celle de ses adversaires, suivant son besoin ; qu'en conséquence de l'influence magnétique qu'un homme de cette supériorité, qui avait été son patron et dont il connaissait l'humeur impétueuse, exerçait encore sur lui à ce moment-là. Quoiqu'il en fut, cette célèbre cause de Viger-Pothier qui dura trente ans et fit retentir tous les tribunaux du pays et le conseil privé, en Angleterre, fut pour lui l'occasion d'obtenir le prestige qui l'entourait.

Mais à propos de cet empire inconscient que sir James exerçait sur lui, je lui ai entendu nous raconter naïvement que dans le début de sa profession, il dut, deux ou trois fois, ses meilleurs succès et ses plus grands triomphes sur le procureur-général à cette excessive timidité qu'il éprouvait en sa présence, et qui, dans une certaine occasion, lui fit perdre le contrôle de sa parole jusqu'au point de haranguer la cour pendant un bon quart d'heure sans avoir conscience d'une seule des paroles qui était sortie de sa bouche, à tel point que, dans cette circonstance, étant avoisiné du brillant Mocquin qu'il reconnut à peine, il s'inclina de son côté pour lui demander compte de ce qu'il venait de dire ; et Mocquin de lui répondre enthousiasmé :"*Marche, mon cher*, tu asété sublime!" pendant que lui, Vallières, croyait rêver ou divaguer de la façon la plus insolite ! Et sir James le contemplait, de son côté, avec une sorte de stupeur qui tenait à la fois de l'admiration et de l'effroi devant cette parole magique et irrésistible à laquelle il faisait rendre des oracles de logique et donnait une portée de sens qui laissait les autres dans une sorte d'ahurissement éperdu : et avant qu'on revint de la surprise il avait emporté le point de sa thèse et même triomphé sur toute la ligne.

Dans ce procès en appel de Pothier-Viger, qui revenait à chaque terme sur un incident quelconque soulevé par l'appelant ou par l'intimé, *ad invicem*, sir James avait fini par être tellement enveloppé par son insaisissable adversaire qu'il avait supplié son frère, Andrew, de le suppléer pour une fois, affectant une indisposition grave, mais de fait pour échapper aux filets dans lesquels l'emmêlait ce prestidigitateur de la parole qui avait une logique à lui et des ressources imprévues qui laissaient ses adversaires dans le désarroi le plus complet, en s'écriant, comme, par exemple, interpellé par le président de la cour d'appel, comme dans le procès Pothier-Viger : " voilà ce que j'aurais dit si j'avais occupé pour l'appelant ;" puis, par une soudaine volte-face, familière à lui, se repliant sur lui-même, retourner ses syllogismes contre son adversaire avec un naturel apparent des plus naïfs.

M. Viger, en le contemplant, dans la circonstance, nous rappelait, par son attitude, ce mot de Pie VII à Napoléon, se promenant dans les Tuileries et prouvant au Saint-Père qu'il avait tort de refuser de partager avec lui son château des Tuileries : *comediente ! tragediente !* redisait tour à tour son illustre interlocuteur : car M. Viger lui-même se perdait en paroles d'émerveillement sur la souplesse indicible de son avocat, qui faisait ainsi la pluie et le beau temps, à volonté, sans jamais être pris au dépourvu ; pendant que le rageur de James Stuart grommelait entre ses dents comme un tigre furieux ; et que le juge Sewell, souriant de son rire narquois, disait en jetant un regard furtif aux conseillers exécutifs dont se composaient ses collègues de la cour d'appel, en ce temps-là : Vous ne pouvez manquer de gagner cette cause, M. Vallières, si votre factum est aussi concluant que votre plaidoierie. Et l'assistance d'éclater !

Cette nature étrange, faite, pour ainsi dire, de disparates, était comme un mystère à elle-même. Je l'ai entendu plusieurs fois nous raconter naïvement, qu'au début de sa profession, il n'étudiait jamais une cause dans ses détails, mais plutôt d'un point culminant qui lui servait de jalon pour embrasser d'un coup d'œil toutes les phases de l'affaire sans s'appesantir sur des détails qu'il appelait oiseux, et qui lui servaient, disait-il, d'échappatoire, quand il était pressé de trop près par son adversaire. C'est ainsi que sir James Stuart l'acculait parfois dans des impasses d'où il sortait toujours avec la même prestesse que dans le cas cité plus haut : *Voilà ce que j'aurais dit si j'avais occupé*, etc. C'est ce qui lui advint plusieurs fois dans les mêmes joûtes avec ce géant de Stuart qui le voyait sortir de son exorde comme d'un rêve ; de même que dans une autre célèbre instance, où après avoir pendant près d'une demi-heure développé son argument sans avoir, disait-il, la conscience d'une seule de ses paroles, ou encore moins de la portée de sa logique légale, il s'était tout-à-coup arrêté pour s'enquérir de son ami Plamondon, après lui le plus brillant avocat du temps, et qui était assis auprès de lui, dans le moment ; lequel le rassura en lui disant qu'il avait été irréprochable dans son exposition et d'une lucidité qui ne laissait rien à désirer.

Un autre exemple, et d'un tout autre genre, ce fut le jour où le célèbre Andrew Stuart, frère du procureur-général et son égal, sinon son supérieur à bien des égards ; aimé pour ses qualités personnelles, et supérieur à l'autre par la classique mansuétude de ses plaidoiries et l'autorité de sa science, aussi grande dans la forme que profonde dans sa portée et son étendue : lequel venait d'être choisi comme le candidat sémi-libéral par les principaux électeurs des deux camps politiques pour la haute ville de Québec. La foule montait à sa suite vers le poll où l'on comptait bien sur le résultat d'une élection unanime. Mais on avait compté sans la rencontre fortuite de M. Vallières, dont la demeure se trouvait sur le passage de la foule électorale. Précisément à ce moment-là se trouvaient chez lui les Huot, les Dubord, les Lagueu, les Plamondon, les Bacquet, les Beserer, les Parent, du *Canadien*, et autres du même acabit, et *tutti quanti*. Il vint en tête de l'un d'eux de faire une niche à ce brave et populaire Andrew Stuart, en ce qu'il était honteux à la majorité franco-canadienne, de ne pas être représentée par un des siens ; et la proposition ne fut pas plutôt faite qu'elle mit l'incendie dans la place.

M. Vallières eut beau prétexter qu'il avait pour A. Stuart le sentiment filial d'un enfant, on ne voulut pas tenir compte de ses réprésentations et on le força d'ouvrir ses croisées à deux battants et de faire signe à la foule de s'arrêter. A cette interruption inattendue dont elle ne saisissait pas bien la portée, elle s'arrêta machinalement, les uns lançant des apostrophes assez incongrues au candidat improvisé, les autres insistant à ce qu'on prêtât l'oreille à ce qu'il avait à dire à la foule.

Ne lui laissez pas ouvrir la bouche, disaient les premiers, ou il va vous donner la berlue. Laissez parler l'oracle, criaient les autres, si vous aimez la lumière.

Après avoir rendu l'hommage le plus complet à l'homme social et professionnel qu'on croyait conduire au couronnement électoral à l'instant même, M. Vallières, faisant un appel au légitime orgueil de sa race qui semblait mendier à ses maîtres une protection qu'elle tenait dans ses propres mains, et qu'elle devait aussi tenir à ne pas abdiquer dans les circonstances délicates où elle se trouvait placée après le passage des administrations des Craig et des Dalhousie sur elle, enleva la place à tel point, qu'on le mena triomphalement là où le bien-aimé Andrew Stuart se rendait pour recevoir le suffrage unanime des électeurs, qui fut, de fait, décerné à son concurrent ; et le généreux Andrew Stuart ne fut pas le dernier à l'en féliciter ! C'est pour cela que dans la faction tory j'ai retranché le noble nom d'Andrew Stuart qui porta bien son drapeau, mais n'eut rien dans le caractère pour l'assimiler à son frère James qui fut un fléau pour le Bas-Canada.

Une autre occasion se présenta encore de faire éclater en quelle estime on tenait son talent féérique. Sir John Caldwell qui, après toute espèce de soubresauts et de faux-fuyants, déféré enfin à la chambre d'assemblée contre laquelle lord Dalhousie avait tout fait pour l'arracher de ses serres, ne se crut pas en sécurité jusqu'à ce qu'il eut obtenu sinon l'appui, au moins le désintéressement professionnel de M. Vallières dans son affaire de la seigneurie de Lauzon, qu'il avait accaparée comme une chose toute naturelle ; mais il avait fini par ouvrir les yeux devant la responsabilité qui lui incombait devant le pays. Et à découvert alors en face de ses défalcations, et troublé à l'extrême par le poids de son ignominie, ne sachant plus à quel saint se vouer, résolut à tout prix de jouer gros jeu. Mais il n'osait pas se flatter d'obtenir les services professionnels, ni non plus le concours parlementaire de cet intègre Vallières qui, sous des dehors légers, était aussi incapable de couvrir la fraude publique que de la soutenir de son talent au barreau ; il se disait pourtant que s'il pouvait seulement le tenir neutre dans la question, alors que la disparition de Dalhousie le laisserait à découvert devant la société au sein de laquelle son père et lui s'étaient donné de si grands airs : répugnait à un procès de péculat avec aggravation de toute espèce. Fébrilement agité de cette pensée, il prit la résolution de paralyser M.

Vallières, car ce qui l'effrayait le plus c'était d'avoir Vallières dans les jambes, sans trop savoir comment l'écarter du chemin. Il résolut de le tenter cependant, et allant tout droit devant lui, il pénétra dans le cabinet de l'avocat redouté, et pour lui poser à brûle-pourpoint la question suivante : Etes-vous, M. Vallières, de quelque manière intéressé dans mon affaire de la seigneurie de Lauzon, demanda-t-il en lui faisant la bouche en cœur, et, si oui, dites-moi ce que vous demandez pour vous désintéresser. Vallières devenu goguenard ou demi sérieux et croyant que sa réponse allait le dégager du fâcheux qui lui tombait ainsi sur les bras, lui repartit brièvement par des monosyllabes : cinq cents louis, (ou deux mille dollars, à cette époque, y songe-t-on ?) Caldwell approchant sans hésiter une seconde son fauteuil de la table, et prenant froidement un blanc de chèque dans son carnet, le remplit, le signe et le présente à Vallières, tout ahuri de ce qui venait de se passer entre eux deux, et le premier prit congé de ce dernier, sans plus de façon.

M. Vallières, à cette époque, avait encore

mademoiselle Pezard de Champlain pour première femme, et il s'empressa de l'appeler auprès de lui, moins pour se féliciter de l'aubaine avec elle, que pour lui confesser ingénument un remords !

Madame Vallières était pleine de grâces et de charmes ; mais elle ne se préoccupait guère de ces scrupules oiseux qu'elle ne sentait pas de son ressort. Va demander à ton père (c'est ainsi qu'on appelait le grand Plessis à ce moment-là dans la famille ;) eh bien, je consens à être damné pour toi, mais c'est toi que je charge de régler la question avec qui de droit, ajouta-t-il. Racontant un jour cette particularité devant M. Héney et le Dr. Kimber, deux hommes d'esprit, qui s'amusaient fort de la manière dont l'inimitable Vallières, brodait l'affaire, ces messieurs se mirent à en référer à moi pour prolonger la plaisanterie : et je n'hésitai pas ; je suis prêt, leur dis-je, à prendre la moitié de votre remords de conscience pourvu que vous m'abandonniez la moitié de la somme, et l'on parut apprécier mon jugement comme à l'égal de celui de Salomon. Seulement, M.

Vallières me ménagea les occasions de m'être utile, et le plus grand avantage pour moi était de profiter de l'école familière de ce grand esprit.

Je ne tarirais pas si je me laissais aller à tous les souvenirs qui me restent de lui, mais je ne puis résister au plaisir de raconter la part qu'il prit à la démonstration de l'évêque Plessis à son retour de Rome.

On soupirait après ce retour depuis longtemps dans la vieille capitale comme par tout le pays. Les nouvelles étaient rares et maigres à cette époque, surtout celles venant d'outre-mer, très incertaines surtout par le canal d'où elles nous arrivaient.

Enfin à cette heure de l'arrivée de son bienfaiteur de Rome, ce fut encore lui qui fut l'interprête de la foule immense qui était venue lui faire la bienvenue. Il n'y eut pas, ce jour-là, un seul œil sec dans tout Québec, et Mgr. Plessis qui ne pleurait pas souvent paya comme tous les autres son tribut à la nature, en embrassant son Rémi qui se dissimulait dans ses bras devant la foule dans le double délire de la joie et de l'orgueil de ce beau jour. Là, il ne s'agissait pas de disputer une victime à la vengeance des lois, mais d'accourir à la rencontre du chef de nos pasteurs et du bienfaiteur public qui avait donné au Canada, entre autres sujets de jubilation, celui de faire briller dans tout l'éclat de sa splendeur le météore qu'il avait recueilli sur les rives de la Gaspésie.

Ce jour-là, Vallières de St. Réal grandit de de dix coudés aux yeux de l'immense foule qui ébranlait les cieux de ses acclamations. Notre Etienne Parent, qui était là, ne m'a jamais parlé de cette manifestation sans que ses grands yeux ne s'humectassent au seul souvenir de ce spectacle.

Nos vieux de Québec, quand ils se rappellent cette journée prouvent qu'ils en ont gardé le souvenir le plus vif, et jamais M. Vallières ne remontait à cette époque de sa belle existence sans regretter pour nous, jeunes hommes d'hier, de n'avoir pas participé ou du moins été témoins de ces scènes grandioses qu'on ne voit qu'une fois dans sa vie !

Maintenant transportons M. Vallières sur

un autre théâtre, enterré vif, comme juge de Trois-Rivières, où il n'avait pas d'horizon pour lui. Il y succéda à M. P. Bédard, ainé, qui avait fait sa marque à la chambre et dans le pays. Celui-ci, qui, comme plus tard M. Denis Viger, n'avait pas voulu sortir de prison politique sans procès, avait fini par céder aux instances du gouvernement qui s'était mis à ses genoux pour lui faire accepter cette place de juge à Trois-Rivières. Grande figure que celle de ce M. Bédard qui aura son tour quand il faudra le présenter à mes lecteurs dans toute l'ampleur de son rôle parlementaire. Et pour ne pas encombrer la marche de ces *Souvenirs*, il faut bien remettre à une autre période la grande page qui lui appartient. Comme il me reste à achever le portrait de M. Vallières, pendant qu'il est sur mon chevalet, je vais essayer d'épuiser quelque peu le sujet.

M. Vallières avait donc succédé à M. Pierre Bédard comme juge de Trois-Rivières. Dans le vide que cela fit autour de lui, il se mit, pour se distraire, à faire des règlements de police et d'administration civique, et à organiser la ville de Trois-Rivières, qui était dans un grand état d'abandon et d'engourdissement. Le juge possédait sur la pointe du côteau de St. Maurice, au confluent du St. Laurent, un assez vaste enclos qui servait de lieu de paturâge à ses animaux de service. Cette pointe de cap de Sable était grugée tous les ans par l'intempérie des saisons et à tel point, qu'au bout d'un certain temps la route qui y avait existé disparut devant l'effondrement successif et qu'il fallut clôturer fortement la devanture ou le front de ce champ pour y maintenir en sûreté les bestiaux qui y broutaient. Or, au mépris des lois le plus flagrant, les gens qui continuaient de faire des voiturages de ce côté, ne se gênaient nullement de renverser les clôtures et de faire de cette propriété particulière la voie publique, de sorte qu'il en résultait des dommages considérables et des ennuis de toute sorte pour le propriétaire putatif qui n'en était guère le possesseur réel. Les choses en vinrent à un tel point qu'il se vit contraint d'élever une petite habitation ou plutôt une hutte sur le terrain et d'en confier la garde à un serviteur confidentiel qui saurait faire respecter sa consigne. Le fidèle Pat, armé du shellalah historique, ainsi placé en vedette, se mit en mesure de faire respecter la propriété de son maître et usa largement de ses droits de gardien contre tous ceux qui se montraient récalcitrants. Il arriva un jour que dans un conflit assez sérieux entre Pat et deux voituriers qui n'avaient tenu compte de rien, et qui voulaient à toute force passer outre, le premier, faisant du zèle, avait éreinté la bête de somme par-dessus le conducteur. Là-dessus, plainte devant l'autorité policière qui avait émané son mandat d'écrou contre Pat par le ministère d'un vieux gentilhomme qui habitait sur le même côteau, presque en face, célibataire qui vivait dans une solitude complète, dans une habitation qui n'était occupée que par lui et une armée de chats qui tenaient tout le voisinage en émoi, surtout la nuit. Wagner était son nom patronymique et réel. Pat appréhendé, après avoir résisté de son mieux au mandat d'amener, eut à subir son procès sans plus tarder devant le magistrat en question, flanqué de trois autres du même calibre à peu près. Cette querelle d'allemand allait dégénérer en guerre punique, en ce que l'affaire avait soulevé toute la ville divisée en deux camps, canadiens et irlandais contre anglais et écossais, quand M. Vallières résolut d'aller de sa personne défendre son fidèle serviteur devant le tribunal dont il était justiciable. Tout un évènement, tout un spectacle à sensation pour la petite ville.

Aussi tout Trois-Rivières, alléché par la nouveauté du spectacle, était-il rendu là, comme on le pense bien : la foule avait envahi la salle de séance et les abords du tribunal. Pendant plus d'une heure, le juge Vallières, avocat ainsi improvisé de son serviteur déféré au tribunal correctionnel, se mit en frais d'égayer l'assistance par une de ces tirades d'un comique achevé, comme lui seul savait les faire, qui participait à la fois du grave et du ridicule, et dans laquelle il voulut établir que l'aréopage siégeant était composé des trois Gros-Jean les plus opaques et les plus plaisamment facétieux de toute la justice de paix provinciale, et cela, dans des termes et avec des poses correspondantes à ses dires, qui tinrent les magistrats eux-mêmes avec les spectateurs présents dans un laisser-aller de fou rire tel, et qui avait gagné jusqu'à l'assistance en dehors de l'audience propre qu'il ne fut pas même question de l'arrêter, bien qu'il se fut mis en frais de le leur prouver, mais là, mathématiquement, par A plus B, qu'ils étaient les trois personnages les plus incapables de remplir les fonctions qu'ils exerçaient dans le moment ; à preuve, le mandat d'écrou qu'ils avaient exécuté sur l'heure contre ce brave Pat qui n'avait fait que protéger la propriété de son maître, à son corps défendant, contre des gens qui l'avaient envahies par des voies de fait audacieuses qui les avaient rendus eux-mêmes passibles d'emprisonnement et de dommages actuels.

Les magistrats siégeant avaient subi toute cette leçon avec une patience angélique. Seulement la plaidoirie terminée, ils se retirèrent un petit quart d'heure dans leur salle de délibérations d'où ils ne sortirent que pour venir déclarer le juge Vallières passible d'emprisonnement pour mépris de cour et l'y condamnèrent pour la durée d'une heure, attendu qu'il devait siéger lui-même à l'ouverture du terme civil le lendemain.

Les avocats s'étant donné le mot de réunion, sur l'heure, décidèrent de l'accompagner en prison en costume professionnel, depuis M. Polette, son successeur, en tête, le juge lui-même revêtu de sa robe et de sa coiffure officielle (la seule fois, je crois, qu'il avait portée cette dernière jusqu'alors) et on s'achemina vers la prison commune dans cette équipée.

Le géolier un peu interloqué en présence de cette démonstration insolite et à laquelle il n'avait pas eu le temps d'être préparé, ouvrit à deux battants les portes de son salon où il fit passer l'auguste corps, et où, pendant une heure, ce fut le juge Vallières qui fit les frais de toute la séance par un déluge d'anecdotes et de bons mots, tous plus amusants les uns que les autres et qui firent trouver cette heure d'emprisonnement bien courte à tous ceux qui avaient été de la partie, puis on se remit en route processionnelle vers l'hôtel du juge qui les congédia avec toute sorte de gracieusetés,

Mais les gens sérieux de Trois-Rivières, outrés du procédé, se mirent en mesure de faire rendre compte de leur conduite aux magistrats en question en leur représentant la disgrâce qui en résultait à tous les points de vue, tandis qu'il eut été si simple d'imposer silence au dignitaire compromis et de disposer de l'accusé suivant leur appréciation des faits.

Mais ils avouèrent eux-mêmes qu'ils avaient été tout le temps sous l'empire de cette parole unique qui les avaient paralysés, enchantement dont ils n'auraient pas voulu pour beaucoup se priver, et en cela ils étaient sincères. S'il en résulta alors de la déconsidération pour quelqu'un ce ne fut pas assurément pour le léger mais brillant juge Vallières, mais pour les pauvres sires qui s'étaient fourvoyés dans cette aventure au-dessus de leur force et qui les avait réduits à leur plus simple expression.

Cela n'empêcha pas M. Vallières de tenter tous les moyens qui lui parurent propres à faire rendre compte aux *juges de paix* en question de leurs faits et gestes en cette occasion ; mais ce fut en vain qu'il s'adressa jusqu'au bureau colonial lui-même qui fit la sourde oreille à ses représentations, déplorant sans doute qu'il se fut prêté si volontiers à cette mise en scène pour le moins incongrue et qui était loin de pouvoir rien ajouter à l'éclat de son unique talent et encore moins à la dignité de son ministère.

Mais j'ai voulu, en le rappelant dans tous les détails les plus minutieux justifier par ce trait ce que j'ai dit du prestige de cette parole unique, irrésistible, qui l'a fait triompher partout, à travers tous les obstacles semés sur sa route, les uns venant de la nature humaine, les autres procédant des autres causes accidentelles de la vie, comme il s'en trouve plus ou moins sur la route de chacun de nous.

Et dire que ce charmeur qui avait tout éclipsé au barreau comme à la tribune parlementaire, au moins par l'éclat des formes oratoires, sinon par le fonds de ses doctrines politiques, qui étaient chez lui comme intuitives, en cela comme en tout le reste : partout enfin où sa parole avait le pas de supériorité incontestable et incontestée, échoua chaque fois qu'il s'agissait d'arracher un malheureux à l'échafaud devant un corps de jurés. Il l'enlevait d'emblée dans son exorde toujours inimitable et qui ne laissait pas à l'auditeur illusionné le temps de réfléchir. Mais quand après la supputation des faits, il entrait dans sa péroraison, c'est là qu'il trouvait sa pierre d'achoppement : ce génie s'attendrissant de sa propre parole et emporté par la sensibilité de son cœur, sombrait dans ses émotions qui lui coupaient la voix et bouleversaient sa belle et sereine physionomie jusqu'au point de convulsionner d'un rire irrépressible celle du jury qui ne voyait plus dans elle que les grimaces d'un histrion et se voilait le visage de ses mains pour dissimuler cette envie de rire qui l'emportait malgré lui. Aussi renonça-t-il bien vite à ce genre de joute légale où des médiocrités comparatives l'éclipsaient complètement. Comme juge, M. Vallières s'arrangeait de façon à ne jamais prononcer de sentence de mort ; mais il disputa la vie du sauvage Cadien que la compagnie de la baie d'Hudson avait déféré au tribunal de Trois-Rivières, que le juge Vallières prouva être sans juridiction dans l'espèce, à l'encontre des quatre autres juges composant le tribunal, dont il fit désavouer pratiquement la sentence au conseil privé, car un bon matin on trouva Cadien sorti à petit bruit de sa cellule, au moins deux mois après le jour fixé pour son exécution.

La compagnie de la Baie d'Hudson, alors à couteaux tirés avec lord Selkirk dans le Nord-Ouest, voulant terrifier les traiteurs qui faisaient le trafic des fourrures avec ce dernier, fit main basse sur un sauvage (Tête-de-Boule) surnommé Cadien ou Cayen, sur le territoire en dispute limitrophe entre les compagnies rivales et ennemies acharnées, et le dirigea sous bonne garde vers le Canada par les cours d'eau aboutissant au St. Maurice, où il fût jeté dans la prison de Trois-Rivières sous accusation de meurtre et de brigandage forcéné. On comptait là bas, sur le concours certain des juges du temps dont le chef était celui de la faction tory, Jonathan Sewell, qui venait présider la cour criminelle, qui se tenait à Trois-Rivières pour le district judiciaire de ce nom, soutenu de deux ou trois autres collègues de la même trempe. Les bourgeois de la Baie d'Hudson comptaient bien cette fois produire un tel effet de terreur partout, que l'on n'oserait plus résister nulle part à sa soif de cupidité et d'accaparement.

Un procès solennel eut lieu, le procureur-général sir James Stuart, représentant la couronne, (soutenue de la compagnie de la Baie d'Hudson), et M. Vallières, juge provincial, n'y figurant que comme la minorité du tribunal, composé, je crois, de trois autres juges de la même école que leur chef.

La séance s'ouvre, l'avocat de la couronne fait appeler le prisonnier qui répond en son accent sauvage *goné*, ou quelque chose d'analogue, et paraît à la barre criminelle, accompagné d'un interprète réel ou de convention. Le malheureux promenait des yeux égarés sur toute l'assistance, spectacle ébahissant pour lui, et l'audience semblait empoignée d'une intensité d'intérêt plus qu'ordinaire. Le célèbre Andrew Stuart, frère du procureur-général, occupait le banc de la défense entouré de plusieurs de ses confrères du barreau de Québec et de Montréal,

Sir James se lève et veut procéder à l'ouver- de la cause. M. Vallières qui, jusque là ne s'était encore jamais coiffé de la toque judiciaire, ici chapeau à trois cornes, se couvre et avec cet accent unique qui était le sien, pour la solennité et la vibration, s'inscrit en faux contre la majorité du banc qui paraissait donner son assentissement à l'audition de cette affaire qui emportait la vie ou la mort de l'accusé, en ce qu'il niait la juridiction du tribunal dans l'espèce spéciale, laquelle il argua avec la portée particulière que ce génie mettait dans l'élucidation des grandes questions qu'il était appelé à résoudre. Il parla pendant une bonne demi heure au milieu du silence profond de toute l'assistance.

Le président de la cour d'une pâleur mortelle, sérieux et grave, après quelques mots échangés avec ses collègues, permit au procureur-général de procéder, et le juge Vallières passa au greffier de la cour son protêt solennel pour être entériné sur l'heure.

Sir James, comme à l'ordinaire fut impétueux, emphatique, amer et surtout dominateur par ses doctrines et déterminé dans ses mouvements.

Le grave Andrew lui succéda, et, prenant le même terrain d'argumentation que celui du juge Vallières, auquel il offrit un tribut de ses hommages pour son intégrité et la largeur de ses doctrines et de ses vues, ne gagna autre chose que de faire ajourner la cour pendant quelques heures. A la reprise de l'instance, deux heures après, la majorité de la cour avait décidé de laisser procéder la couronne ; mais pour obéir à ma consience, je dirai moi, de faire ce petit plaisir à la compagnie de la Baie d'Hudson.

. Ce procès dura toute une semaine et fut l'occasion de passes d'armes entre les deux Stuart qui mit Andrew à dix coudées au dessus de sir James. Enfin Cadien fut trouvé coupable par le jury et condamné à la peine capitale par la majorité de la Cour, M. Vallières renouvellant lors de cette sentence, ce qu'il avait fait au début de la cause, en déclarant cette fois qu'il en appellerait au conseil privé, et fit enregistrer son dissentiment solennel par le greffier du tribunal. Cadien devait être pendu au bout de huit jours.

M. Vallières ne laissa pas de faire imprimer un mémoire qui partit par la plus prochaine malle pour l'Angleterre, et trois mois après il recevait l'approbation du bureau colonial, et Cadien qui s'était engraissé à la prison était toujours là. Seulement on apprit un peu après qu'il était passé à travers le trou de la serrure de la prison, le géolier affectant une grande surprise de le trouver si miraculeusement absent, un bon matin, et parti sans tambour ni trompette.

Mais on comprend assez que les portes lui avaient été ouvertes toutes larges par qui de droit.

Ceux qui ont conservé la brochure du juge Valières sur la question savent aujourd'hui si les ressources intellectuelles de ce grand esprit et de ce grand cœur n'étaient pas inépuisables.

Et maintenant, un coup d'œil dans son intérieur et dans ses relations de société ou de famille. M. Vallières, comme juge à Trois-Rivières, vivait fort retiré, souffreteux et dans un état de santé fragile et même précaire, mais qui ne l'empêchait jamais d'accomplir les devoirs de sa charge qui n'étaient pas pour cela négligés. Il vivait au milieu de ses affections domestiques parmi lesquelles il comptait un charmant enfant de sept ou huit ans qui faisait tous ses délices et qu'il avait développé déjà d'une manière prodigieuse. C'était un fils adoptif, et il en comptait d'autres sous son toit, entr'autres une brillante personne dont il est question ailleurs dans ces *Souvenirs*, et qui fut reine de nos salons canadiens pendant une série d'années jusqu'au moment où le juge Vallières fut fait juge-en-chef de notre province, après sa suspension arbitraire, sur les représentations de lord Durham qui le proclama officiellement "le magistrat le plus éminent et le premier jurisconsulte de son pays." Mais sa fille adoptive était devenue la femme d'un autre juge de Montréal depuis lors et après la venue de son père, à Montréal, elle s'était partagée entre les deux dans les doux soins que lui commandait son cœur bien né.

Philippe Aubert de Gaspé, l'auteur de ce

livre charmant l'*Influence d'un livre*, qui fit dans le temps, sa sensation, et qui avait été mon contemporain de collège, celui dont il est déjà question dans ces *Souvenirs*, venait de fois à autres passer quelques jours à Trois-Rivières, chez M. Vallières, ce qui était une bonne fortune pour moi en ce qu'il me procurait des récréations nouvelles et me familiarisait davantage avec les membres de la famille. Celle-ci se composait alors de Mesdemoiselles Henriette Nelson et Louise Byrne, la première une femme brillante par la figure et par l'esprit, qui devint la femme du juge Guy, et fut pendant longtemps l'étoile la plus scintillante du salon de Mme Jacques Viger, qui donnait alors le ton à notre société canadienne ; la seconde une bonne et excellente nature toute de dévouement pour son père d'adoption et qui mourut quelque peu prématurément, après avoir épousé M. Amable Lajoie, alors négociant de quelque importance, à Trois-Rivières et devenu maire de la ville, et qui, je crois, était de la famille de ce nom d'où procédait Gérin-Lajoie dont je faisais l'autre jour l'étude historique, comme littérateur et travailleur infatigable à la vigne patriotique qui lui doit plus d'un de ses scions. Enfin il élevait au même titre, un magnifique enfant qui faisait alors son adoration, le fils d'un soldat, qui l'avait, en mourant, laissé orphelin. Jimmy, c'était le nom qu'il portait, commençait à se développer, et touchait, je crois, à ses sept ans, et était déjà des plus promettant, quand la mort, comme dit Girault-Duvivier, l'élégiaque, la cruelle qu'elle est qui se bouche les oreilles et nous laisse crier, vint appesantir son bras sur cette jeune tête à tresses d'or qui se flétrirent en quelques jours. M. Vallières devint inconsolable à ce point qu'on eut des inquiétudes pour lui et qu'il fut pendant des mois en proie à une mélancolie qui le minait cruellement. Le jour où la tombe disparut de la maison avec sa dépouille, les pleurs le suffoquaient tellement que ses vieux amis s'approchant de lui pour l'engager à se remettre il laissa échapper ce cri si longtemps comprimé qui fit croire que Jimmy lui était moins étranger qu'on ne pensait jusqu'alors ; ear saisissant la main de son vieil ami Héney qui faisait des efforts pour le calmer, il s'écria :—" Ce n'est pas moi qui pleure, c'est la nature qui parle,' et alors on laissa libre cours à sa douleur, mais on ne le perdit pas de vue.

M. Vallières continua de languir dans sa solitude trifluvienne pendant sa suspension officielle, jusqu'à ce que lord Durham, le représentant spécial de la Grande-Bretagne, comme indigné de voir peser plus longtemps sur l'Empire l'odieux d'un aussi flagrant attentat à l'administration de la justice que celui de la suspension d'un magistrat dont le nom retentissait dans les deux mondes comme une autorité irréfragable, réveilla *Downing Street* de son *otium cùm dignate* et la força par là de revenir sur ses pas et de faire un acte de réparation éclatante, en nommant à la tête de l'administration de la justice suprême du Canada l'honorable Joseph Rémi Vallières de St. Réal, la lumière judiciaire du pays. Il n'y eut que le juge Jean Roch Rolland de déconfit dans ce résultat qui retomba de tout son poids sur sa tête déconsidérée.

Mais Jimmy, longtemps avant cela, s'était

déjà envolé au ciel sans presque de maladie apparente et n'avait pas donné à son père le temps de se familiariser avec l'idée possible de le perdre un jour. Ce qui arriva, cependant, à son désespoir, et quel désespoir ? Il faut l'avoir vu, comme moi, ce sensible cœur, abandonné à sa douleur intense, entouré de ses vieux amis, qui faisaient de leur mieux pour soulager sa cruelle défaillance morale, et ne sachant plus comment réconcilier son désespoir avec sa faiblesse physique, tendre les mains à son entourage et s'écrier avec des sanglots entrecoupés : *"Ce n'est pas moi qui pleure, c'est la nature qui parle....."*

M. Vallières, dans sa translation à Montréal, n'était plus que l'ombre de lui-même, et déjà même depuis des années à Trois-Rivières, avait vu décliner sa santé périodiquement ; il y était devenu tellement affecté de faiblesse et de maux de jambes que pendant un temps il fallut le porter sur le banc judiciaire parce qu'elles lui refusaient le service, ce qui fut l'occasion pour son ami Héney de lui faire un compliment fort flatteur. Ils faisaient presque tous les jours leur partie d'échecs vers la même heure. M. Héney était venu un peu plus tôt cette dernière fois et M. Vallières semblait se faire quelque peu désirer. Madame Vallières était allée le presser un peu et lui passer une robe de chambre en le grondant de sa paresse. Il entra dans ce déshabillé au petit salon où se faisait d'ordinaire leur partie et s'excusa de son mieux auprès de son vieil ami, en imputant toute la faute à ses jambes qui avaient presque refusé de le porter ce matin-là, ce qui l'avait retenu au lit.

" Mon cher, repartit ce dernier, vous êtes comme la statue de Nabuchodonosor, qui avait les pieds d'argile et la tête d'or." Ce fut peut-être, dit-on, la seule fois que M. Vallières resta à court, mais il ne put reconnaître que par un sourire combien il était flatté du tour heureux que M. Héney avait donné en excuse de sa paresse apparente.

Combien n'ai-je pas à bénir la Providence, non seulement d'avoir été accueilli par cet homme de bien et de génie, mais d'avoir joui de son intimité protectrice et presque paternelle, et à une époque de ma vie où j'avais si peu de titre à me voir ouvrir sa porte et à jouir de sa familiarité, alors que je ne pouvais rien lui apporter en compensation. Et quand je fus mené en prison, (il était suspendu alors,) il poussa la bienveillance jusqu'à me fournir des livres, annotés par lui, et qui ont été une ressource pour moi durant ma vie d'épreuves et d'agitation. Aussi, quand il vint résider à Montréal comme juge-en-chef de la province, je sentis mon cœur jubiler dans ma poitrine. Malheureusement, après seulement quelques mois d'absence, je ne trouvai plus qu'une ruine, au moins physique, entre les mains de sa digne et vertueuse épouse qui lui faisait les meilleurs jours possibles et adoucissait son déclin qui s'annonçait rapidement. Mais c'était toujours le même cœur et le même esprit qui rayonnaient sur son lit de douleur.

Cependant il fallait bien se préparer à lui voir prendre son vol plus haut que la terre à cette âme sublime, à ce porte-lumière, qui semblait vivre à sa source propre, quand il puisait ses élans de cœur et ses inspirations intellectuelles à celles qui sont dans d'autres sphères ; et bien que j'en éloignasse de mon mieux l'idée de mon esprit, je ne pouvais complètement me dissimuler que la dissolution était proche et venait même à grands pas. J'allais jour par jour le voir à son chevet, ou prendre des nouvelles de son état, au milieu de mes occupations assez multiples en ce temps-là ; quand un soir, un peu tard, j'arrivai sur le bout du pied pour ne troubler personne et avoir de ses nouvelles : on me le représenta comme déclinant rapidement, bien qu'ayant encore sa pleine connaissance et disant des choses divines. Je m'offris pour passer la nuit auprès de lui, mais madame Vallières me fit dire de remettre au lendemain. Et le lendemain, sur les cinq heures de relevée, le sublime chrétien au chevet duquel j'accourais, venait de s'éteindre entre les bras de M. de Charbonnel, que je rencontrai sur le seuil et qui venait de lui fermer les yeux, en répétant avec l'abbé Rancé venant de clore ceux de Bossuet : " Mon Dieu, que de lumières éteintes ! "

Il avait été emporté dans un des élans de sa foi.

J'entrai anéanti devant ce cadavre qui avait été mon idole. Il n'y avait plus là que madame Vallières dans une pose de sublime résignation qui lui tenait les deux mains pressées sur ses lèvres, les yeux levés là-haut et comme sourde à tout ce qui se passait autour d'elle. Je disparus, glacé et anéanti, devant ce phénomène évanoui, comme tous ceux qui, s'étant trompés de monde, ne se manifestent dans notre orbe que pour y laisser une trace avant de remonter aux régions qui leur sont propres, celles de la lumière infinie, dont ils sont une émanation, ou plutôt une manifestation.

Le tableau de la carrière entraînante de M. Vallières de St. Réal m'a fait reculer quelque peu la suite du récit de mon retour à Trois-Rivières, auquel il est plus que temps de revenir pour mon lecteur comme pour moi.

Après une huitaine ainsi passée à Québec, où de mes proches m'avaient gardé pour refaire un peu ma toilette de saison, et pendant laquelle je n'avais pas manqué d'écrire à mes bienfaiteurs de Trois-Rivières les circonstances incontrôlables qni avaient retardé mon retour, en les informant en même temps du jour de mon arrivée à Trois-Rivières. Je m'embarquai à l'heure dite à bord d'un des steamers de la ligne du fleuve, par une tempête de neige comme le vent de nord-est sait en souffler au commencement de novembre, et que le capitaine Painchaud appelait lui, les indigestions de la Toussaint, dans son pittoresque langage de vieux loup de mer. Nous fîmes tête à la tempête jusqu'au port de Batiscan où nous ne pûmes toucher avec toutes les peines du monde que vers les six heures du matin, après avoir lutté depuis les quatre heures p. m. de la veille contre vent et contre marée, à la grande terreur des passagers dont la pluspart avaient été empoignés par le mal de mer *d'eau douce,* tout aussi classique qu'aucun de ceux de la Manche entre les ports d'Angleterre et de France, et qui, veuillez excuser le calembourg, ne sont pas absolument *manchots*. Les pauvres garçons de bord qui avaient le pied le plus marin étaient sur les dents après la nuit passée à secourir les malheureux qui se croyaient perdus et n'avaient plus le courage de s'aider eux-mêmes.

Les autres étaient étendus dans tous les coins débraillés et le visage souillé des suites des révolutions pectorales qui avaient laissé leurs traces sur leur champ d'exploitation, ce qui aurait pu faire un sujet de poésie épique pour le burlesque Scarron, mais qui faisait reculer d'horreur le petit nombre d'héroïques passagers échappés, sinon à la terreur de la nuit épouvantable, du moins aux atteintes du mal de mer, parmi lesquels javais l'honneur de compter. Seulement notre nombre assez réduit, épuisé par la veille et brisé par la tourmente, ne savait plus à qui parler pour obtenir de quoi se restaurer un peu. Le commandant du vaisseau était quelque part parmi les âmes du Purgatoire et les pauvres matelots qui restaient sur pied encore plus à plaindre que nous après avoir porté le fardeau de la nuit précédente. Puis à cette heure matinale et avec la tempête de neige qui continuait de tomber, il n'y avait guère, ma foi, de secours à attendre du dehors. Mais, dit le proverbe, ventre affamé n'a pas d'oreille, ni de conscience humaine non plus, (puisque les gens de l'expédition soi-disant philantrophique d'Horace Greely, se sont entre-mangés, (ce qu'on n'a su que depuis, fort heureusement pour nous !) notre petit comité de ventres affamés après avoir peu longtemps délibéré en vint à la détermination d'aller faire assaut à la première habitation venue, à titre de naufragés, (ce qui n'était pas doré sur tranche après tout), et d'appeler au secours au nom du Dieu, universel de l'humanité, et aussi un peu du dieu Plutus, qui ne fait jamais peur à nos braves campagnards, quand ils peuvent trouver l'occasion de faire profiter leur charité à leur gousset autant qu'à leur conscience. Et qui dira qu'ils ont tort, eux qui sont si rudement traités par les gens des villes qui savent bien leur faire payer leurs services professionnels ? Mais brisons là-dessus pour le moment.

Nous étions six de notre bande avec des trainards que nous n'entendions pas renvoyer forcément, à nos trousses. Nos yeux étaient accablés de sommeil, nos estomacs littéralement en état d'insurrection, et notre mine ne devait pas manquer d'apparaître formidable, mais de cette particularité là, malgré tout mon amour de l'exactitude, je ne garantis rien : et puis du reste, par le temps de noirceur qu'il faisait, c'était un détail dont nous ne devions pas trop nous préoccuper. Nous étions disposés en chrétiens prêts à dévorer les omelettes au lard mais non pas nos semblables ; puis nous avions des noms propres à invoquer, notre catéchisme frais dans l'esprit et dans le cœur, et enfin avec notre nombre et nos dispositions nous ne devions pas hésiter de nous mettre en route.

En route! nous écriâmes-nous sur un diapason qui, me semble, devait être imposant, si je ne craignais pas de profaner l'histoire, je dirais don quichottique, mais il est mieux de ne pas s'exalter et de rester modeste. Nous avions à franchir un quai oblong qui nous parut infini, mesuré au besoin de nos estomacs, et à l'épaisseur de la neige qui le recouvrait ; et la neige tombait toujours. Nous la refoulâmes de notre mieux. Quand je me rappelle cette expédition, je me rends compte de mon état d'asthmatique que je ne croyais pas si intimement mériter, mais qui tout de même m'a tenu depuis lors sous son joug, plus ou moins, puisque j'ai été longtemps en sa compagnie sans seulement me douter de son nom. Mais il me semble, ô mon trop patient lecteur, que je pousse la cruauté trop loin en vous faisant éprouver comme à plaisir la faim qui nous corrodait les entrailles. Si vous faites ce jugement téméraire, j'abrège, car de ma franche nature, quoiqu'on en pense, je ne suis pas cruel, point du tout pour les autres et le moins que je le peux pour moi-même : car le martyr qui est le moyen le plus héroïque pour mériter le ciel n'est pas toujours celui qu'on préfère de choisir. Du reste brisons là-dessus pour le moment. Mais il neigeait toujours et nous n'apercevions pas de lumière. Des masses noirâtres se dessinaient devant nous. Nos cœurs battaient et nos ventres aussi, nous croyions parvenir enfin. Nous gardions un silence forcément discret entre nous, étant à bout d'haleine, ce qui expliquait notre retenue.

Il vint un moment où je ne pus réprimer une exclamation qui justifiait à la fois de l'épuisement et du désespoir. Celui des six qui était tout à côté de moi et qui n'avait pas laissé échapper un monosyllabe depuis notre départ en entendant ce cri sortant de mes entrailles encore plus que de ma bouche, me dit doucement : Si vous vouliez vous appuyer sur moi je pourrais toujours vous soutenir un peu, et je crois, du reste, que nous touchons au but. Je connais un peu le pays, et bien que notre marche ait été beaucoup ralentie par l'abominable route que nous avons eu à faire, ne vous découragez pas et laissez-moi vous prendre le bras à la remorque. J'eus honte de moi-même à cette parole pleine de douceur et de bonté dont le son ne me paraissait pas étranger. C'était bien la voix d'un ancien condisciple du nom de Mayrand que j'avais perdu de vue depuis la méthode, qui avait fait son cours et s'apprêtait aux missions où il est mort, comme je l'appris peu de temps après. Et lui-même n'était pas sûr à qui il parlait, mais nous arrivions enfin au bout de ce quai éternel, pour ma part complètement éreinté par la marche après la nuit passée à bord, et cette lumière si désirée parut enfin dans un carreau de fenêtre où nous pûmes nous entrevoir. Nous nous reconnûmes et nous nous étreignîmes en frères. Ce cher Barthe, me dit-il, qui me laissait si peu de repos dans la classe.. .....

Enfin, nous atteignons la petite lumière et l'habitation qui était tenue par de braves gens du nom de Marchildon, dont un parent représenta, un peu après l'Union, le comté de Champlain, dont Batiscan faisait partie, dans le parlement-uni. L'ami Mayrand, au seul son de sa voix, fit ouvrir la modeste habitation. Il approchait sept heures du matin et on se serait cru au beau minuit, tant le ciel était voilé et épais encore à ce moment là.

La mère était debout dès cinq heures, l'heure sacramentelle de ces braves gens qui sont fort aises de se retirer de bonne heure apèrs avoir supporté le poids du jour ou essuyé les fatigues d'une journée de ce labeur ardu comme l'est celui de la vie des champs à toute saison de l'année. Ils ont le soleil pour cadran, pour horloge le beffroi de la paroisse, et les phases ou quartiers de la lune pour l'histoire des saisons. Et allez voir s'ils ne sont pas aussi précis que nous sous tous ces rapports. Et ils sont souvent témoins de bien des phénomènes qui échappent à nos observateurs les plus haut huppés. Je me trouvais un jour chez le lieutenant de marine Maury, à l'Observatoire de Washington, accompagnant le juge Charles Mondelet avec qui je voyageais depuis des semaines aux Etats-Unis. Et l'illustre hydrographe nous exhibant ses *Maritime Charts* (Cartes Marines), d'un nouveau modèle, qui ont été admirés des savants de l'Europe, nous signala des paysans de la Suisse, son pays, qui avaient voyagé sur toutes les côtes du golfe et des deux Amériques méridionale et septentrionale, simples matelots illettrés mais observateurs, qui lui expliquèrent ce qui faisait la base même de sa découverte des courants d'air longitudinaux et latitudinaux qui y régnaient à certaines saisons de l'année et dans lesquels on pouvait opposer la navigation à voile à celle par la navigation à vapeur et avec concurrence effective : et il fut anéanti de se voir de pair avec de simples paysans devenus matelots par les hasards de la vie, lui parler avec cette simplicité naïve d'une vérité que les lois de la navigation avaient déjà modifiée de son temps depuis qu'il avait érigé sa nouvelle doctrine en système. Il en est de la science un peu comme de la foi : ceux qui y voient le plus souvent le plus clair, ne sont pas ceux qui paraissent les plus profonds parce qu'ils sont les plus obscurs, mais ceux qui joignent la sûreté du coup d'œil à la consciencieuse fidélité de l'observateur pratique.

Mais il est presque temps de revenir à notre déjeûner de Batiscan. La mère avant les huit heures du matin avait une table dressée pour une douzaine au moins de gloutons affamés de notre genre, et où fumaient le chocolat à côté du café et le thé en face d'un bouillon de farine de maïs dorée de sucre d'érable qui levait la paille. Vous dire comme tout cela fut magiquement enlevé : c'est l'affaire d'un tour de plume de le dire et ce fut celle d'un tour de mâchoire de le faire, puis nous dépechâmes le plus leste des six pour aller annoncer la bonne nouvelle aux malheureux qui pourraient se trouver encore en vie. Et pendant toute la grasse matinée ce fut un courant d'affamés qui dévalisèrent la maison de ses provisions de bouche mais qui enflèrent son budget de plusieurs cents francs.

Mais durant ce temps-là, la tempête allait toujours pendant que l'acalmie s'était faite dans mon estomac, puis il me faisait peine de songer aux inquiétudes mortelles de mes bons protecteurs de Trois-Rivières qui étaient bien sûrs de me savoir à bord, puisque je le leur avais positivement annoncé. Pour calmer mon esprit je tâchai de me trouver un coin de cabine où je pourrais me laisser bercer à mon aise et je m'endormis d'un sommeil du juste si profond que, quand les voitures de l'agence de la compagnie de Trois-Rivières arrivèrent à Batiscan, on ne put rien savoir à mon sujet de ce qui était résulté pendant la nuit, sinon qu'une poignée des plus braves, c'est-à-dire des plus affamés d'entre nous, avaient émigré et que la tempête ne les avait pas encore rapportés, du moins à la connaissance de ceux qui avaient fait le quart à bord, et qui s'étaient relevés à toutes les heures depuis qu'on avait jeté les ancres et accroché solidement notre steamer au quai. O nuit de Batiscan, que de terribles angoisses tu m'as apportées !

Mais enfin entre les dix et onze heures du

matin, le soleil daigna montrer sa figure et sa chaleur divines et remettre avec la circulation du sang dans nos veines la vie dans nos cœurs. En un tour de main tout fut sur pied à bord et la manœuvre remit tout en mouvement et de telle sorte que ceux de nous à destination de Trois-Rivières y arriveraient avant le retour des voitures et donneraient eux-mêmes de leurs propres nouvelles à leurs familles respectives. Et à une heure après-midi je tombais enfin avec bonheur dans les bras de mes parents et protecteurs de Trois-Rivières qui me firent l'accueil parabolique et si touchant accordé à l'enfant prodigue revenu sous le toit de famille. Pauvres braves gens, et il n'y a pas si longtemps encore de cela, et dire qu'il n'en reste plus un seul pour s'en remomérer avec moi !

Après avoir épuisé auprès d'eux mon histoire de voyageur des derniers dix mois, il fallut bien en venir, en dernière analyse, à la conclusion de ce qu'il restait à faire pour me mettre en mesure de compléter mon cours de philosophie soit en allant rejoindre la classe de physique, d'algèbre et de mathématiques, s'il n'était pas déjà trop tard, ou autrement ; et, en ce dernier cas, il fut résolu que je me rendrais incessamment auprès de notre bon directeur Leprohon auquel je devais, dans tous les cas, cette visite aussi désirée qu'obligée de ma part. Dès que je pus traverser en sûreté le fleuve déjà alors assez chargé de glaçons flottants, c'est-à-dire dès le lendemain, je me mis en route pour Nicolet où je tombai comme une bombe, mais creuse et vide entre les mains de notre Mentor, qui ne savait bien plus ce qui était advenu de moi.

Après l'avoir mis au courant de mon *tour du monde* où j'avais vu de grosses baleines dans les eaux du golfe, fait la haute et sympathique connaissance de Gamache à Anticosti, presque la conquête de la Gaspésie à pied et cent autres merveilles dans les mêmes proportions, ce qui l'avait quelque peu amusé, il m'engagea à rester deux ou trois jours au collège avec lui pour lui donner le temps de la réflexion à l'égard de ma demande et de la situation difficile qui m'était faite.

Je passai les quelques jours que je coulai à Nicolet, partie à suivre, mais librement, la classe qui aurait dû être la mienne, partie dans le village où il me restait encore quelques amis dont je cultivais le commerce, et le soir, après la récréation que je passais toute entière avec mes anciens camarades, quand tous étaient rentrés au dortoir et que le père directeur avait dépêché ses nones et que j'étais sûr de trouver le bréviaire fermé, je frappais discrètement à sa porte et j'étais bien sûr de le trouver libre et de pouvoir l'accaparer. Et alors il reprenait le fil du sujet qu'il m'importait d'élucider. A notre seconde causerie, il me dit en débutant : J'ai cherché dans mes notes sur ton compte ce que M. Baillargeon, ton professeur jusqu'en rhétorique, m'avait dit de toi, et j'ai fini par trouver les deux lignes suivantes : "si Barthe prend la voie du bien, il y fera du progrès rapide et y prendra de l'essor ; mais, hélas! s'il prend l'autre route, il ira loin, mon Dieu! c'est aussi là, ajoutait-il, le pronostic de Beaupré qu'il a surnommé l'Horatius Coclès de la classe, ce que celui-ci ne lui a jamais pardonné, qui a fait cette conjecture sur son compte et qui l'appelle *l'effréné*." Et il éclata de ce gros rire franc et jovial qui est d'ordinaire celui de l'honnête homme. Et s'interrompant tout-à-coup, il me posa, reprenant son air sérieux, la question suivante : Te sens-tu des dispositions pour la robe, il voulait dire pour l'état ecclésiastique sans aucun doute. Je laissai percer un rire équivoque qui sembla le fixer, et il continua en me disant combien il était désirable de former des hommes pour le monde dans le bon sens du mot. J'ai connu, ajouta-t-il, de bien grands saints parmi les laïcs de notre société et plutôt que d'être un prêtre tiède ou un ecclésiastique mondain, mieux vaut cent fois être un laïque régulier de mœurs sévères, qu'un religieux séculier qui porte le joug de sa règle avec humeur et en esclave. Quant à toi, mon cher enfant, j'augure bien de tes dispositions et Edouard, (c'était son neveu), qui est depuis trente ans consul de France à Portland, Etats-Unis, me dit qu'il n'aime personne autant que toi dans sa classe, excepté Dusseau et Olivier, Dusseau parce qu'il est bon et Olivier parce qu'il est à la fois ton cousin et que tu es leur boute-en-train à tous. Crois-m'en, mon bon étourdi, il faut que tu restes avec tes bons parents à leur rendre en devoirs et en soins ce qu'ils attendent de toi et qu'ils ont le droit d'exiger, c'est-à-dire, la conformité aux vues qu'ils ont sur toi et qu'ils m'ont manifestées pendant ta maladie. (Ici j'eus un moment de laisser aller qui le toucha), et il ajouta : j'ai bien demandé à Dieu, pour toi, dans ce moment-là, de te rappeler à lui s'il devait en être autrement de toi qu'à l'encontre de mes prévisions. Non, non, reste dans le monde, sois-y un grand citoyen par l'exemple, un bon chrétien par les manifestations, et le collège de Nicolet aura du bonheur à te réclamer comme un des fruits de son œuvre qui a déjà donné son contingent à notre société, sous ce rapport-là tout spécialement ; puis ajournant la séance, il me renvoya au lendemain pour me donner mon certificat d'études suivant la loi, me fit faire la prière en commun avec lui et m'embrassa en se retirant pour la nuit.

On trouvera ailleurs, dans ces *Souvenirs*, la page toute spéciale consacrée à la mémoire de cet homme si humble alors et resté si vénéré et dans laquelle j'ai consigné quelques-uns

jovial qui est d'ordinaire celui de l'honnête homme. Et s'interrompant tout-à-coup, il me posa, reprenant son air sérieux, la question suivante : Te sens-tu des dispositions pour la robe, il voulait dire pour l'état ecclésiastique sans aucun doute. Je laissai percer un rire équivoque qui sembla le fixer, et il continua en me disant combien il était désirable de former des hommes pour le monde dans le bon sens du mot. J'ai connu, ajouta-t-il, de bien grands saints parmi les laïcs de notre société et plutôt que d'être un prêtre tiède ou un ecclésiastique mondain, mieux vaut cent fois être un laïque régulier de mœurs sévères, qu'un religieux séculier qui porte le joug de sa règle avec humeur et en esclave. Quant à toi, mon cher enfant, j'augure bien de tes dispositions et Edouard, (c'était son neveu), qui est depuis trente ans consul de France à Portland, Etats-Unis, me dit qu'il n'aime personne autant que toi dans sa classe, excepté Dusseau et Olivier, Dusseau parce qu'il est bon et Olivier parce qu'il est à la fois ton cousin et que tu es leur boute-en-train à tous. Crois-m'en, mon bon étourdi, il faut que tu restes avec tes bons parents à leur rendre en devoirs et en soins ce qu'ils attendent de toi et qu'ils ont le droit d'exiger, c'est-à-dire, la conformité aux vues qu'ils ont sur toi et qu'ils m'ont manifestées pendant ta maladie. (Ici j'eus un moment de laisser aller qui le toucha), et il ajouta : j'ai bien demandé à Dieu, pour toi, dans ce moment-là, de te rappeler à lui s'il devait en être autrement de toi qu'à l'encontre de mes prévisions. Non, non, reste dans le monde, sois-y un grand citoyen par l'exemple, un bon chrétien par les manifestations, et le collège de Nicolet aura du bonheur à te réclamer comme un des fruits de son œuvre qui a déjà donné son contingent à notre société, sous ce rapport-là tout spécialement ; puis ajournant la séance, il me renvoya au lendemain pour me donner mon certificat d'études suivant la loi, me fit faire la prière en commun avec lui et m'embrassa en se retirant pour la nuit.

On trouvera ailleurs, dans ces *Souvenirs*, la page toute spéciale consacrée à la mémoire de cet homme si humble alors et resté si vénéré et dans laquelle j'ai consigné quelques-uns des traits de ce caractère qui le feront vivre aussi longtemps qu'il restera un vestige de cette maison de Nicolet avec des commencements si obscurs, des antécédents d'abord si pâles, puis prenant petit à petit des développements si progressifs, puis tout à coup une marche si ferme et si marquée au cachet du progrès, qu'en moins d'un demi siècle elle est arrivée à se mettre sur le pied universitaire. Le nom de Joseph Onésime Leprohon y restera à son frontispice, non pas peut-être entouré d'une vignette de fleurs ciselées dans le marbre froid et muet de ce vaste monument, assis sur le plateau qui recouvre la grande plaine où ma génération à pris ses premiers développements physiques et intellectuels : mais dans l'association collective des âmes formées par sa main bénigne et qui mettent leur bonheur à raviver sa douce et chère mémoire qui semble grandir encore en s'éloignant de sa source. On comprendra mieux ces paroles quand retournant un peu ces pages on y trouvera tout-à-l'heure la source de leur inspiration.

Le lendemain, le directeur me fit déjeûner

avec lui, me donna mon certificat d'études jusqu'à la classe de physique exclusivement, me passa une médaille de St. Joseph au cou et me congédia avec force bons souhaits de succès et pressentiments sur mon avenir.

Après avoir rendu compte aux miens de ma longue et minutieuse entrevue avec le directeur du collège de Nicolet, et après une courte délibération sur le parti à prendre, ils me suggérèrent de me consulter avec le Dr. Kimber, homme d'expérience et de fort bon conseil, et qui, comme médecin, avait fait sur moi quelques années auparavant une expérience diagnostique que plusieurs de ses confrères ne voulaient pas croire, tant elle leur paraissait incohérente pour ne pas dire absurde. Cette année-là, la variole, dans son plus mauvais aspect, régnait comme à l'état épidémique, dans le district de Trois-Rivières, et faisait de cruels ravages dans les familles. La mienne n'avait pas tardé à appeler son médecin de confiance que je viens de nommer. Il m'examina minutieusement, découvrit par les marques infaillibles que j'en portais encore, que j'avais été vacciné dans ma première enfance et finit par conclure que pour être plus sûr de son traitement ou plutôt pour être mieux en état de répondre de moi, il allait, après quelques préliminaires, m'inoculer la variole, elle-même, plutôt que de m'exposer à contracter cette affreuse et contagieuse maladie qui ravageait si impitoyablement notre société alors. Et là-dessus il se mit en frais de me préparer à subir l'opération avec l'assentiment de mes parents qui tremblaient de tous leurs membres malgré leur confiance aveugle dans l'homme de l'art qui faisait une telle autorité à leurs yeux, après l'expérience qu'ils avaient faite de lui depuis des années, et dans des cas très graves, où son avis avait prévalu dans plusieurs cas de consultation.

La conséquence fût qu'au bout de quelques jours je fus tellement perclus et envahi par cette irruption pestilentielle, qu'on n'osait plus approcher de moi, que j'avais perdu jusqu'à l'usage de mes yeux gonflés par une matière purulente qui avait envahi tout mon être et m'avait réduit à un état horrible à décrire et encore plus à endurer. Jusque sous la plante des pieds, dans le conduit auditif, dans les fosses nasales, partout, enfin, je souffrais, de cette horrible invasion de toute ma personne devenue tellement impotente que pour me changer de couche, on était forcé de me passer des bandes de vieux linges sous les reins pour me transporter à bras le corps d'un cabinet à l'autre ; et c'étaient mes bons parents qui s'imposaient cette rude tâche sans murmurer, (puisse Dieu les en récompenser !) attendu que personne du voisinage n'osait approcher de la maison ainsi infectée. Le Dr. Kimber venait régulièrement deux fois par jour faire son inspection, étudier le progrès de la maladie et restait grave et silencieux devant ma famille, sans avoir jamais l'air de s'effrayer des résultats.

Pendant trois semaines, ou plus, e fus plus ou moins dans cette condition inénarrable, et la première fois qu'il me fut permis d'ouvrir les yeux assez grands pour me contempler dans une glace, je poussai un tel cri d'horreur, qu'on s'en souvenait encore longtemps après mon retour de la Baie des Chaleurs, dans la maison de mes protecteurs. Et cependant pas un grain n'avait laissé sa trace quelques semaines après que la peau maculée eut été pelée par la fièvre et la circulation du sang restaurée à son état normal.

Et le Dr. Kimber, toujours impassible, disait à mes proches : c'en était fait de lui si au lieu d'avoir suivi mon traitement, il s'était laissé empoigner par la contagion. Et il triomphait.... Et moi et les miens encore plus !

Comme ce fait peut intéresser la science et intriguer la faculté, je n'ai pas voulu manquer de le consigner ici. Mais je répète que plusieurs de nos sommités médicales, entre autres sir E. P. Taché, et le plus outré de tous, ne voulut pas admettre le fait qu'il déclarait absurde, et à cause de son respect, disait-il, pour le Dr. Kimber, dont il connaissait la science, la prudence et l'habileté. Il fallut que la chose lui fut confirmée par d'autres plus autorisés que moi pour le lui faire enfin accepter, et chaque fois qu'il me rencontrait après, c'était toujours pour s'extasier sur ce qu'il appelait l'absurde miracle opéré sur moi par le Dr. Kimber.

Quoiqu'il en soit, c'est à cet homme-là, mon

sauveur, que mes parents m'avaient engagé de référer ma nouvelle situation, qui était moins cette fois de sa compétence, mais où son conseil sûr paraissait bon à prendre.

C'était un homme grave et spirituel que notre député de Trois-Rivières et, par-dessus le marché un galant homme et un ami du progrès. Il m'interrogea beaucoup sur mes goûts et mes tendances et m'offrit bien volontiers d'essayer de son école, si le cœur m'en disait, et qu'après quelque temps il pourrait mieux se prononcer, ce qui ne m'empêcherait pas, du reste, de passer brevet avec un avocat avec qui, en assistant quelques heures par jour, à son cabinet, je pourrais ainsi mettre deux cordes à mon arc.

Je m'entendis avec M. Barnard, devenu un de nos députés, ce qui lui imposait des absences forcées, et qui ne demandait pas mieux que d'avoir à disposer d'une main de plus pour faire aller les affaires de la pratique. Il y avait alors là, un de mes contemporains de collège, M. Eusèbe Désilest, qui devint plus tard le gendre de M. Héney et le maire de Trois-Rivières, et à nous deux nous devions faire tant bien que mal la triture courante de la boutique légale, et le reste arriverait par surcroît, Dieu aidant.

Ce qui acheva de me déterminer à adopter le plan suggéré par le Dr. Kimber, ce fut la présence chez M. Barnard du célèbre Stephen Burroughs, qui avait été le secrétaire d'ambassade de Franklin à Paris, sous le ministère de Calonne, contrôleur des finances sous Louis XVI, dont il avait connu intimement le frère, l'abbé de Calonne, alors émigré au Canada et devenu le chapelain des Dames Ursulines de Trois-Rivières.

Or une cabale toute puissante s'était élevée contre M. Burroughs par tous les Etas-Unis où sa tête avait été mise à prix, et ce dernier, après avoir fait une résistance impossible, qu'il serait trop long et hors de place de raconter ici, avait été forcé par la fortune du sort de chercher un refuge au Canada, et avait été jeté à Trois-Rivières, comme l'abbé de Calonne, lui-même, l'avait été par le flot de la révolution française : de sorte que ces deux vieux amis se trouvant tous deux rapprochés par le malheur, avaient renouvelé une connaissance déjà étroite à Paris et qui s'était resserrée encore depuis leur rencontre fortuite à Trois-Rivières.

Or, quand j'étais enfant de chœur je servais la messe de l'abbé de Calonne, et après une controverse de quatre mois entre lui et M. Burroughs, ce dernier avait fini par se rendre et était devenu si fervent catholique qu'il assistait tous les matins à la messe de l'abbé de Calonne dont j'étais le servant : ce qui fait que quand devenu grand garçon, après ma sortie de collège, M. Burroughs qui m'avait remarqué, enfant de chœur, se rappelant de moi, et entendant parler de la position précaire qui m'était faite par mes études classiques interrompues, s'offrit généreusement à me faire compléter mon cours de physique, d'algèbre et de mathématiques, autant du moins que pouvait le permettre un enseignement particulier ainsi fait à bâtons rompus ; de sorte que ce que je sais de ces matières abstraites, je l'ai appris de la bouche de ce vieux savant qui se prodiguait pour m'aider ainsi à labourer ma route à travers le rude sentier que j'avais à parcourir. J'étais arracheur de dents le matin, dans le cours de la journée un fessecahier légal, et le soir un apprenti savant dans les hautes sciences mâchées par M. Burrouhgs, de sorte que j'étais littéralement bondé des arcanes de la science. Hélas! comme cette époque est pleine de souvenirs mêlés pour moi et de pensées bien mélangées aussi sur les péripéties de la vie accidentée que chacun de nous mène ici-bas à travers les difficultés de terrain qu'il faut avoir à franchir pour ne pas rester dans le platras ou le bourbier social!

Mais revenant à l'abbé de Calonne, dont je crois voir encore la figure austère et les yeux enfoncés dans leur orbite qui jetaient des éclairs comme le tonnerre au moment de l'orage, il était du nombre de ceux qui, venus de France, après les deux frères Desjardins, avaient été échelonnés des deux côtés du fleuve dans le district de Trois-Rivières dans l'ordre suivant: l'abbé Courtin à St. Pierre les Becquets, l'abbé Lejamtel à Bécancourt, l'abbé Raimbault à Nicolet, l'abbé Fournier à la Baie du Febvre, et enfin l'abbé Joyez à la Pointe-du-Lac, puis le plus illustre d'eux tous, l'abbé de Calonne, au couvent des Ursulines de Trois-Rivières.

J'entends encore la voix d'un autre monde de ce dernier dont je ne comprenais pas alors la portée, mais qui me donnait un frisson involontaire par sa seule vibration. Dans son zèle apostolique il s'emportait quelque fois jusqu'à descendre les marches de l'autel d'où il prêchait et n'était arrêté que par les balustres qui servaient de barrière aux emportements de son éloquence. Deux ans après mon premier départ de Carleton, alors que j'étais encore enfant, mon père et ma mère, accompagnés d'une demoiselle Nadeau, de leur endroit, s'étant décidés à me venir voir avec elle qui était ma marraine, passèrent quelques semaines avec nous et ne manquèrent pas d'aller aux sermons de l'abbé de Calonne, et la conséquence en fut que ma douce et belle marraine dont la main avait été recherchée par un des meilleurs partis de Trois-Rivières, dans le temps, fit volte face au sacrement si recherché d'ordinaire, pour se cloîtrer aux Ursulines de Trois-Rivières, en dépit de ma pauvre mère désolée qui ne savait plus de quelle grâce arriver sans elle à Carleton.

Un Dr. Dill, qui avait ses appartements dans la maison occupée par nous, avait aussi sa mère veuve, avec lui pour fils unique, et malgré toutes les représentations de son fils qui l'adorait, elle aussi, avait, pris le chemin du couvent et vivait de la parole de cet austère apôtre qui lui-même ne faisait qu'un repas par jour, couchait sur la dure et se frappait la poitrine sur la vie qu'il avait menée en Europe, où cependant il avait été l'édification de la cour de Louis XVI. Ce roi légitime, Louis XVI, sans être un si vaste esprit, témoin de ce duel de la France contre la monarchie absolue, ne se faisait pas illusion jusqu'à se flatter du triomphe de cette dernière. Louis XVI était loin d'être un grand politique, mais il était doué d'un grand sens naturel et surtout d'un excellent cœur qui ne s'est jamais démenti, même pendant sa détention au Temple, et qui s'est révélé tout entier au jour d'adieu et de la séparation de la famille royale, à la veille même d'incliner son chef déjà découronné sous le couperet inventé par le philantrophe docteur Guillotin, presqu'un an avant son inauguration sur la Place de la Concorde. Ce n'était pas Louis XVI non plus que la révolution voulait tuer, mais, dans lui, la royauté qui n'avait fait que dégénérer depuis le temps des Croisades, après la mort de St. Louis, le dernier des rois sages, dont la dynastie s'est perdue dans les horreurs et les délices d'un pouvoir effréné, qui finit par porter le défi à l'immortelle indépendance de la conscience humaine !

J'étais trop jeune encore pour saisir dans la parole de l'abbé de Calonne ce que son âme sacerdotale laissait échapper de sanglots en se rappelant ces scènes de la révolution, la plus grande tragédie après celle du Calvaire : mais quand j'entendais cette âme brisée par le spectacle d'un monde encore plus insensé que coupable, il me semblait voir et entendre une de ces orfraies dont la mer m'avait, tout jeune encore, révélé la présence, avant ou après la tempête, dominant le désastre tout en en pleurant les néfastes effets. Et je ne m'étonne pas aujourd'hui que la mère du docteur Dill, appelée depuis mère Ste. Angèle, malgré les conjurations de son fils, ou mademoiselle Henriette Nadeau, fiancée à son futur époux, optassent pour la réclusion perpétuelle devant les décevantes séductions d'un monde sortant si monstrueux de l'austère et sublime cerveau de ce scion de la cour de France, qui lui-même lui avait préféré la vie du cloître, et les douceurs du joug évangélique aux folles vanités d'une cour débordée par les plaisirs et la corruption ! Et c'était un témoin incontestable que celui-là. Il me semble avoir encore dans l'âme comme la répercussion des échos de cette voix d'outre-tombe qui fit tant et de si éclatantes conversions dans le temps !

Que de fois je me suis pris à regretter de n'avoir pas pu suivre les élans de cet aigle perdu vers les régions d'en haut où, comme l'oiseau auquel je le compare, volant droit au soleil il semblait se perdre dans sa lumière et s'arrêtait parfois à la balustradre de sa chapelle comme inconscient de ses mouvements. Il mourut, je crois, en 1825, dévoré d'austérités, et M. Burroughs qui lui a survécu pendant plus de quinze ans, n'a jamais laissé passer un seul jour sans aller ployer le genou sur sa tombe solitaire où je l'accompagnais souvent moi-même, emporté par le poids de mes souvenirs, vers cette plaque de marbre monumental, placée par les dames Ursulines à la gauche de l'autel de leur chapelle, comme le memento funéraire de cette grande vie et de cette grande mort qui reste une si imposante date dans leur histoire !

Nous en étions avant ces deux derniers épisodes à mon installation concurrente chez le Dr. Kimber et M. Barnard, où j'avais essayé de combiner les choses de façon à me tirer de ma situation quelque peu complexe : on saura tout à l'heure avec quel peu de bonheur j'y avais réussi dans mon début comme dentiste.

On s'imagine facilement que mes études médico-légales n'étaient guère élaborées et que mes progrès dans l'une ou l'autre n'étaient guère sensibles non plus. D'abord la vue du sang suffisait pour me faire manquer le cœur, et la première fois que j'arrachai une dent à un infortuné du nom de Godin, brave ouvrier de Trois-Rivières, bien que j'eusse suivi avec précision tout ce que j'avais vu faire en pareille occurence, ça m'avait si mal réussi que mon pauvre patient traversait la rue chaque fois qu'il avait la mauvaise fortune de me rencontrer sur son chemin. Quand c'était une molaire d'en haut qu'il fallait enlever, j'avais observé que c'était sur un tabouret au ras de terre qu'il fallait placer l'opéré, puis l'enfourcher pour mieux la scarifier avec l'instrument propre, règle que j'avais suivie de tout point ; mais j'y avais mis tant de lenteur fébrile que le souffrant s'étant levé tout-à-coup avec moi sur ses épaules courait autour du cabinet en hurlant comme un possédé, au point que toute la maisonnée, madame Kimber, en tête, était accourue pour se rendre compte de la scène ; mais le trophée était dans mes mains, la dent au bout de mon instrument, et moi triomphant, mais hébété par la peur de ma prouesse même, et cherchant à me débarrasser de mon mieux de ma nouvelle monture : et, c'était dans cette équipée que je fus surpris, mettant bien vite en fuite ceux qui étaient accourus voir ce qui pouvait bien se passer là. Enfin je descendis tout honteux et démoralisé de la hauteur où j'étais juché (mon homme en était un de six pieds), et son remerciment fut un juron des mieux conditionnés qui acheva de m'attérer. Je fus tout le reste de la journée dans une situation physique et morale plus facile à imaginer qu'à décrire, attendant le retour de mon patron avec une anxiété mortelle dont je n'anticipais que trop bien le dénouement. En effet quand le Dr. Kimber rentra par une porte dérobée, ayant appris le spectacle dont j'avais été le héros et ma victime en fuite comme échappée des mains du bourreau, il rentra pour me trouver consterné comme un coupable sous le dernier des mauvais coups et n'eut pas le courage d'affronter une explication de ma part. Mais le lendemain tout doucement il me fit comprendre que je n'avais pas été créé et mis au monde pour la chirurgie, et que je ferais mieux de m'en tenir aux dossiers de M. Barnard, ce que je me tins pour dit. Cependant, pour adoucir ma chûte, il poussa l'indulgence jusqu'à me permettre de fréquenter le cabinet à la condition de m'effacer chaque fois qu'il se présenterait un incident pareil, afin de ne pas mettre en fuite les autres infotunés qui auraient craint de me tomber sous la main, ce à quoi je me conformai avec toute la docilité possible comme on le pense bien. Heureusement que la grande convention des patriotes annoncée pour se tenir à Trois-Rivières, et où tous les chefs de quelque marque s'étaient donné rendez-vous, arriva dès le lendemain et que j'étais dans le délire de la joie de voir la phalange libérale composée de tout ce que nous avions de plus remarquable au pays, se mettre en évidence dans la maison même qui avait été le théâtre de ma malheureuse opération de la veille.

C'étaient les Papineau, les Debartchz, les Lafontaine, les Vallée, les Rodier, les Cherrier, les O'Callaghan, les Côte, les Dewitt, les Scott, (des Deux-Montagnes), les Girouard, les Lee, les Labrie, les Dubord, les Leslie, les Viger, les Lacoste, les Mailhiot (C. L.), les Bourdages, les de Boucherville, les Chénier, les Chapman et Revans, les Drolet, les L. M. Bouchette, les J. B. Proulx, les Elzéar Bédard, les Armstrong, les Deligny, les F. A. Quesnel, le colonel Raizenne, les E. P. Taché, les Toussaint Peltier, le colonel Dumouchelle, les Légaré, les DeSalles-

Laterrière, les Dr. Kimber de Chambly, les Franchère, les Soupras, les E. R. Fabre, et un bon nombre d'autres hommes également patriotiques et distingués par leurs antécédents et leur influence dans le pays. C'était la première fois qu'il m'était donné de voir ainsi la fine fleur de notre démocratie en action, et je me rappelle encore avec quel enthousiasme nous écoutions exhaussés sur la pointe des pieds ces oracles en chair et en os qui vulgarisaient pour nous les arcanes de la politique en nous catéchisant sur les principaux points de nos droits de citoyens comme de nos devoirs de patriotes. Le solennel Debartch, surtout, le disputait au grand Bourdages en fait de zèle et de scrupules de conduite, bien qu'il ne réalisa guère un peu plus tard, face à face avec l'épreuve, les éjaculations de son programme d'alors, qui avait forcé L. J. Papineau, lui-même, à agir comme modérateur dans la circonstance. Un des plus sages, quoique alors un des plus jeunes, était, sans contredit, le neveu de M. D. B. Viger, M. Côme S. Cherrier, qui ne faisait guère alors que commencer à montrer ses premières armes. Mais les Côte, les de Bleury, les E. E. Rodier, les Dr. O'Callaghan, les Ovide Perrault, menaçaient de mettre flamberge au vent, pendant que la majorité compacte se tenait digne et ferme, Papineau en tête, sur le terrain de la défense constitutionnelle : le Dr. Kimber lui-même, chez qui se tenait la convention, se déclarant adverse aux moyens violents pour laisser aux administrations elles-mêmes, disait-il, la responsabilité de provoquer ou plutôt de donner de leur propre élan le branle au mouvement, en amenant la révolution par leurs audacieuses et flagrantes violations de notre droit incontestable de réunion en plein soleil, et par le scandale de la violence provoquée par elles à l'encontre de nos lois les mieux établies et au mépris même de notre charte de 1791. C'était aussi la doctrine de Wolfred Nelson qui répondait à ses concitoyens du comté de Richelieu, l'interrogeant sur la conduite à tenir, si on venait les arrêter dans l'exercice de leur droit légitime de délibérer sur ce qu'il y avait à faire dans le cas où le parti tory viendrait les troubler ou se servir du ministère de la force armée pour les arrêter à domicile, il répondait : *Quant à moi, ils ne me prendront pas vivant.*

Mais, repartait l'entraînant Rodier, qui m'empêche, moi, d'arrêter le procureur-général Ogden dans ses interventions violentes dans nos assemblées et délibérations civiques, comme un pertubateur du repos public ? Je suis, ajoutait-il, connétable spécial du peuple pour faire main basse sur tous ces maraudeurs et tous ces oiseaux sinistres qui viennent flairer nos mouvements pour semer la terreur en nous dénonçant après comme des sujets traîtres à leur roi et à leur pays. N'y a-t-il donc pas de moyen de se protéger contre ces espions ? Et qu'y a-t-il autre chose, ajoutait-il, parmi cette gente éhontée qui ne se compose que de délateurs ? On se dirait ici comme dans le pire temps de Rome, où cette caste infâme vivait magistralement à l'ombre du pouvoir...... et là-dessus, les p'us sages avaient quelque peine à maintenir l'équilibre ; toutefois, le parti grave finissait par prendre le dessus ; mais on commençait à sentir qu'il y avait de la poudre dans l'air.

Cette réunion solennelle chez le Dr. Kimber, à Trois-Rivières, avait laissé une semence de fermentation qui fit que la petite ville devint le théâtre de l'agitation, mais dont l'heure n'est pas encore venue de donner les détails. Ce sera le moment d'y revenir quand, à mon second volume, rentrant dans mon terre-plein parlementaire qui est toujours l'objectif principal de mon œuvre, je développerai les éléments qui, par leurs effets, ont abouti à 1837 après avoir été dans les mains des Craig et des Dalhousie les agents des désastres qui ont fondu sur le pays et précipité par là, d'un demi-siècle, les destinées de cette colonie devenue un peuple organisé pour le *self government*,

LES TROIS LIBÉRAUX IRLANDAIS.

Je vous ai beaucoup parlé de la faction tory, ô mon bon et patient lecteur; mais il me semble pourtant que je ne vous ai pas encore assez mis dans le secret de la situation. Causons ensemble encore un peu, s'il vous plait, de nos misères domestiques, fruit de notre association avec, ou plutôt source de notre embarras causé par cette funeste importation du torysme métropolitain, à la suite de la proclamation de l'indépendance des Etats-Unis, avec une poignée de renégats sur leurs derrières pour se disputer nos dépouilles.

C'est, en effet, de ces deux sources empoisonnées que nous sont venus tous nos malheurs coloniaux, toutes nos disgrâces, toutes nos infortunes politiques ; car cette puissance latente qui tirait toutes les ficelles du gouvernement local faisait en même temps mouvoir celles de ses congénères de *Downing Street*, dont elle se posait comme le truchement semi-officiel ici.

Nos défenseurs de l'école libérale franco-canadienne avaient fort à faire, ma foi, pour résister à cette influence néfaste d'où sont venues toutes nos infortunes publiques avec les armes inégales que la situation leur laissait entre les mains. Toutefois la lutte héroïque qu'ils soutenaient ne laissait pas d'attirer l'attention du dehors : et O'Connell, lui-même, quand il tonnait contre elle au nom de l'Irlande qui l'avait aussi collée au flanc comme une sangsue jamais assez repue, ne dédaignait pas d'amener le Canada dans ses philippiques qui mettaient le branle-bas dans la chambre des communes et donnaient l'éveil à la presse transatlantique elle-même qui leur faisait écho. Le nom de Papineau y avait presque atteint autant d'importance que celui du libérateur de la Verte Erin ; et Spring Rice et Stanley secouaient leurs crinières également en entendant prononcer celui de l'un ou de l'autre : et les libéraux de l'Irlande jetaient à travers la mer des yeux d'amour à ce petit peuple chevaleresque dont les chefs disaient tout haut : *la garde meurt, mais ne se rend pas.* Ce petit drame d'outre-mer, ainsi jeté dans les entr'actes de celui de l'antique Hibernie, devenue l'Irlande, entretenait le feu sacré allumé par O'Connell à Londres, et propagé par Washington dans le Nouveau-Monde, sous l'égide des preux que la France avait envoyés soutenir le drapeau étoilé et le vol de l'aigle américaine.

C'est, attiré par ce souffle de liberté qui troublait la sérénité de la faction tory métropolitaine et coloniale, que ces trois fils émancipés de l'Irlande étaient venus pressentir les choses de ce côté de la mer et qu'ils avaient fini par épouser la cause des persécutés, sans jactance comme sans faiblesse.

Parmi les hommes remarquables que cela y avait éveillés et nous avait attirés, notamment de l'Irlande, de 1820 à 1830, se trouvaient Jocelyn Waller et les deux docteurs Tracey et E. B. O'Callaghan. Le plus éminent des trois, sans contredit possible, était Waller, le fondateur du *Canadian Spectator*, qui battit en brêche et triomphalement l'administration de ce puissant Dalhousie dont le *Herald* et la *Gazette de Montréal*, du temps, avaient fait un véritable chien enragé lancé contre ce noyau de Français invincibles dont il avait juré l'extinction, l'extermination, s'il l'avait pu et l'avait ôsé.

Waller, pour trouver sa source d'origine remontait jusqu'à la race Celtique, aux Gaëls, et passait pour être consanguin des anciens rois d'Irlande. En tous cas, c'était une noble nature, un vaste esprit, un grand cœur, avec des aspirations vers tout ce qu'il y a de plus exalté dans notre espèce humaine, comme l'amour passionné de la liberté, et, par conséquent, l'ennemi né de la tyrannie et de la persécution, partout où il les trouvait sur son chemin. En tombant sous notre ciel il trouva de suite à qui parler. Il se dévoua sur l'heure avec son journal à la défense de la cause franco-canadienne et devint l'ami inaltérable des Viger et des Papineau et le parangon des patriotes qui marchaient à leur suite, en dedans comme en dehors du parlement. Aussi concentra-t-il contre lui toute la furie de la faction tory et de son chef né, le gouverneur Dalhousie.

Puis apparurent à sa suite deux autres polémistes transcendants dans ses deux compatriotes Tracey et O'Callaghan, tour à tour au *Vindicator*, le premier emporté bientôt après par le choléra de 1832, à la suite de cette chaleureuse élection du quartier ouest, où Papineau et lui avaient triomphé au milieu d'un égorgement dans lequel Chauvin, Billette et Languedoc, appelés les victimes du 21 mai, étaient tombés sous la fusillade commandée par le colonel McIntosh, de la garnison, autorisé à cet effet par le magistrat Austin Cuvillier, après une consultation tenue au palais de justice par un nombre de juges de paix, parmi lesquels figurèrent plusieurs des nôtres, mais non pas pour leur obtenir les honneurs de l'immortalité.

Maintenant pour faire voir ce qu'avaient à combattre ici nos deux chefs canadiens Viger et Papineau, dans cette faction tory qui a été le mauvais génie de l'Angleterre, et dont il ne reste plus au Canada, qu'une pâle imitation, (car supprimez sir John A. Macdonald et vous lui ôtez l'âme et le corps :) il ne s'agit que de donner la liste de ses principaux membres qui formaient, comme on va le voir, une formidable phalange encore plus par sa puissance financière et par ses forces d'intelligences et de ramifications, qui n'étaient pas peu, que par ses attaches officielles et sa position sociale élevée : et l'on aura la mesure de ce qu'étaient nos chefs qui la combattaient sans merci, non-seulement sans l'éviter, mais en la suivant à la piste, toujours et partout, sans lâcher pied et sans jamais essuyer une défaite, ici, comme en Angleterre même, où les Roebuck, les Hume et les Leader la tenaient à la martingale. *(Voir le tableau de la faction tory placé en regard.)*

Enfin les honorables Mathew Bell, celui-ci possesseur inamovible des forges St. Maurice, et Horatio Gates d'immigration américaine, dont le coffre-fort était au service des administrations; tous deux au conseil législatif, où ils se contentaient de faire nombre et de servir l'exécutif avec une persévérance plus servile et plus touchante que désintéressée.

Je viens de ne mettre au grand jour là que les personnalités les plus en évidence de la faction tory, mais on en a assez pour apprécier ce que nos chefs avaient sur les bras dans ce *family compact*, comme on les dénommait alors, qui se prêtaient main forte partout et en toute occasion et rencontre, mais qui avaient leur petit Waterloo en règle à toutes les sessions parlementaires annuelles.

Mon Dieu! que de fois j'ai eu le bonheur de voir hacher cette phalange toujours vaincue, mais jamais découragée, et qui ne revenait à la charge que pour étancher le sang tory qui coulait sous la massue impitoyable d'un Bédard

TABLEAU DE L'OLIGARCHIE OU DE LA FACTION TORY.

Le très honorable Edward Ellis, seigneur de Beauharnois.

L'honorable John Richardson, une des sommités commerciales de Montréal.

L'honorable James Cuthbert, seigneur de Berthier, (en haut), conseiller législatif.

L'honorable George Pemberton, conseiller législatif.

L'honorable Samuel Smith, deux fois administrateur du Bas-Canada, en 1817 et 1820.

L'honorable John Primrose, de récente importation, un mignon des gouverneurs.

Les honorables juges Charles Dewey Day et Alexander Buchanan, deux lumières du barreau et deux adorateurs du soleil levant.

Les honorables Matthew Bell et Horatio Gates, tous les deux les fidèles acolytes du procureur-général Ogden, et de sa queue officielle.

Les juges en chef
    Jonathan Sewell,
    James Reid,
    Sir James Monk,
    Sir James Stuart,
tous les quatre, juges suprêmes et membres de la chambre d'assemblée ou du conseil législatif, leur forteresse.

L'archidiacre Stewart, plus tard le lord évêque de Québec.

Son successeur, le très révérend Jacob Mountain.

L'honorable H. Vitrius Ryland.

L'honorable John Stewart, frère de l'évêque et administrateur des biens et du coffre des Jésuites.

L'honorable Robert Christie, le lieutenant de lord Dalhousie dans la baie des Chaleurs.

Sir John Caldwell, receveur-général, devenu magiquement le propriétaire de la seigneurie de Lauzon, et autres lieux, suivant le *Parfait Notaire*.

L'honorable Charles Richard Ogden, procureur général, la cheville ouvrière de la faction.

L'honorable juge Samuel Gale.

L'honorable Louis Conrad Gugy, seigneur de Gros-Bois, et autres lieux, shérif de Trois-Rivières et de Montréal, conseiller législatif.

L'honorable Bartholemew Conrad Augustus du précédent, zélateur du gouvernement, vant tous deux de leur compatriote, Haldi...

L'honorable Peter McGill, le plus noble de la faction par sa dignité personnelle.

L'honorable George Moffatt, le plus digne représentant du commerce métropolitain parmi et le plus implacable, bien que le mieux observé de nos adversaires.

Le vénérable Samuel Gérard, agent de la Compagnie d'Hudson, à Montréal, et le constant ami des Sulpice.

Le lieutenant colonel Coffin, factotum du gouvernement local pour tout le district de Trois-Rivières.

ou d'un Bourdages, d'un Borgia ou d'un Besserer, d'un Huot ou d'un Lagueu et qui tombait pantelante sur le parquet parlementaire où Ed. Etienne Rodier lui donnait son coup de grâce, quand ce n'était pas ce Plamondon qui, après Vallières de St. Réal, était l'aigle dominant du barreau et de l'assemblée législative de Québec.

LES RENÉGATS AMÉRICAINS.

Il me semble que la place est toute trouvée pour consigner ici les faits et gestes de cette caste à part qui, vomie par la révolution américaine, dont elle avait souterrainement entravé la marche, tant qu'elle avait pu s'en promettre quelque profit; mais qui affecta de suivre le drapeau anglo-saxon sur le territoire canadien par une feinte d'inaltérable fidélité, quand, en réalité, cette vermine ne faisait que flairer quelque chose à gruger pour elle, aussi de ce côté.

Parmi les faits saillants de notre histoire, celui-ci me paraît un des plus frappants. En effet, est-ce qu'il n'y a pas dans le rapprochement et la coïncidence de certains faits, comme la collération des causes et des suites nécessaires, sinon mêmes des conséquences absolues ? Rendons cette observation plus sensible en la faisant ressortir d'une recherche historique toute fraîche encore et dont l'application me semble arriver fort à propos sous ma plume.

Nous avons eu au Canada, après l'émancipation des Etats-Unis, quelques familles privilégiées, quatre entre autres, qui feignirent de suivre la fortune de l'Angleterre, en Amérique, plutôt que d'accepter le sort que l'armée combinée de Washington et de Lafayette avait fait au pavillon étoilé.

Ces quatre familles ainsi apparemment dévouées aux destinées coloniales de l'Empire Britannique, avaient nom Sewell, Stuart, Ogden et Coffin, avec une cinquième du nom de Smith qui se traînait sur les derrières des quatre autres.

Or, le véritable père de notre union législative avec le Haut-Canada fut, tout d'abord le juge en chef Sewell, un des hommes les plus considérables, pour ne pas dire l'âme de la faction tory en Canada.

Ce fut la doctrine et le but de toute sa vie de river la province française à celle dite du Haut-Canada avec l'intention avouée de faire subir l'absorption violente de la première par la seconde, comme ce fut aussi sa pensée hautement proclamée d'effacer les lois françaises de notre code, en donnant, par là, le démenti à la foi jurée, et de décréter cela au simple nom de la conquête ! C'était là tout son dogme politique, et il sembla faire fortune alors, du moins aux yeux des zélateurs qui datent de là comme les fidèles de Mahomet datent de l'hégire. Et cependant il est resté le grand docteur de la nouvelle église torie.

Après lui, ses successeurs, comme solliciteurs et procureurs généraux, toujours en tête de la faction, et en dernier lieu, Charles Richard Ogden, son disciple en tout, réchauffèrent cette doctrine dans son sein : et ce dernier fut l'âme de la conjuration, en se servant du bourg de Trois-Rivières comme théâtre de ses exploits, aveuglement secondé en cela par le lieutenant-colonel de milice provinciale Coffin, alors à la tête d'une certaine magistrature exceptionnelle, faite à l'image de celle exercée par M. Robert Christie dans son royaume de la Baie des Chaleurs, c'est-dire du torysme de la plus belle eau.

Quand M. Ogden inaugura pour la première fois sa candidature à Trois-Rivières, ce fut sous de tels auspices qu'il débuta, et jamais il ne recula d'une semelle sur le terrain ainsi envahi et surveillé par M. Mathew Bell, le roi des Forges St. Maurice et autres lieux ; s'acharnant au contraire de plus en plus à s'y maintenir contre vent et contre marée, et en lançant le défi à tout ce qui dans la conscience de ses concitoyens, (il avait été élevé et avait grandi à Trois-Rivières), s'insurgeait contre ce projet liberticide qui sautait à pieds joints pardessus les garanties les plus sacrées aux yeux de Dieu et de la société humaine pour arriver à ses fins.

Il se glisse ainsi parfois d'étranges anomalies et de singuliers sophismes dans la logique des passions ou des intérêts humains. En embrassant avec cette ardeur le parti du bureau colonial, que dis-je ? en le dépassant par cette fureur de zèle et d'audace, les renégats calculaient juste, (du moins le croyaient-ils), que le petit nombre des nouveaux fidèles serait sûr de fourrager la colonie voisine à leur profit et que leur mère-patrie n'aurait d'entrailles que pour eux et les traiterait en enfants gâtés. Ce qui fut vrai aussi pendant plus d'un quart de siècle, ou à peu près.

Mais dès le moment que l'attitude des Canadiens, en 1812, eut décidé du sort de la victoire, les renégats américains commencèrent à décliner dans l'estime de leur mère-patrie et finirent par tomber complètement ici devant les *loyaux* directement importés de la mère-patrie d'origine.

Et, en effet, où sont aujourd'hui les Sewell, les Stuart, les Coffin et les Ogden, soutenus par l'arrière-garde des Smith ?

Comment ces audacieux géants sont-ils tombés ? Demandez-le à cette poignée de législateurs qui veillaient dans les murs de la vieille cité de Champlain, et que j'aurai bientôt, j'espère, l'occasion et qu'il me tarde de mettre en présence pour justifier ce que j'ai dit en anticipant sur le cours de mes *Souvenirs*, pressé par mon besoin de justice pour leur mémoire.

Il n'en est pas moins remarquable que la haine du Canada-français qui gîsait dans la poitrine des renégats américains y était comme une représaille sans doute contre la France de ce que celle-ci avait fait de sacrifices pour aider Washington à se libérer du joug de la Grande-Bretagne et des chaînes coloniales qui servaient à ceux-ci comme d'attaches à *Downing Street*.

Je ne saurais autrement expliquer ce phénomène historique, car du moment où les renégats furent en baisse ici, la question perdit de son actualité, sinon de son terrain, du moins pendant un temps ; mais le feu couvait toujours sous la cendre.

Quand arrivera l'heure de développer le plan du procureur-général Ogden pour amener le triomphe de l'union, (car il n'en abandonna jamais d'un instant l'idée), je reviendrai sur l'histoire de ses menées et de la résistance héroïque de la ligue franco-canadienne à Trois-Rivières, pour se défaire de lui et de la coterie puissante dont les honteux succès pendant un temps, avaient mérité à la petite ville, pleine cependant de bons citoyens, comme on le verra, le nom disgracieux de *Bourg pourri*.

Elle s'en est bien rachetée depuis lors, malgré la ligue mitoyenne, qui s'est interposée de fois à autre pour essayer de donner le change aux sentiments qui l'animent au fond, mais qui ne réussissent pas toujours à prévaloir sur le terrain si profondément ensemencé par les Ogden, les Stuart et les Coffin, et après si fortement entretenue par la coalition Bell, disparue elle aussi, balayée à son tour par le temps et la force de l'opinion publique qui a fini par prévaloir sur l'ancien régime.

Les renégats américains, dont Charles Richard Ogden a emporté les restes à l'île du Man et puis après dans la tombe, n'ont plus de trace aujourd'hui dans notre société politique, et le torysme expirant à fait place à une nouvelle sorte de coalition, sans nom comme sans avenir, qui vit précairement des derniers débris et des restes qu'il lui a laissé à ronger.

Que ceux restés fidèles continuent la route d'après les errements et les brisées des nobles fondateurs de notre liberté constitutionnelle, à l'ombre du progrès irrésistible des idées : et je ne sais pas à quel enviable rôle nous ne sommes pas appelés en Amérique, où nous avons déjà notre rang, et où la *race inférieure* veut qu'on compte avec elle. J'ai cette fierté d'espérance, et j'aime à la consigner ici dans ces *Souvenirs*, qui en sont la source et le témoin et en seront peut-être un jour la constatation confirmée par les événements. C'est mon vœu le plus cher en en attendant la réalisation dans un avenir déjà proche au train où vont les choses, c'est-à-dire à pas de géant. A l'œuvre donc génération du jour !

Nous verrons dans le volume suivant de ces *Souvenirs*, l'histoire en action de ces mémorables luttes à peine consignées dans nos fastes parlementaires qui manquaient des moyens de le faire avec tout le ressort qu'on y met aujourd'hui, où tant de comédiens se produisent sans plus de conscience du mal qu'ils font que si le pays était fait pour être dépecé au besoin de leur appétit.

Il y a longtemps que l'Angleterre à entrevu cela, et elle n'a pas même eu la peine de le déviner. Lord Durham, dans son rapport, lui a donné la doctrine toute mâchée, et Sydenham est venu leur apporter le *gouvernement juste et fort*, qui n'a pas cessé de faire des siennes depuis lors. Et l'on marche ainsi les yeux fermés en criant : hosanna !

Mais revenons, non pas à nos moutons, mais à nos tories que Waller avait entamés le premier, et que Tracey et O'Callaghan traitaient sans merci : car ce que nos députés étaient en parlement, tels étaient les autres dans la presse libérale entre les mains des Tracey et des O'Callaghan qui défendaient pied à pied le terrain constitutionnel contre le *Herald* et la *Gazette* d'alors ; le premier sous la direction d'un certain Weir, le même enragé qui, au procès de Jalbert, se rua à la tête d'une bande de forcénés, dans la cour de justice, munis de bâtons et d'armes à feu pour faire main basse sur le juge, le prisonnier, les avocats, ses défenseurs, MM. Charles Mondelet et William Walker ; c'était ce même antropophage qui reprochait au gouvernement d'engraisser nos prisonniers politiques dans les prisons de Sa Majesté, au lieu de les dépêcher de suite sur la potence !

La seconde était conduite sous la dictée d'un orangiste du nom de Chisolm, d'après les inspirations du fameux Adam Thom, la terreur de de tous les bons citoyens. Eh bien, c'étaient à ces antropophages que les Waller, les Tracey et les O'Callaghan opposaient la barrière du talent, de l'éloquence et de l'énergie de la politique inflexible et triomphante sur toute la ligne, en dehors de la caste, plus morbide encore que nombreuse, qui la combattait plus par le guet-à-pens que par sa logique et la vérité de ses assertions.

M. T. S. Brown, qui nageait dans les eaux libérales, et dont la plume déjà formidable décimait le torysme, fut en butte à la violence et à la persécution de la faction conjurée contre les patriotes, qui, de leur côté, tenaient bon.

M. Brown, grâce à Dieu, est encore debout aujourd'hui et a survécu assez longtemps aux tempêtes de ce temps-là pour savoir à quoi s'en tenir aujourd'hui sur les menées sauvages de cette bande d'effrénés dont il ne reste plus guère, à cette heure, qu'une poignée d'impuissants qui vivent des miettes qu'ont laissé tomber de leur table, en mourant, les sommités de leur caste dont ils ne sont plus que les pâles imitateurs et indignes de délier les cordons de leurs souliers.

Mais pour en revenir à nos trois fidèles alliés irlandais, Waller, Tracey et O'Callaghan qui n'en subissaient pas moins les horribles conséquences de leur dévouement à notre cause, qui était après tout la leur, puisque c'était celle de l'humanité ; il n'en restait déjà plus qu'un debout, et encore aux Etats-Unis, quand je vins à Montréal, mandé par la couronne, comme témoin dans le procès de John McDonnell, Picoté de Bellestre, qui devait suivre immédiatement celui de Jalbert ; et ce dernier des trois, O'Callaghan, réfugié alors à Albany, et que j'y retrouvai quatre ans après, et voici à quelle occasion.

M. Poulett-Tompson, depuis lord Sydenham, nous ayant été envoyé comme gouverneur pour nous leurrer dans l'Union, avait accordé l'amnistie à ceux qui restaient encore dans les prisons. J'étais de ceux-là, et pour ne pas anticiper inutilement sur ce que j'aurai à raconter à ce sujet, qu'il me suffise pour le moment de constater que j'étais alors en liberté et que le régime des élections s'annonçant, le comté d'Yamaska qu'avait représenté le Dr. O'Callaghan, avant les événements de 1837, voulut bien m'offrir sa succession, comme manière d'exprimer ses sentiments envers mon prédécesseur qui y avait été élu presque par acclamation ou du moins par un vote à la presque unanimité.

Le docteur que je n'avais connu que par circonstance, et comme en passant, lorsqu'il faisait partie de la convention tenue à Trois-Rivières chez le Dr. Kimber, notre député sur la fin de 1836, et dans l'étude duquel j'étais entré depuis peu de temps pour m'essayer la main dans l'art de *seignare et purgare,* comme dit Molière dans le *Médecin malgré lui,* ce qui ne dura pas longtemps, heureusement pour les souffrants qui auraient pu me passer par les mains.

Le Dr. O'Callaghan qui alors avait déjà eu le temps de se refaire à Albany, où il avait reçu la faveur et la considération publiques, m'écrivit une obligeante petite lettre de félicitation sur mon succès à Yamaska et m'y invitait très fort de ne pas passer dorénavant devant sa porte sans y frapper, sur mon passage à New-York, où j'allais, par ce temps-là, deux ou trois fois par année. Et c'est de sa bouche que je tiens ce qu'il me reste à raconter de cette trinité d'intelligences d'élite dont il ne restait plus que lui alors. J'étais au début de la vie, et lui sur le retour de l'âge, et dans des conditions où il figurait déjà dans la capitale de l'Etat de New-York ; c'était donc une bonne fortune pour moi de me rendre avec empressement à sa toute bienveillante invitation. C'est là que je vis pour la première fois, entre autres, le général Dix, un ami intime de M. Papineau, les sénateurs Everett et Soulé, tous deux ambassadeurs plus tard en Angleterre et en Espagne, et dès lors deux éminences dans le congrès des Etats-Unis. La maison du Dr. O'Callaghan, à ce temps-là, où comme particulier il avait une bibliothèque des plus splendides, était aussi le rendez-vous des premières célébrités des Etats-Unis, ce qui était une faveur inattendue pour moi d'y recevoir un pareil accueil, grâce aux circonstances extraordinaires dont je n'avais pas certes à tirer vanité.

Quoiqu'il en soit, c'était ma bonne fortune d'avoir là, comme chez madame Otis, à Boston, qui y était la madame Récamier américaine du temps, et où le juge Charles Mondelet et moi fûmes présentés par M. Soulé, une occasion de faire tant d'importantes rencontres et tant de désirables connaissances et dont plusieurs ne m'ont pas été inutiles non plus.

Le docteur avait les portraits de MM. Viger et Papineau suspendus dans un coin proéminent de sa bibliothèque, et il se plaisait à les faire admirer de ses illustres visiteurs à qui il en faisait l'histoire avec orgueil. Quant à moi, dont il connaissait l'intimité avec laquelle il m'était permis de vivre avec eux, il en prenait occasion de me raconter ce qu'il savait d'eux, comme hommes publics et citoyens ; et c'est ainsi qu'il me faisait part un jour de l'anecdote suivante à propos de Waller dont il avait été le disciple et l'admirateur.

Il avait pour M. Viger, surtout, un véritable culte filial, dont il connaissait les vertus publiques et les belles qualités d'esprit et de cœur. M. Viger, me disait-il donc, un jour, avait un charme inexprimable pour relever les âmes abattues, et il avait dans cet excellent Waller un sujet digne de toutes ses sympathies à cet égard, car, par moments, il lui advenait des découragements tels qu'ils touchaient parfois au désespoir.

Waller était entré le voir un jour dans une de ses trances désespérées, où l'âme détendue est prête à s'abandonner à tout, à bout de lutte ingrate et de résistance disproportionnée avec l'injustice et la bassesse des hommes de parti, aveuglés par l'égoïsme et le vil intérêt personnel et morts à tout sentiment d'équité et de justice ; ce que M. Viger, me dit-il, saisissant d'un coup d'œil, et prenant un air solennel et presque inspiré, il lui dit, en lui serrant les deux mains, avec un accent sévère mais plein de dignité sympathique : " Eh bien, mon bon, prenez garde d'être un ingrat envers la Providence qui vous a doué de si grandes faveurs sous forme des facultés de l'esprit et du cœur qu'elle vous a départies et que vous envient vos vils détracteurs qui ne dépassent pas la semelle de vos souliers. Voudriez-vous, ajoutait-il, échanger cela contre de misérables écus sonnants dans le vide d'une conscience et d'une cervelle également atrophiées ? Encore une fois, prenez garde d'être un ingrat, enfant gâté de la Providence, qui ne songez pas assez à ce que vous lui devez ! puis il le fit diner avec lui et le congédia parfaitement réconcilié avec la vie qui lui avait paru si insupportable ! Et le lendemain, le *Canadian Spectator* contenait un de ces articles irréfutables qui donnait la migraine à lord Dalhousie, et la rage à sir James Stuart, qu'il avait taillés tous deux en pièces en avançant de vingt ans les intérêts de notre cause et en démolissant des coups de sa plume les échafaudages de la faction tory. C'était là sa dynamite à lui et elle ne lui faisait jamais défaut.

Waller savait, (c'était alors l'évangile du jour), que James Stuart avait d'abord tourné le dos à lord Dalhousie, et s'était jeté à corps perdu dans le camp libéral, en rompant avec éclat avec ce gouverneur, parce que celui-ci lui avait préféré M. Bowen comme solliciteur-général et qu'il n'était venu à récispicence qu'après que son ambition avait été satisfaite. Or c'était là-dessus que roulaient les commentaires du *Canadian Spectator*, le thème des sarcasmes que Waller, qui savait les manier, lui infligeait avec son fouet sanglant: et il y mettait un tel luxe de cruauté à le lacérer de la sorte que sa victime écumait de rage et mettait tout en jeu pour assurer sa vengeance sur son tourmenteur impitoyable qui ne lui donnait pas de relâche. De son côté le gouverneur épuisait contre lui tous ses agents de persécution, et on sait qu'il n'était pas scrupuleux sur les moyens. C'est ce qui faisait à Waller une vie des plus agitées et qui finit par lui creuser son tombeau avant l'heure fixée par la nature.

Et, singulier retour des choses humaines, je n'ai connu de sa famille que le Dr. Waller, son fils que tout Montréal a vu errer sur son pavé comme une âme en peine, et qui n'avait guère hérité du génie de son père, mais que, par pitié pour la mémoire de ce dernier, notre chambre d'assemblée avait fini par nommer son traducteur officiel, fonction qui lui permit de faire à notre langue autant de mal que la faction tory en avait fait à son noble et infortuné père.

C'était, du reste, un digne et brave citoyen, que MM. Viger et Papineau ne négligèrent pas et que nous entourions tous de toute notre considération et de notre plus vive sympathie. Mais son père, comme MM. Tracey et O'Callaghan, sont déjà loin dans la mort...

Ce dernier, une fois que j'étais devenu un peu plus familier avec lui, me racontait combien l'avait amusé son élection d'Yamaska : Pour qui votez-vous, demandait l'officier rapporteur à l'électeur ? et ce dernier, après un moment d'hésitation, de répondre : Pour le docteur *Qu'à la gale.* Et de rire !

Heureuse faute de prononciation, s'écriait le malin Hugues Héney qui l'avait en horreur politique, en faisant ainsi écho aux électeurs du docteur *Qu'à la gale,* avec sa caustique jovialité.

Celui-ci avait la figure la moins avantageuse des trois valeureux irlandais qui avaient ainsi épousé généreusement notre cause. Maigre, pâle et gravé, la bouche quelque peu déprimée comme s'il eut été affecté d'hypocondrie, à première vue, il n'avait rien d'attrayant, tant s'en fallait; mais petit à petit il se déridait, et comme il avait la causerie abondante et bien nourrie, l'épigramme facile, la raillerie mordante et l'esprit fort cultivé, il nous avait bientôt conquis à ses vues et à ses idées : car ses appréciations des hommes et des choses ne laissaient rien à désirer.

Tracey était au physique la contre-partie parfaite de son confrère *Qu'à la gale*, physionomie ouverte et animée, l'air dégagé, l'abord facile et attirant, il était beaucoup mieux fait pour la popularité avec sa facilité de plume et de parole qu'il possédait à un haut degré.

Quant à Waller, je ne l'ai jamais connu que par ce que m'en ont dit M. Viger et le Dr. Kimber, entre autres, qui tous deux le regardaient comme une supériorité hors ligne et le cultivaient avec soin dans l'intérêt de la cause libérale.

Aussi une chose pour moi inexplicable, c'est que l'exemple de ces trois hommes de si haute portée, n'ait pas produit ou du moins laissé un plus favorable effet parmi leurs compatriotes d'ici qui ne nous ont guère montré de fraternelle sympathie dans la lutte incessante que nous avons eu à soutenir contre la faction tory si implacable ici comme en Irlande : tandis que c'était tout le contraire avec les rares américains, en dehors des renégats, qui n'étaient venus ici que pour nous prêter main forte, ce semble : comme, par exemple, les Thomas Lee et les Jacob Dewitt qui nous restèrent fidèles alliés jusquà la fin ; comme encore les Walker et les Leslie, toujours en butte à son animadversion, ne bronchèrent ni devant l'espionnage latent, ni devant la violence ouverte qui, contre le premier, finit par se traduire par l'incendiat en plein soleil de sa maison d'habitation à l'Assomption, parce qu'il ne voulait pas se rendre à ses sauvages persécuteurs auxquels il avait refusé de trahir à leur ordre la cause libérale ; comme enfin cet autre Walker qui osa défendre, en magnanime collaboration avec le non moins énergique et généreux Charles Mondelet, le pauvre Jalbert qu'ils firent acquitter par le jury auquel la couronne avait déféré la cause, suivant les formes de la justice criminelle, après un procès de plusieurs jours de durée, en dépit des efforts du procureur-général Ogden, soutenu de son solliciteur-général Charles Dewey Day et de son autre doublure, Alexander Buchanan, commissaire-royal, sa créature : qui tous trois épuisèrent leurs féroces et loyales menées contre un vieillard en cheveux blancs qui n'avait commis d'autre crime que de se trouver présent à un acte déplorable qu'il n'avait pu contrôler, bien loin de l'avoir inspiré, encore bien moins commandé. J'étais présent à ce procès depuis la première jusqu'à la dernière heure, prêtant l'oreille avec une scrupuleuse attention à tous les débats de la cause, aux côtés même de ses défenseurs, dont la conduite, en cette occasion, fut l'objet de l'admiration universelle, ce qui n'empêcha pas les brigands à la solde de Weir, du *Herald*, d'essayer de les assommer sur la place.

CHAPITRE XIII.

SOMMAIRE.

Vallières de St. Réal. — Mon arrestation. — Le grand connétable Phillip Burns.—Entrevue avec le juge Vallières.—Le juge Rolland et sa lettre approuvant le jugement de Vallières.—Panet et Bédard dans l'affaire de l'*habeas corpus.*—Mon emprisonnement et ma demande d'*habeas corpus* par le ministère de MM. J. E. Turcotte et E. L. Pacaud, mes avocats. —Refus péremptoire de me libérer par le juge Rolland.—Quelques lignes du juge Vallières à ce sujet à mon adresse.—L'abbé de Charbonnel au chevet du juge Vallières et son sentiment à son égard.

Et ici il me faut rompre quelque peu avec les dates pour compléter l'histoire de mes rapports avec le juge Vallières par la relation d'un fait qui fut tout un événement dans ma vie et qui surtout met dans tout son jour ce caractère à la fois si élevé et ce cœur si bon, si ouvert, si naïf, qui fut un Mentor pour moi et une providence pour tant d'autres, qui sont restés pour bénir son impérissable mémoire.

Longtemps avant sa translation à Montréal, comme président de la cour d'appel pour le Bas-Canada, il avait continué à vivre dans la gêne, son traitement lui ayant été soustrait pendant sa suspension, sans que sa sérénité en eut été en rien affectée pour cela. Il continuait ses chères études et en distribuait le fruit avec cette prodigalité qui était le luxe et la munificence de sa surabondante complexion d'esprit.

Revenant un jour de New-York avec un M. Girault Duvivier, fils du fameux grammairien de ce nom, avec qui j'avais passé deux jours à New-York chez M. Gaillardet, du *Courrier des Etats-Unis*, voyageant alors en compagnie de MM. de Tocqueville et de Beaumont qui travaillaient de concert à leur immortel ouvrage sur l'Amérique, il me manifesta le vif désir que ses compagnons et lui avaient de faire la connaissance de deux hommes fort distingués aussi dans le pays, MM. John Neilson, de Québec, et Vallières de St. Réal, de Trois-Rivières. Comme, malgré ma jeunesse, je pouvais sans outrecuidance, et grâce à mes relations de ce côté, leur ouvrir ces deux portes, je me mis à leur disposition pour le Carouge, d'abord, et puis pour Trois-Rivières, après, chez M. Vallières, où je leur dis que j'avais mes entrées libres. Mais, quant à ce dernier, je m'étais contenté, à mon retour de Québec, de l'aller prévenir des circonstances de cette visite. Je sus après combien ces illustres voyageurs étaient partis enchantés de leur nouvelle connaissance de Trois-Rivières. Seulement, comme l'Europe avait été le principal sujet d'entretien, ils furent plus qu'étonnés quand je leur appris que M. Vallières n'avait pas dépassé la frontière.

Le jour de mon arrestation à Trois-Rivières, je m'apprêtais à aller porter mes hommages de la nouvelle année à M. Vallières, après être allé réclamer mes papiers au bureau de poste. Y rencontrant le "*grand connétable*" Philipp Burns, né Jolibois, mais transfiguré, depuis lors, par les merveilles de l'anglicisation, cet instrument passif du procureur-général Ogden, qui en faisait son factotum dans la ville et le district de Trois-Rivières, serviteur souple, chien couchant, ignare, mais sagace, avec le flair et les jambes d'un lévrier, il avait tout ce qu'il fallait pour répondre aux besoins du maître. Avec cela énergique, consciencieux dans son métier d'espion et d'instrument aveugle du despote de la place et de ses adjudants, il se multipliait et, sous les dehors d'une certaine dignité de mise et de conduite, exécutait les ordres venant de haut lieu avec une activité fébrile et avec toute l'adresse d'un limier, ce qui le rendait cher et précieux aux yeux de la clique gouvernementale. Il me portait, comme du reste à tous ceux de notre parti politique, dont il me regardait déjà comme un des enfants gâtés, cette haine d'emprunt pour laquelle il était bien payé et qui lui attirait la considération des Bell et des Coffin qui le choyaient comme un épagneul de fantaisie.

En me rencontrant dans le vestibule de la poste, il m'appela discrètement à l'écart, et avec des formes d'une extrême délicatesse, il m'annonça qu'il avait une mission pénible à remplir vis-à-vis de moi, que le procureur-général Ogden lui avait transmis par la dernière malle l'ordre de m'arrêter sur accusation pour crime de haute trahison, et qu'il désirait n'exécuter ses instructions qu'avec toute la lénité convenable, afin d'alarmer ma famille le moins possible et de me ménager les occasions de remédier aux ennuis de la triste position qui m'était ainsi faite.

Je restai dans le moment quelque peu interdit devant cette aventure officielle qui déflorait un peu mon jour de l'an : car le dernier crime du genre que je me rappelais d'avoir commis, était l'envoi à M. Aubin, du *Fantasque*, d'une espèce d'ode dithyrambique, adressée à Papineau, au commencement de novembre alors dernier, laquelle étant restée dans ses cartons depuis lors, m'avait laissé dans la tranquillité du juste. Puis, je ne sais pas par quel démon mon ami Aubin s'était si tardivement laissé tenter ; mais toujours est-il que le *Fantasque*, dernier paru à Québec, avait de fait mon dithyrambe en tête de ses colonnes, comme mon produit de la malle du jour me l'apprit peu d'instants après mon entrevue avec Philip Burns, *esqualité;* et M. Aubin, lui-même, avait été, de son côté, coffré du même coup à Québec.

Quoiqu'il en soit, je répondis sur le même ton de courtoisie à l'officier de police qui venait de m'arrêter, en sollicitant de lui une double faveur, la première, de me laisser à moi la mission d'en instruire mes bons parents, et la seconde, de m'accompagner chez le juge Vallières ou de m'y laisser, sous parole d'honneur, jusqu'à midi, après quoi je me mettrais à sa discrétion. Non seulement il accéda à ma double demande, mais il étendit la permission sollicitée jusqu'à trois heures de relevée, et nous nous quittâmes sans plus d'éclat.

Je courus de ce pas chez le juge Vallières qui, me félicitant sur le retour de la nouvelle année, ne s'attendait guère à ce que j'allais lui annoncer avoir reçu pour étrennes ce matin-là. Mais j'entrai de plein pied en matière en le sollicitant vivement de m'assister de ses conseils sur le parti qu'il me restait à prendre. Je crois avoir dit déjà que le juge Vallières avait reçu l'avis officiel de sa suspension, ce qu'il me confirma du reste en m'annonçant qu'il venait de recevoir de son confrère Rolland une lettre qui lui apprenait qu'on le nommait son

remplaçant, ajoutant que lui, Rolland, était
" jaloux de partager l'honneur du jugement,
" qui lui avait valu sa suspension avec celle de
" Bédard et Panet, dans la grande question
" d'*habeas corpus* qui agitait tout le pays à ce
" moment-là. "

Mon cher, vous êtes un enfant prédestiné, me dit M. Vallières, voici des vers qui pouvaient vous mener à l'hôpital, ils vous jettent en prison ; acceptez à cœur-joie le magnifique malheur qui vous arrive, car vos ennemis vont faire de vous un homme d'état, à l'âge où d'ordinaire on ne fait que de sortir de sa coque. Et puis vous voyez que vous n'y serez pas longtemps, juste le temps de demander et d'obtenir votre *habeas corpus*, (il avait la bonhomie de croire en Rolland comme en lui-même alors). Ainsi, ajouta-t-il aussitôt, hâtez-vous de vous rendre en prison, allez recevoir votre baptême de patriote et de martyr politique. O quelle bonne fortune pour vous, jeune étourdi, enfant gâté de la fortune, qui, avant un mois, allez sortir triomphant avec tous les honneurs de la guerre et à votre âge ! répétait-il avec emphase.

Tenez, voici des livres qui vous serviront pendant votre séjour en prison ; il mettait la main sur les six volumes des *Ephémérides politiques, littéraires* et *religieuses*, que j'ai encore là sous mes yeux en traçant ces lignes. Allons, hâtez-vous d'aller prendre votre logement à l'hôtel de la Reine, dit-il avec un sourire de père. Ces livres sont annotés de ma main, et j'en ajouterai d'autres au besoin. Rendez-vous à petit bruit, dissimulez la situation devant vos parents et dites à votre oncle que je désire le voir de suite après son diner, et laissez-moi faire le reste. Vous, suivez votre étoile, enfant de perdition. Combien n'y en a-t-il pas qui bientôt voudraient être dans votre peau ! Ce sont là les dernières paroles avec lesquelles il me congédia. Je lui baisai la main, et à revoir, juge, lui dis-je, en me retirant lentement devant lui, bien moins gonflé d'orgueil de sa prédiction d'avenir que tourmenté d'un secret pressentiment que je serais déçu.

A peine un mois après cette entrevue avec mon honorable et dévoué protecteur, tombé vif entre les mains de son successeur Rolland,

celui-ci qui avait le cœur aussi mou que sa voix était forte et épaisse, perdant la tramontane dans les lubies de sa lâche ambition, infligeait à son noble confrère la contumélie devant laquelle l'impassible Vallières de St. Réal resta comme anéanti. Je fus mené de la prison à l'audience, devant le juge Rolland, où MM. Joseph Turcotte et Edouard Pacaud, vinrent demander mon *habeas corpus*, mais en vain. Après un délibéré de trois quarts d'heure, pendant lequel M. Henry Judah et d'autres initiés riaient d'avance de ce qu'ils savaient devoir arriver, l'auguste magistrat ne parut que pour me nier mon droit à la liberté ! M. Vallières prit la peine de m'écrire deux lignes restées sacrées pour moi, dans lesquelles il me disait :
" Laissez faire le temps, en restant courageux
" nous ressusciterons ensemble, vous, en com-
" mençant la vie, moi, en la terminant, dans la
" joie d'une bonne conscience et de l'honneur
" sauf."

Et vous, mon jeune lecteur, vous n'aurez pas connu cette homme-là .... je vous plains ! Comment ne pas valoir quelque chose quand on a été frotté à ces natures d'élite, comme les circonstances de ma vie me l'ont permis, comme mon étoile l'a voulu, dirait un poète toujours un peu saturé d'astrologie. Aussi n'est-il jamais tombé un monosyllabe de cette bouche d'or sans que je l'aie recueilli comme une perle. Tout jusqu'à ses légèretés les plus lestes étaient inoffensives, car elles n'avaient rien de ce grossier repoussant qui révolte les âmes et donnent des nausées au cœur. Et quand il voulait être divin dans ses propos, mademoiselle Nelson, sa fille adoptive, plus tard épouse du juge Guy, lui disait parfois dans ses expansions d'âme : " Que tu es heureux, toi, papa, d'avoir ainsi ce commerce avec les anges qui te permet de pénétrer de même dans les régions d'en haut et d'en rapporter quelque chose de leur langage," et elle courait se jeter à son cou et l'embrasser tendrement. C'est l'abbé de Charbonnel, qui l'a vu pendant toutes ses dernières heures dans sa douloureuse semaine, qui vous aurait pu dire ce qu'il a pu saisir des révélations de ce cœur séraphique traduites par cette langue sublime qui était la sienne, car celui-ci ne quittait jamais son chevet sans se croire sortir d'un péristyle céleste.

Je ne sais plus combien de matinées j'ai passées à sa chambre, recueillant de sa bouche les divines choses qu'il me répétait de son sublime pénitent pour lequel il ne savait comment assez exprimer sa pieuse admiration. Et comme dans l'écho de sa voix je retrouvais bien le moule de celles que j'avais tant goûtées moi-même dans le commerce dont il m'avait permis de jouir pendant tant d'années, grâce à ses faveurs toutes gratuites.

CHAPITRE XIV.

SOMMAIRE.

Les trois Viger comparés, ou les trois cousins mis en regard.—Le capitaine Jacques, l'auteur de la *Saberdache*.—Louis Michel, surnommé le *beau Viger*, le principal fondateur de la banque du Peuple et son directeur-président à vie, avocat, financier, député et citoyen distingué et exemplaire.—Denis Benjamin, l'ainé et le plus célèbre des trois cousins.—F. A. Quesnel, leur contemporain et ami, une des notabilités du temps par son esprit cultivé, son éloquence et son érudition, plus que par sa consistance politique, de l'école et de la politique du juste-milieu, c'est-à-dire l'art de ne plaire à personne, mais d'éviter des écorchures.—Visite de l'honorable D. B. Viger au collège de Nicolet en 1828.—Scène d'intérieur à cette occasion.—Joseph E. Turcotte et Philippe Aubert de Gaspé à la tête de la démonstration toute spontanée.—L'abbé Brassard, fondateur de la maison. —Le bon père Leprohon, le directeur, une sorte de Jean-Baptiste Vianney.—Quelques-uns de ses traits de vertu en particulier.—Sa vie modèle.—Moins le principal que le serviteur dévoué des élèves confiés à sa garde.

J'ai beaucoup connu les trois hommes remarquables qui avaient noms Denis-Benjamin, Louis-Michel et Jacques Viger, aussi disparates par leur genre d'esprit que par leur conformation physique et les traits de leur physionomie. L'un, Louis-Michel, était désigné par l'appellation du *beau Viger*, ce qui explique comme quoi les deux autres ne l'étaient pas absolument. Mais en revanche, l'aîné, Denis-Benjamin, avait une distinction de manières, un reflet de dignité qui sentait la noblesse et imposait la considération et le respect. Jacques, au contraire, ne visait qu'à l'originalité à laquelle son visage sarcastique se prêtait beaucoup. Ses yeux, quelque peu fauves ou obliques, provoquaient le rire, et sa bouche enfantait l'épigramme qui en sortait parfois un peu brûlante, quand il s'agissait surtout de sa *Saberdache*, son enfant de prédilection, auquel il n'était pas permis d'attenter de près ni de loin.

Gare à la main profane qui osait se lever contre ce monument de toute sa vie qui était aussi, il faut en convenir, une fantaisie d'artiste et un chef-d'œuvre d'exécution comme travail *sui generis*, qui a eu les suffrages de beaucoup d'esprits d'élite et d'hommes distingués dans les lettres, parmi nous, comme parmi les étrangers illustres qui nous visitaient : lesquels trouvaient en outre, dans sa maison, un salon qui donnait le ton à notre société d'alors et était le rendez-vous de l'élite de notre beau monde où brillait pardessus tous, cette Henriette Nelson, fille adoptive du juge Vallières de St. Réal, devenue plus tard l'épouse du juge Guy. Madame Viger qui en faisait royalement les honneurs n'était rien moins non plus que mademoiselle de St. Luc-Lacorne, veuve du général Lennox, deux de nos grandes familles de France et d'Angleterre, dont elle sut soutenir le niveau jusqu'à la fin de ses jours.

Et après cela, pour en revenir à la *Saberdache*, oserais-je bien confesser, à ma grande confusion, qu'elle ne fit jamais autorité absolue pour moi. Son auteur me lisait souvent des parties saillantes de son ouvrage pour m'apprendre à apprécier ses points de vue historiques, dissertations fort longues, quelquefois diffuses, souvent inexactes, bien qu'il se piquât d'exactitude scrupuleuse surtout, ce qui me laissaient parfois indécis, mais à un âge où l'on n'a guère le droit d'avoir des opinions, surtout devant de telles autorités ; et quand il lui semblait lire dans mon visage des hésitations, que je m'efforçais le mieux possible, mais que je ne réussissais pas toujours à dissimuler assez, il faisait une pause et jetait furtivement sur moi un regard malin, qui me mettait dans un étau: " Surtout me disait-il, (j'étais alors à l'*Aurore des Canadas*), avec sa petite méchanceté à la Fontenelle, surtout gardez-vous de me traduire dans l'*Horreur des Canadas*," et après ce coup de patte dont il était coutumier, il recontinuait sa lecture dont il se délectait : jusqu'à ce que sa voiture fut à sa porte pour nous mener chez M. F. A. Quesnel, où nous allions à peu près tous les soirs, en toute saison, pour jouir de la causerie des gens d'esprit qui s'y donnaient rendez-vous et dont le maître de céans n'était pas le moins brillant.

Quant à la *Saberdache*, pour le fond, j'aime mieux Garneau : pour le style, je préfère celui de l'abbé Guénée, dans ses *Lettres à quelques*

Juifs ; comme moralité, je la mets au-dessous de l'*Imitation,* et enfin comme exactitude et fidélité historique, je donne la palme, ou pour parler plus modestement, j'incline en faveur de M. Bibaud, jeune, qui a souvent pris la *Saberdache* en défaut sous ce rapport : bien que le spirituel et élégant inspiré de la *Saberdache* ne se gênat pas parfois de donner d'assez traîtres coups de canif dans les flancs de l'histoire, ou de faire d'assez perfides incursions sur le terrain du patriotisme, dont le sien ne me paraissait pas toujours du meilleur aloi.

Louis-Michel, était, tout au contraire, plein de jovialité, de solennité, d'emphase même, mais qui ne gâtait en rien son esprit distingué, positif et bienveillant qui en a fait le type le plus élevé de nos hommes d'affaires. Ce fut lui qui fut l'organisateur et le président à vie de la *Banque du Peuple,* dont il eut la direction jusqu'à sa mort. Il était, outre cela, un avocat et un parlementaire d'assez haute valeur, mais pardessus tout un homme public et privé irréprochable qui faisait autorité parmi nous, ce qui, avec sa beauté de formes et ses goûts élevés de société, en faisaient la coqueluche du beau monde et des dames en particulier. Personne ne savait comme lui égayer un diner politique comme il s'en donnait dans ce temps-là, surtout après la sortie de prison de M. Denis-Benjamin, son cousin aîné.

Un fait extraordinaire de sa vie professionnelle est le suivant. Sa clientèle d'avocat était considérable pendant un temps. Un jour qu'il se rendait à la cour, accompagné d'une foule de plaideurs de la campagne qui ne lui donnaient pas le temps de respirer, il entra à sa place du barreau où il n'eût pas plutôt pris son siège qu'il fut frappé d'un coup d'apoplexie qui le tint près d'un mois confiné dans sa maison. Or, comme il ne tenait jamais de notes de ses affaires, pas même de ses honoraires, et qu'il s'en fiait à sa mémoire pour tout cela, on fut fort en peine de répondre à ses clients qui assiégaient le cabinet d'un de ses confrères intimes pour obtenir des renseignements sur leurs affaires en litige. Dès que M. L. M. Viger fut sur son séant, il donna l'historique exact et minutieux des affaires diverses dont il avait été chargé, sans laisser plus à désirer que s'il les avait récitées d'après un agenda.

C'est de M. D. B. Viger que je tiens tous ces détails.

Ce dernier, le plus remarquable des trois à tous égards et que le pays a vénéré pendant près d'un siècle, je l'avais vu, pour la première fois, au collège de Nicolet, sur la fin de 1828, au retour de son premier voyage officiel d'Angleterre qu'il avait fait échec et mat à lord Stanley, alors le ministre des colonies; où il était venu faire visite à notre supérieur, l'abbé Raimbeault, qui, avec le concours de notre vénéré directeur, l'abbé J. O. Leprohon, l'invita à visiter notre communauté. M. Viger arrivait immédiatement de Québec, où il venait de tuer du coup son ancien collègue Richardson, le plus hautain des torys du temps, par une de ces philippiques comme on savait les faire alors et auxquelles le tory le mieux chevillé ne savait pas résister ou par quel soubresaut échapper. Frappé d'apoplexie, en plein conseil législatif, après la riposte de M. Viger à une provocante harangue de sa part, il n'en sortit que pour se faire enterrer le surlendemain. M. Viger revenait par Nicolet, après avoir enterré sa victime l'avant-veille, et tout était sur pied pour lui faire les honneurs de notre maison collégiale.

En voyant entrer dans notre salle d'études ce frais et pimpant vieillard dont la dignité et la tenue s'imposaient de soi, la salle entière se leva comme mécaniquement en sa présence et il parcourut l'espace en semant des paroles de bienveillance et d'encouragement aux élèves qui le dévoraient des yeux. Il allait franchir le banc des philosophes, quand un de ces derniers, Joseph-Edourd Turcotte, qui se faisait déjà pressentir par son aplomb et secondé dans son enthousiasme par ses trois cousins et condisciples, Félix, Pierre et Bénoni Legendre, dont les pères étaient alors parmi les plus remarquables députés du peuple, poussa avec vigueur le cri de vive Viger et Papineau qui fut répercuté par l'assistance entière électrisée, et laissa notre cher et adoré directeur dans une crise quelque peu nerveuse, mais qui toucha bien vivement celui qui faisait l'objet de cette ovation toute spontanée.

M. Viger, accoutumé à des assauts qui n'étaient pas toujours aussi bienveillants que celui-ci, se retournant, avec cette grâce et ce sentiment des convenances que ceux qui l'ont connu savent comment il n'était jamais pris au dépourvu, mais toujours heureux dans ces occasions-là, se retournant, dis-je, vers notre bon père Leprohon à demi-pétrifié : " Si M. le directeur voulait bien me le permettre, dit l'illustre visiteur, j'oserais solliciter d'abord pour moi son pardon d'être peut-être ici un trouble-fête dans ce moment, mais aussi un congé en faveur de mes jeunes amis dont j'apprécie les sentiments de si bon augure pour leur pays qu'ils viennent de manifester d'une façon si impressive pour moi :" et notre bon père qui ne savait pas résister aux désirs de ses enfants, et touché lui-même de la gracieuse proposition de son honorable visiteur, le salua dignement en signe d'assentiment, et toute la salle éclata en de nouveaux applaudissements ; et de ce moment là J. E. Turcotte devint l'étoile et l'idole de la maison avec Philippe Aubert de Gaspé, qui avait entonné l'ode d'Isidore Bédard qui était la chanson nationale du temps.

Je viens, à l'occasion de cette visite de l'honorable M. Viger au collège de Nicolet, de prononcer un nom resté bien cher dans le souvenir et le cœur de notre société, et dans le mien, pardessus tout, à cause des bienfaits tout particuliers que j'ai reçus de cet homme de bien qui a laissé le baume de ses vertus derrière lui, et dont nul élève de Nicolet, qui a passé par ses mains, n'a senti s'affaiblir son affection pour lui depuis sa disparition d'ici-bas : tout au contraire.

Joseph Onésime Leprohon, ce modeste prêtre, qui fut pendant plus d'un quart de siècle le directeur de ce collège de Nicolet, où il s'effaça pendant toute sa vie dans les soins obscurs qui n'ont trouvé de récompense digne de lui que là où la justice de Dieu la distribue. Ce martyr du devoir, ce modèle de dévouement, dont pas un de ceux qui ont passé sous sa main *maternelle*, (paternelle ne serait pas assez tendre,) ne prononce le nom sans émotion ou sans transport. Il ne fut rien ici-bas qu'un instrument ignoré au dehors, mais vénéré comme un saint au dedans de cette maison, où il a élevé trois générations d'hommes, parmi lesquelles on compte des archevêques, des juges suprêmes, des ministres d'état, des célébrités dans les lettres, dont il a élaboré les éléments, pour en peupler le clergé, le barreau, la faculté, le banc judiciaire, le trône épiscopal, qui tous étaient fiers de se reconnaître comme de ses disciples.

Un bon vieux prêtre de cinquante ans d'exercice curial, à Nicolet, berceau de sa naissance, Louis Marie Brassard, de son nom de famille, avait jeté les fondements de l'ancienne maison collégiale de ce nom, dont l'archevêque Plessis, après la mort du fondateur, se chargea ainsi que ses successeurs à perpétuité, de continuer l'œuvre en permanence de cette florissante institution : et ce fut peu après le passage de M. Viger, à Nicolet, qu'il fut décidé d'élever ce vaste édifice qui a pris depuis lors le troisième rang en date de tous les collèges du Bas-Canada et garde le niveau avec ceux de Québec et de Montréal, dans l'ordre de la haute éducation classique, depuis le directorat initial de l'abbé Leprohon.

Je pourrais m'appesantir ici, et ce serait

le lieu de le faire avec justice peut-être sur les vertus de cet autre Vianney dont j'entendais préconiser en France les merveilleux exemples de charité et de dévouement évangélique, qui me rappelaient si bien ceux de notre bon directeur qui poussait lui aussi le désintéressement jusqu'à la plus complète abnégation de lui-même envers ceux qui étaient confiés à sa garde.

Je résisterais difficilement à la citation des deux traits suivants qui donnent la mesure de la naïveté de cette vertu qui ne tenait aucun compte d'elle-même lorsqu'il s'agissait de venir au secours d'une misère, de soulager une souffrance, ou d'arracher une victime d'une situation fâcheuse, où il ne connaissait plus alors de bornes à son zèle.

Notre pauvre directeur n'avait jamais de soutane nouvelle que quand son frère Martial venait lui faire visite à l'époque du jour de l'an qu'il lui faisait cette étrenne.

Or, un pauvre et brave garçon du village, nommé Lacourse, suivant les classes comme externe, était le fils de bons vieux parents qui vivaient à l'ombre de notre collège du produit des travaux de ce fils modèle, qu'on appelait le *Bleu* à cause de la couleur de son teint hâlé par l'exposition au dehors combinée avec les rigueurs du jeûne forcé, travaillant le jour à leur soutien et la nuit à étudier ses matières pour la classe du lendemain. Assez frêle de nature le malheureux dépérissait à ce régime de suicide.

Or, le *Bleu* avait un jour manqué d'assister à une communion générale de la communauté, n'osant pas paraître avec le misérable costume qui recouvrait sa chétive personne. Notre bon directeur, qui ne se doutait jamais de ces considérations de respect humain qui doivent parfois prévaloir sur les obligations les plus pressantes, lui en fit des reproches amers qui suffoquèrent le *Bleu* jusqu'aux larmes.

Le directeur revenu à lui-même, et craignant de l'avoir blessé en l'humiliant injustement par la vivacité de ses observations, ayant prêté l'oreille à ses légitimes excuses, confus de s'être laissé entraîner, l'embrassa en l'attirant vers sa chambre, sonnant le portier à grand bruit pour qu'il lui apportât une paire de ciseaux, et il allait se mettre en frais de sacrifier sa nouvelle soutane en deux parts pour trouver à y ménager un accoutrement pour le pauvre *Bleu*, quand le procureur du collège, informé de ce qui se passait, vint mettre le holà en trouvant le moyen d'arranger les choses autrement, pour l'avantage réciproque des deux intéressés. Quelle vertu, dira-t-on… et quelle âme incomplète ou mal faite… quelle piété sauvage… Eh bien, arrêtez, ne vous hâtez pas de juger si mal : je veux vous répondre par un autre exemple dont j'ai été moi-même un des bénéficiés et je pourrais vous en citer cent autres, si tant d'autres bouches n'étaient pas là pour proclamer le même témoignage d'admiration et de gratitude envers cet apôtre d'abnégation dont le cœur ne connaissait pas d'exception quand il s'agissait d'aller au secours du premier venu de sa communauté, car il se regardait comme le père de tous et n'avait de préférence que pour les plus nécessiteux du moment.

Il n'est plus là depuis longtemps ; mais, interrogez ceux qui restent après lui et qui ont fait partie de son bercail, à n'importe quelle époque de son directorat. Vous n'entendrez qu'une voix pour confirmer mon humble témoignage à son sujet.

En voici donc un exemple, et comme il me concerne en grande partie, on me permettra bien sans doute d'apporter mon témoignage personnel à l'appui de ce qui précède, touchant ce caractère étrange dans lequel la bonhomie de nature l'emportait sur la vertu native issue de son éducation de famille combinée avec celle du collège.

C'était à la Noël de 1829, si ma mémoire me reste fidèle. Un de mes condisciples et moi, tous deux de Trois-Rivières, nommé Routhier, cousin germain de l'évêque actuel de cette ville, mort assez récemment curé de la Pointe-Lévis, avions été choisis entre autres, pour servir d'anges à la messe de minuit, la seule fois de ma vie, pour ma part, que j'aie passée comme tel. Le vieux collège, où nous étions alors, était réuni à l'église paroissiale par un chemin couvert très délabré ; et comme il était tombé durant la nuit une pluie glaciale, ce passage se trouvait inondé, et les pauvres anges forcés de le traverser sur des madriers flottants, légèrement vêtus et encore plus légèrement chaussés, comme il faut l'être en pareille circonstance et pour les cérémonies du moment, rentraient à l'église : (les églises n'étaient pas chauffées en ce temps-là, et l'idée seule en était une profanation !) pour y passer la nuit et y chanter les doux cantiques de la messe de minuit, trempés de la tête aux pieds, et ne rentrèrent sur les deux heures du matin que pour tomber dans le frisson, ce qui toutefois ne les empêcha pas de faire honneur à la collation séculaire. Mais dès le lendemain matin, deux d'entre les anges, mon camarade Honoré Routhier et moi, étions dans les transes d'une fièvre mortelle qui ne laissa pas de repos à ce bon père directeur qui resta consterné sous le coup. Le docteur crut devoir le prévenir le surlendemain que notre état était inquiétant, au point qu'il n'y avait guère chance de pouvoir être transporté au dehors pour y être soigné convenablement, et notre hôpital d'intérieur n'offrant, du reste, aucune ressource de ce genre pour être égal au besoin d'une telle situation.

Désolé à l'extrême, et se réclamant à tous les saints du paradis, le paternel directeur dépêcha la voiture du collège jusqu'à la traverse de Trois-Rivières, déjà encombrée de grosses glaces flottantes, avec instructions à nos mères respectives d'accourir sans tarder à notre rescousse; et pour leur faire la situation moins dure, il émigra de suite de son appartement à plusieurs pièces dans un dortoir commun aux élèves, laissant la place comfortablement arrangée à ses frais aux deux garde-malades qui ne tardèrent pas d'arriver.

Cette situation se prolongea pendant cinq ou six semaines, et le dévoué directeur ne laissa pas passer une seule nuit sans venir s'informer plusieurs fois de notre état par ses propres yeux, en nous rendant les services serviles d'un portier mercenaire, ou plutôt d'un père dévoué qui s'oublie lui-même et ne connaît d'autre chose que le cri de ses entrailles. Il arrosait nos mains fièvreuses de ses larmes et semblait demander grâce à nos mères de ce que nous en étions réduits à cet état là; et quand il nous voyait entr'ouvrir nos yeux accablés par la faiblesse, il nous envoyait des sourires de séraphin, en appelant le secours du ciel sur nous, et il ne levait jamais les siens là haut sans en soutirer quelque faveur pour ses clients d'ici-bas qui étaient les souffrants mis à sa portée.

Aussi quand deux de ses disciples se rencontraient dans le monde, même après des années de séparation ou d'éloignement, c'était la mémoire de cet homme, j'allais dire de ce bienheureux, qui faisait le thème et tous les frais de nos entretiens. J'ai vu un jour le juge Drummond, qui avait été le témoin de ce que je viens de raconter, incapable de contenir son émotion, et me rappelant plusieurs de ses actes d'héroïsme obscur dont il avait l'unique secret, et dont plusieurs de nous avaient été l'objet, ce qui lui avait subjugué tous les cœurs, j'ai vu, dis-je, le juge Drummond fondre en larmes à ces poignants souvenirs !

J'aurais quelque répugnance à m'étendre ainsi sur des détails qui ne seraient qu'oiseux, s'ils n'allaient pas à faire ressortir ce phénomène d'abnégation qui s'ignorait lui-même et qui n'a laissé après lui que l'arôme de ses humbles vertus et dans les cœurs qui l'ont connu et aimé (comment l'un aurait-il pu exister sans l'autre ?) des sentiments ineffaçables, je devrais dire, une tendresse filiale correspondante au moins à ce dévouement de père dans cette âme d'élite dont je n'ai pas connu la pareille.

Je n'ai jamais connu qu'une faiblesse ou un préjugé invincible chez cet homme de bien. On ne put jamais le faire consentir à ce qu'un autre modèle de vertus dont tout le tort était d'avoir commencé ses études classiques à l'âge où on les finit d'ordinaire, put être propre à la prêtrise ; et, à ma connaissance, il a fait le malheur de deux ou trois jeunes hommes, qui étaient dans ces conditions là et en faveur desquels on ne put jamais le vaincre sur ce point. Qui d'entre nous ne se rappelle encore de ce brave Dusseau qui n'a jamais pu arriver à être autre chose qu'un frère Viateur, après avoir été dans sa dernière année de philosophie un phénomène, même aux yeux de l'aîné des deux Desaulniers, le professeur émérite de physique, d'algèbre et de mathématiques, à Nicolet, mais qui ne put jamais le faire agréer de notre directeur, lequel se montra invincible en cette occasion, comme en plusieurs autres : celle par exemple du frère de notre économe, Basilis Défossès, qui se touvait exactement dans le cas du frère Dusseau, et qui mourut de chagrin de n'avoir pu réaliser le rêve de toute sa vie.

Quant au frère Dusseau qui, je crois, est un des éminents professeurs de mathématiques au collège des Viateurs, à Joliette, il n'en a pas moins conservé la plus grande vénération pour la mémoire de notre principal.

CHAPITRE XV.

SOMMAIRE.

L'évêque Provencher au collège de Nicolet.—Ses rapports de situation apostolique avec l'évêque Plessis qui l'avait choisi et sacré.—L'abbé de Calonne à son sacre.—L'évêque Provencher officiant à la translation des restes de Mgr. de Pontbriand, puis à l'inauguration de l'évêque Lartigue à Montréal.—Discours remarquable de l'évêque Provencher à cette occasion. —Sa conduite digne et habile entre la compagnie de la Baie d'Hudson et celle du Nord-Ouest.—Relation de M. Héney à cet égard.—L'évêque Provencher né à Nicolet.—Son digne successeur l'évêque Taché.— Le départ du premier pour son siège épiscopal avec l'abbé Belcourt. — L'abbé Sévère Dumoulin et sa carrière évangélique précédente avec l'abbé Provencher alors simple missionnaire.—L'abbé Faucher et sa comparaison avec l'évêque de la Rivière-Rouge. — Son aventure de la traversée de Moisic à Mont-Louis.— Singulier incident de route.—Les belles qualités de l'abbé Faucher qui n'avait qu'une gloriole. — Sa singulière joute avec plusieurs capitaines du golfe.— Enfantillages d'hommes sérieux dans l'occasion.— Beau trait de dévouement apostolique et phénomène de la vie sauvage par comparaison avec celle de notre civilisation.

C'était, je crois, pendant cette même année de 1828, ou peu après, que nous recevions de même la visite du premier évêque de la Rivière-Rouge, au collège de Nicolet, le remarquable pionnier épiscopal qui faisait, de son côté, à l'autre extrémité du Canada, le même ouvrage et remplissait le même rôle civilisateur et la même mission évangélique que le grand évêque Plessis, qui l'avait choisi et sacré de ses propres mains, fournissait dans cette autre extrémité de l'Amérique Anglaise.

Le choix de cet homme aussi remarquable par sa puissance intellectuelle et morale que par sa magnifique et gigantesque nature, (il mesurait six pieds et quatre pouces de hauteur avec des proportions admirables et une physionomie à la fois belle et majestueuse) : le choix, dis-je, qu'en avait fait avec son bonheur ordinaire l'évêque Plessis, qui l'avait sacré dans l'église de Trois-Rivières, en 1822, sous le titre d'évêque de Juliopolis, en Galatie, et qui le destinait à l'évangélisation des peuplades de la

Rivière-Rouge, montre, une fois de plus, quelle était la portée de coup d'œil du grand administrateur : je devrais dire du propagateur prédestiné de nos institutions à la fois religieuses et nationales dans ces régions reculées et encore assises dans les ombres de la mort, pour me servir de l'expression consacrée.

Le nouvel élu ne tarda pas à démontrer que la nature ne l'avait pas fait seulement grand au physique, mais que ses facultés intellectuelles et administratives, comme son zèle, étaient au niveau de sa taille et de la carrière qu'il avait devant lui.

L'abbé de Calonne, qui assistait à son sacre, et son préconiseur après l'évêque Plessis, eut probablement une de ces inspirations heureuses qui ne lui faisait jamais défaut du reste, car, tout enfant que j'étais, j'observai l'évêque Plessis inclinant sa belle tête, comme pour dissimuler son émotion, pendant que mon protecteur qui me tenait dans ses bras, cachait la sienne dans mon sein. Et je me rappelle encore du contraste de ces trois hommes, Plessis, Provencher et de Calonne, ce dernier un squelette vivant, qui n'avait que l'éclair de ses yeux pour le racheter quelque peu auprès des deux sommités ecclésiastiques qui étaient le point de mire de tous les yeux dans ce moment-là, si solennel.

L'évêque Provencher ne tarda pas, en deux occasions différentes, de donner la mesure et la portée de son esprit d'inspiration. Ce fut lui qui officia à la translation des restes de l'évêque de Pontbriand, de même qu'à la prise de possession du siège épiscopal de Montréal par l'évêque Lartigue ; dans cette dernière occasion surtout, où il fit un discours qui eut un grand retentissement et fut un pronostic des succès qui l'attendaient dans ses missions évangéliques de la Baie d'Hudson, où il fut en grande faveur auprès de la puissante compagnie de ce nom ; comme il le fut, du reste, auprès de lord Selkirk lui-même, dans le Nord-Ouest, si j'en crois le récit de l'honorable M. Héney, dans sa relation de la formidable querelle qui eut lieu entre ces deux puissances rivales, lesquelles se disputèrent si vivement le commerce de la traite des fourrures dans cette vaste région territoriale, où le sort de l'une et de l'autre périclita si longtemps.

On voit que si l'évêque Plessis avait débuté avec une tâche aussi délicate sur les bras, en trouvant sir James Craig et la faction tory sur son chemin ; de son côté, celle de l'évêque Provencher ne semblait guère moindre en se trouvant lui-même, aussi entre deux feux, dans la formidable querelle de la compagnie de la Baie d'Hudson avec celle du Nord-Ouest : ayant lord Selkirk en tête, pour le moins aussi audacieux et déterminé que le vainqueur du Cap de Bonne Espérance.

Mais l'évêque Provencher sut y mettre tant de discrétion et de tempéramment, que c'est à qui des deux puissances, armées l'une contre l'autre, se montrerait la plus bienveillante vis-à-vis de l'évêque nouvellement installé, lequel semblait étranger à ce formidable différend, qui avait mis le feu dans cette vaste région en proie au monopole du commerce, le plus propre ou le mieux fait alors pour entretenir la rivalité la plus voisine du fanatisme, après celle qui a la religion pour prétexte. L'évêque sut se concilier l'estime, le respect et même la confiance de tous, et je tiens de la bouche du père Laverlochère, qui évangélisa longtemps dans ces parages, que sir George Simpson ne laissait jamais passer l'occasion sans témoigner l'affection personnelle qu'il éprouvait pour celui qui occupait le siège épiscopal de Manitoba.

On sait que l'évêque Provencher avait vu le jour à Nicolet, et qu'il était le produit moral de ce collège, où il avait fait augurer de lui des plus favorablement. La nature semblait avoir fait un effort en produisant ce géant aux formes gracieuses et imposantes et qui devait, de fait, être appelé à jouer un si grand rôle, dans l'ordre de l'apostolat évangélique comme de la civilisation, auquel il donna aussi un si bel élan et qui a été si merveilleusement soutenu depuis par le titulaire actuel, Mgr. l'archevêque Taché, dont la taille morale ne le cède en rien à celle de son illustre prédécesseur. Mais comme je n'écris pas pour encenser les vivants, mais pour rendre hommage, ou du moins justice aux morts, je n'enfreindrai pas ma règle scrupuleuse d'auteur impartial, en mettant les vivants vis-à-vis d'eux-mêmes dans mes tableaux consacrés exclusivement à la mémoire de la postérité.

L'évêque Provencher logea avec nous pendant le meilleur du temps de son séjour dans le Bas-Canada, et notre modeste maison de Nicolet y devint comme un lieu de pèlerinage pendant son séjour parmi nous, tant sa popularité y attirait d'affluence de tout côté: et comme c'était pendant les fêtes les plus pompeuses de l'Eglise, où il officiait *in pontificalibus*, nous y faisions des solennités où notre cher directeur, qui y avait sa place toute trouvée auprès de celle de l'auguste célébrant, était le seul à n'en pas goûter les charmes : attendu qu'il pouvait jamais atteindre à la mître, soit pour l'enlever ou pour la remettre sur la tête du prélat, sans le secours d'un escabeau, bien que le *grand* évêque fit de son mieux pour s'incliner jusqu'à lui qui avait à peine la taille moyenne. Nous nous étions tellement habitués à sa présence parmi nous que, quand vint l'heure de son départ, et pour si loin, un voile de deuil se répandit sur notre communauté, et que plusieurs furent inconsolables, au moins parmi les plus jeunes, jusqu'à être détournés de leurs devoirs de tous les jours et à languir dans une mélancolie dont notre bon directeur avait quelque peine à les tirer. J'étais de ceux-là, et les plus forts d'entre les autres nous montraient du doigt au lieu de nous plaindre et de nous remonter le moral. C'est aussi que le bon évêque nous avait fait des adieux bien touchants et que les plus stoïques d'entre nous avaient eu grande peine à se contrôler dans ce moment-là. C'est, encore, qu'à cette époque-là, c'était un voyage long et pénible, pour ne pas dire périlleux, que d'avoir à franchir l'immense espace qui nous séparait de ce pays lointain, et par la voie aventureuse et accidentée des canots et des portages, qui duraient pendant des semaines et jusqu'à des mois, et pour arriver après à des groupes de huttes ou de cabanes où la civilisation commençait à peine à faire sa marque.

Il n'y a que les deux besoins de la foi et du commerce pour faire tenir bon devant une pareille tâche.

Cette année-là, l'évêque Provencher avait comme embauché quelques âmes sacerdotales dévouées et qui n'avaient pu résister à ses instances, et on regardait leur sacrifice comme du dernier héroïque. L'abbé Belcourt, un des plus anciens vicaires de Trois-Rivières, fut un de ces généreux et premiers apôtres à s'offrir : mais les femmes et les filles de Jérusalem, qui l'avaient eu pour confesseur depuis des années, et qui le regardaient comme un saint, s'en allaient en se frappant la poitrine à l'heure de son départ : car c'était aussi, en vérité, une âme moulée sur le patron de celle du père François-Xavier, qui raccommodait sa soutane en loques de ses propres mains, avait dans les dépendances du presbytère une sorte d'établi d'artisan, où il travaillait plusieurs heures par jour pour subvenir aux besoins les plus pressants des pauvres qui demandaient d'être mis à couvert de l'inclémence des saisons, et qui l'obsédaient, le sachant incapable de résister à leurs sollicitations toutes plus instantes les unes que les autres. Aussi, vous dire quel fut le vide fait par son départ et le désespoir de tous ceux qui tenaient les yeux tournés vers lui pour leurs besoins de tous les jours, quand l'évêque Provencher vint le leur enlever, est chose que je n'entreprendrai pas.

Dès qu'ils eurent flairé de quel bois il se chauffait et de quelle espèce de dévouement il était capable, l'abbé Sévère Dumoulin, qui avait déblayé le terrain évangélique de la Rivière-Rouge de concert avec l'abbé Provencher que, malgré tout son zèle et son attachement pour le nouveau prélat, son collaborateur, auquel il aurait brûlé de donner de nouveau son concours sans marchander sur les sacrifices, en était revenu si littéralement épuisé de forces et de santé, qu'il avait été contraint, pour se refaire un peu, d'accepter dans la cure de Ste. Anne d'Yamachiche, une sorte de retraite, où, pendant trente ans de sa vie, il sema le bien à pleines mains : et où il mourut, comblé des bénédictions de ses ouailles, parmi lesquelles sa mémoire est restée en vénération, non-seulement comme celle d'un pasteur bon et dévoué, mais comme celle d'un philanthrope et d'un bienfaiteur public, qui mettait sa gloire à pousser la jeunesse de sa paroisse aux succès, par la voie de l'instruction. Aussi, en fit-il, par là, une des localités les plus remarquables du pays: car peu d'endroits ont, de fait, fourni un pareil contingent d'intelligences pareilles, et dont plusieurs sont devenues des hommes d'élite de notre pays, dans tous les rangs de notre société, depuis le sacerdoce jusqu'à la magistrature, et dont plusieurs autres ont brillé soit dans les lettres ou les professions libérales et sont encore à l'heure qu'il est l'ornement de notre société. Je ne saurais trop consigner de ces exemples qui donnent la mesure de ce qu'à coûté le développement de ce pays, qui en moins d'un siècle s'est mis de niveau avec les vieilles sociétés, grâce à ce concours de dévouement de nos agents de civilisation de toute catégorie.

Il n'y a peut-être eu dans tout le clergé du Bas-Canada, de ce temps-là, que l'abbé Faucher, évangélisant alors avec beaucoup de succès des deux côtés du golfe, et qui se rendait d'ordinaire de Betsiamis à Moisic en canot d'esquimaux, venant des côtes du Labrador, à l'est, pour être comparé pour la taille, comme pour la puissance et la beauté des formes, à l'évêque

Provencher, qu'il n'égalait cependant pas encore en stature. Un jour que le digne et vaillant missionnaire arrivait ainsi, et par un temps horrible, chez les Montagnais pour traverser à Mont-Louis où il se savait vivement désiré, les indigènes groupés sur la rive semblaient l'accueillir d'un œil de pitié ; mais ce fut en vain qu'il les supplia de le mettre en mesure de remplir sa promesse de se trouver avec les Micmacs venus à sa rencontre, de l'autre côté de l'eau, promesse qu'il tenait à remplir, *Deo volente*, en lui fournissant une embarcation montée de quelques-uns d'eux, leur promettant le denier de Dieu par dessus le sien. Ils ne délibérèrent pas longtemps pour arriver à un refus bien accentué de se mesurer avec les périls de la traversée par le temps horrible qu'il faisait. Mais lui se regardait comme lié d'une manière indélébile vis-à-vis de ses ouailles de là-bas, dès lors qu'il y avait lieu de tenter l'aventure. Il s'agenouilla sur le rivage, passa son étole autour de sa poitrine, et avisant une montagnaise attérissant dans un minuscule de canot esquimaux comme pour un instant de relâche, il l'attendit de pied ferme sur le bord de la rive élevée. Elle avait sur son dos, dans son cazagot,(*) une espèce de cerceau sanglé de tous les côtés, un petit métis de douze mois, qu'elle venait de tirer de dessous le tablier de peau qui recouvre le canot de ce genre. L'abbé échangea quelques paroles avec elle sur la nature du temps qu'il faisait et qui semblait souffler la tempête sur la côte. Mais elle, après avoir toisé le *patliash* et s'être informée de son poids, opina pour la sûreté de la traversée, lui observant qu'il y avait au large une île qui séparait le golfe en deux, et que la voile et le gouvernail aidant, une fois qu'on aurait pris le large, on trouverait une brise normale au lieu de la bourrasque qui régnait sur la côte ; et devant cet oracle qui allait parfaitement au désir du missionnaire, on retourna vers le canot qui disparaissait presque devant l'ampleur de ce dernier, lequel n'hésita pas cependant d'y prendre place après que la mère eut

(*) Nom sauvage d'une boite en écorce et sanglée dans laquelle la femme sauvage porte son nourisson enfermé, et attachée sur ses épaules.

replacé son cazagot sous le tablier dans le centre du canot : et sur la foi du code d'observations météorologiques de la montagnaise, on se mit à affronter le vent, ou plutôt à louvoyer en le prenant en flanc sans perdre un instant de vue l'île d'en face qui servirait de point d'attérage au besoin.

La montagnaise, pendant ce temps-là, on était déjà pas mal avancé en route à ce moment, semblait travaillée par une anxiété mortelle qu'elle n'avait pas jusque là laissé percer, mais qu'elle dissimulait moins bien à mesure que le temps baissait sans qu'on fut à beaucoup près aussi rapproché de l'île qu'elle l'avait espéré ; ce que devinant à demi le *patliash*, celui-ci lui demanda quel pouvait bien être le sujet de sa préoccupation. Elle lui déclara alors qu'il lui fallait rester au moins une heure dans l'île où elle avait hâte d'aborder, après quoi on reprendrait, disait-elle, la course avec chance de trouver du côté sud une mer plus tranquille avec un vent favorable, ce qui accèlerait leur marche et leur ferait toucher Mont-Louis de pleine lune et fort à bonne heure dans la soirée. L'abbé n'eut pas grand'peine à faire cette concession à cette argonaute de nouvelle espèce, qui semblait avoir gardé toute son élasticité, malgré la rude part qu'elle avait prise au jeu de la pagaie jusqu'à ce point de la traversée. On aborda ; et la montagnaise, emportant son cazago, s'éloigna en jetant un coup d'œil sur la hauteur du soleil comme pour confirmer le *patliash* qu'elle ne dépasserait pas l'heure de répit qu'elle avait demandé. Et elle fut si fidèle à sa promesse de retour exact, que c'est à peine si l'abbé avait eu, de son côté, le temps de parcourir quelque peu la partie de l'île que son pied foulait pour la première fois.

Elle reparut avec son cazago et deux fourrures de petit gris enveloppant l'une son cazago où elle avait déposé tête-bêche son nouveau-né, et l'autre sa propre encolure, sans révéler, bien entendu, au *patliash* tout ce qui s'était passé dans l'île pendant l'entr'acte, mais prête à reprendre la route, s'applaudissant d'avoir été de tout point fidèle à Dieu et à sa parole. Et vogue la galère ! On s'approchait tout de même de Mont-Louis à vue d'œil, et l'abbé bénissait Dieu de son inspiration à Moisic! Il avait racheté sa promesse faite à ses Micmacs qui l'attendaient de fait à Mont-Louis, sans trop se flatter pourtant de le voir braver la tempête pour leur tenir parole à ce point de scrupule. Ce fut une ovation pour la montagnaise quand enfin le mystère de l'île se dévoila, et l'abbé Faucher, de la bouche de qui mon père tenait ce fait qu'il m'a raconté, ne savait assez comment le faire valoir aux yeux de nos civilisés de l'époque. Pour moi il m'a paru d'autant plus digne d'être consigné ici qu'il peut intéresser la science et donner à penser ce que peut faire la nature toute puissante et phénoménale sur la civilisation, dans ses efforts héroïques : ou plutôt ce que peut le moral sur l'art artificiel, quand ils sont appelés à se mesurer dans de certaines conditions où il n'est pas toujours donné au dernier de triompher sur l'autre.

Quoiqu'il en soit de cette théorie, assez mal définie de ma part, j'en conviens, tous ceux qui ont connu l'évêque Provencher et le missionnaire Faucher confirmeront, je crois, la comparaison faite entre les deux splendides apôtres qui avaient de fait tant de points de contact l'un avec l'autre, au moins quant au physique. Je n'ai fait, pour ainsi dire, qu'entrevoir quelque peu le dernier, dans une course faite par aventure, de la Pointe-aux-Pères à Métis, mais je ne pouvais me lasser d'admirer la ressemblance que je viens de retracer entre son Sosie et lui, malgré la distance que les dates avaient mise entre les deux époques de ma rencontre avec l'un et l'autre.

Mon père, qui avait une grande admiration pour les belles qualités morales de l'abbé Faucher, qu'il connaissait et appréciait beaucoup, ne traversait jamais le comté de Rimouski sans faire halte dans une petite paroisse, (dont j'ai oublié le nom,) et dont il était devenu le curé, après ses missions de la Baie des Chaleurs ; mais il me le peignait toujours comme une nature héroïque, simple et bienfaisante. Sa gloriole, dans ses courses apostoliques, consistait à faire valoir la force herculéenne de son bras, en se mesurant avec tous les capitaines du golfe qui tous prisaient ses belles qualités, mais redoutaient sa passion pour ce qu'ils appelaient le coup de poignet, jeu où il était très fort et auquel il aimait à se livrer dans l'occasion. Un jour que se trouvant avec les capitaines Dugas, Jean Landry, Mercure et Joseph Barthe, il leur lança le gant à tous, pour tuer le temps, leur disait-il, en attendant que sa chaloupe vint le prendre pour le mettre à terre, il était encore dans ses missions du Golfe à ce temps-là. Le capitaine Mercure passait pour avoir la supériorité, moins à cause de sa force musculaire qu'à cause de son savoir faire dans le tour du poignet, où il réussissait toujours à désarmer son rival même avant que clui-ci put se mettre en position de faire valoir sa force de pression musculaire ; on n'arrivait pas à pouvoir se soustraire à son tour de main. Et la même chose s'appliquait quand, au lieu du poignet, c'était le doigt central qui était en jeu ; il avait une manière de l'encercler de telle façon que celui qui le livrait ne pouvait plus l'y remuer et manquait complètement d'action sur celui de son adversaire ; et ces joutes puériles excitaient cependant beaucoup ces hommes sérieux une fois en liesse. Il n'y avait que mon père qui avait la main si épaisse et le doigt si charnu que Mercure, ni personne ne songeait jamais à entreprendre de l'enlacer. Les trois autres capitaines y avaient passé sans pouvoir y tenir, l'abbé comme les autres, qui s'en tenait au tour de force du poignet où il ne connaissait pas de concurrent possible. Ce fut au tour du capitaine Barthe dont le bras était en haute réputation et pour cause. L'abbé en lui considérant l'avant-bras parut éprouver pourtant un moment d'hésitation et aurait ajourné la partie, sous le légitime prétexte d'être quelque peu fatigué des efforts précédents, s'il n'eut tenu à conserver son renom de priorité : C'est à se sentir énervé après ces trois premières secousses, dit-il, mais tenez bon, car vous aussi vous allez succomber, reprit-il. L'abbé prit une pose assurée et tendit son formidable bras, se voilant les yeux de l'autre main, et, empoignant ferme celui de son concurrent, nos deux champions se mirent à l'œuvre, sans trop observer ce qui leur servait d'appui, une vieille table de chêne prise dans une des membrures de la cabine et traversée par une barre, laquelle avait résisté jusque là au poids de tout ce qu'on lui avait imposé. Les témoins en présence, muets comme les carpes du poème de David en présence de Pharaon, traversant la Mer Rouge : *(les poissons ébahis le regardaient passer !)* mais haletants comme s'il se fut agi d'un événement dont dépendait le sort de la Baie des Chaleurs, dans laquelle on se trouvait alors : quand, tout-à-coup, un craquement formidable se fit entendre sous la table de chêne qui venait de s'effondrer sous l'effort prolongé des deux champions, à cet effort de poignets et dont les bras ne s'étaient pas inclinés d'une ligne, mais dont les visages et les yeux injectés de sang semblaient toucher à l'apoplexie. Ce grand événement est resté consigné, sinon dans les fastes de la navigation du golfe, du moins dans la mémoire de tous les navigateurs de ce temps-là, qui en parlaient comme d'un fait qui devait avoir sa place dans les réminiscences des caboteurs du temps. Ce fut la dernière fois, me dit mon père, à cette occasion, que je me prêtai à ce vilain jeu ; mais, que veut-on, chacun s'amuse à sa manière et tient à ses exploits, ajouta-t-il, en riant sous cap de cette puérile vanité dont l'excellent abbé n'avait pu lui-même s'affranchir tant il est vrai de dire que les hommes eux-mêmes, en apparence les plus sérieux, ne sont après tout que de grands enfants, puisque ceux-ci se croyaient quelque chose avec ces sortes de misérables prouesses dont les véritables héros mêmes ne sont pas toujours exempts. Tibère et Néron, dans un autre ordre de folie, mettaient leur gloire dans leurs cruautés, et Louis XI, qui s'était moulé sur le premier de ces deux monstres romains, regardait la France, dit l'histoire, " comme un pré qu'il pouvait faucher tous les ans, et d'aussi près qu'il lui plaisait : " non pas certes, que je les cite comme des héros, mais comme des aberrations de l'espèce humaine qui, pour primer sur elle, le faisaient par le crime, ne pouvant s'élever jusqu'à la vertu qui est la force des véritables héros. C'est aller chercher bien loin, peut-être, et fouiller bien follement dans l'histoire, pour trouver le ressort de cette vanité humaine qui est partout la même, à tous les degrés, dans l'échelle sociale, où chacun semble rêver une place à part pour soi, par les voies insensées, plutôt que dans celles de la sagesse, qui est pourtant la seule source de la véritable grandeur, de la solide gloire, de la supériorité réelle pour l'humanité. Ce qui n'empêchait pas le missionnaire Faucher d'être une âme bien dévouée au bonheur de ses semblables, comme le prouve sa scrupuleuse fidélité de parole à ses Micmacs de Mont-Louis, qui aussi se seraient mis au feu pour lui, me disait mon père.

CHAPITRE XVI.

SOMMAIRE.

Pièces justificatives. — L'honorable D. B. Viger, par Bibaud, jeune.—Le même, par de Puibusque.—L. J. Papineau, tiré du *Dictionnaire de la Conversation.*—Bibaud, jeune, et ses appréciations.—Rameau sur le *Canada Reconquis.*—Le *Courrier des Etats-Unis* sur le rôle des Canadiens Français dans la guerre actuelle de l'Angleterre en Egypte.—Un aveu bon à enregistrer, bien qu'un peu tardif, du *Witness*, au sujet de la rébellion de 1837 et 1838.—Conclusion du premier volume des *Souvenirs d'un Demi-Siècle.*

Je débute dans mes citations historiques, par l'article de Bibaud, jeune, qu'on n'accusera pas, certes, d'être bien profondément inoculé du libéralisme à la façon de l'école politique de MM. Viger et Papineau. Voici comme il apprécie le premier de ces deux défenseurs de leur patrie et de la nôtre dans son *Dictionnaire des Hommes Illustres du Canada.*

Je le ferai suivre d'un article fort impartial

du *Dictionnaire de la Conversation*, dédié à L J. Papineau, pour mettre en lumière les deux hommes les plus ingratement traités de leur temps, par ceux mêmes qui ont profité de leur vie de dévouement et de travaux, pour s'exhausser sur leurs épaules en ne laissant debout que ce qu'ils n'ont pas pu renverser complètement. Mais leur ombre n'a fait que s'agrandir de plus en plus glorieuse autour d'eux, à proportion qu'ils avancent dans la postérité, et leur auréole redouble d'éclat à mesure que leur éloignement de la scène semblerait devoir la faire pâlir ou la diminuer. Mais non, la vérité s'épure en passant par le tamis du temps, ce grand maître qui met tout à sa place et fait loi pour la postérité.

Page 335, *Hommes Illustres du Canada :*

L'HONORABLE D. B. VIGER.

" Un des plus vénérables citoyens du Canada et de Montréal en particulier, dit l'auteur de l'ouvrage ci-dessus cité, a étudié au collège de St. Raphaël, où il suivait le premier cours de philosophie qui y fut donné en 1790, par M. Ignace Raphaël Leclair, (prêtre canadien ordonné la même année, mort en 1823).

Il entra au barreau, où il devait, ainsi qu'au parlement, briller par sa science et son érudition bien connues. Ce fut en 1809 qu'il fut député à l'assemblée législative par la ville de Montréal, en même temps que L. Joseph Papineau, son cousin, qui fut élu pour le comté de Huntingdon. Ils entrèrent tous deux dans les rangs populaires qu'ils soutinrent de leur éloquence. Les talents de M. Viger lui attirèrent l'animadversion de Craig, et il fut sur le point d'être incarcéré à l'occasion de l'affaire du *Canadien*. Je n'ai pu me mettre tellement en garde contre l'infidèle M. Garneau, (c'est M. Bibaud, jeune, qui parle), que je n'aie dit dans l'article Blanchet qu'il fut arrêté, en effet. Le même *raconteur* le fait assister plus tard, (c'est toujours M. Bibaud, jeune, qui parle), à une assemblée populaire convoquée par M. Lee, et à laquelle il n'était pas (*et manger l'herbe d'autrui, quel crime abominable,* n'est-ce pas, M. Bibaud, jeune ?) M. Viger ne changea pas d'opinion, et fut néanmoins réélu en 1810. De 1810, (le parlement ayant été dissous itérativement) à 1814, il représenta le comté de Leinster, puis celui de Kent, de 1827 à 1830.

" Durant la dernière guerre, la jalousie le fit accuser d'une *déloyauté* dont il n'eut pas de peine à se laver. La chambre d'assemblée le députa pour la première fois en Angleterre, en 1828. En 1830, il fut nommé au conseil législatif. Cela ne l'empêcha pas d'accepter une nouvelle mission à Londres, pour y exposer les griefs mis en avant par la chambre basse, et accuser le procureur-général Stuart. Celui-ci l'y suivit.

Après deux années de luttes, M. Viger gagna sa cause contre ce fonctionnaire, qui fit une défense d'un volume in folio, qu'il fallut réfuter ligne par ligne. Il y eut encore réplique et duplique. M. Rose, jeune avocat anglais, traduisit le tout pour le ministre des colonies, alors lord Goderich, qui condamna M. Stuart, Quant aux autres griefs, M. Viger fut bien aidé par l'arrivée de M. McKenzie, porteur des plaintes de la chambre d'assemblée du Canada Supérieur.

" Il profita de chacun de ses deux voyages en Europe pour visiter Paris, et a vu pareillement une partie de l'Italie.

" Si l'appui que ce patriote prêtait à la *Minerve* eut dû être un obstacle à la confiance que le gouvernement lui avait montrée en l'appelant au conseil, ne savait-on pas dès lors que ce journal se soutenait par lui ? Durant nos troubles politiques néanmoins, il fut incarcéré, et ses papiers saisis, mais on lui refusa obstinément son procès.

" Elu membre du parlement-uni des deux Canadas par le comté de Richelieu en 1841, il le fut pour les Trois Rivières en 1845. Il avait pris parti pour lord Metcalfe dans son démêlé avec ses ministres, appuyé sur sa profonde connaissance des formes constitutionnelles, et était devenu en conséquence conseiller dirigeant ou premier ministre. (1844).

" L'honorable D. B. Papineau, frère de l'ex orateur (*Speaker*), fit partie de son administration. Il s'éleva néanmoins contre lui, (le premier ministre), une universelle clameur, et les esprits furent dans un ferment presque comparable à celui de 1837. On crut que M. Viger devenait anglais et on voulut que les ministres résignataires eussent été impeccables et n'eussent pas péché en effet même contre les formes. M. Viger se retira et fut nommé au conseil législatif du Canada-Uni.

" Il avait été président de la société nationale de la St. Jean-Baptiste. Au conseil législatif, aussi longtemps que l'âge lui a permis d'y assister, il s'est efforcé de prévenir les bouleversements sociaux que nous avions éprouvés dernièrement pour le malheur futur de nos classes agricoles.

" Il a paru pour la dernière fois en public à la fête donnée dans le collège de Montréal au nonce Bédini, et en faisant part aux ecclésiastiques et aux citoyens présents des sentiments qu'il éprouvait pour Son Eminence, il a parlé admirablement des souvenirs que lui avaient laissés ses voyages en Europe, et en Italie tout particulièrement.

" L'université de St. Jean de New-York, dirigée par les Jésuites, lui a conféré les degrés honoraires de L. L. D., en 1854.

" Quatre écrits méritent surtout à l'honorable M. Viger un rang distingué parmi les publicistes : 1o. *Considération sur les effets qu'ont produits en Canada la conservation des établissements du pays, les mœurs, l'éducation de ses habitants, et les conséquences qu'entraînerait leur décandence par rapport aux intérêts de la Grande-Bretagne*, Montréal, 1809 ; 2o. *Analyse d'un entretien sur la conservation des établissements du Bas-Canada, des lois et des usages de ses habitants,*

Montréal, 1826 ; 3o. *Considérations relatives à la dernière révolution de la Belgique*, Montréal, 1831 ; 4o. *La crise ministérielle et M. D. B. Viger, en deux parties. 1ère partie : Observations sur les procédés de la chambre relatifs à la résignation des ministres ; Seconde partie : Résumé d'observations faites en chambre par M. Viger, surtout le 2 décembre 1843, dans son discours relatif à la demande d'une adresse en faveur des membres résignataires..*

" Il a été le Mécine de plusieurs jeunes littérateurs. "

C'est aussi à sa munificence que la ville de Montréal doit son jardin public, l'emplacement de l'ancienne cathédrale de St. Jacques et de la place Lartigue. Et sa statue, à celui-là aussi, où est-elle ? Je ne l'apperçois nulle part,

Voici maintenant comment un homme de lettres d'Europe qui y a fait sa marque dans plusieurs ouvrages publiés par lui, notamment : L'*Histoire comparée de la littérature française et espagnole*, son œuvre principale, je veux parler de M. Adolphe de Puibusque, qui a passé plusieurs années parmi nous en Canada, et principalement à Montréal, et qui nous a représenté comme commissaire honoraire à l'Exposition canadienne à Paris, exprime son sentiment à l'égard de M. D. B. Viger.

L'article de M. de Puibusque est tiré de sa *Notice sur la Littérature Canadienne*, reproduite dans les *Tablettes Historiques de Bibeau, jeune*, page 38 de cette brochure, et sort par conséquent, de la plume d'un appréciateur compétent. C'est comme suit qu'il parle de l'honorable D. B. Viger :

" La vénération publique, dit M. de Puibusque entoure encore dans le conseil législatif le doyen des orateurs franco-canadiens : noble vieillard, encore plein de verdeur, d'activité, de patience, initié avant tout autre à la science des précédents constitutionnels et à la pratique des formes parlementaires, il n'a jamais oublié, pendant sa longue carrière, que le meilleur enseignement est celui de l'exemple ; les débats des plus mauvais jours l'ont trouvé calme au fort des tempêtes, et toujours poli en face de l'invective ; le fauteuil du législateur est pour lui comme le banc d'œuvre du marguillier : au fond même des cachots, il a su conserver l'urbanité de son caractère et l'inaltérable sérénité de son âme. "

Vient maintenant l'article concernant L. J. Papineau, qui ne ressemble guère à ce que la presse soudoyée du temps proclamait à son de trompe sur les deux chefs libéraux qui avaient chacun les antécédents d'un demi-siècle derrière eux pour répondre aux folliculaires gagés qui faisaient leur noble métier de détracteurs.

L. J. PAPINEAU.

(Notice tirée de l'ouvrage français intitulé : *Dictionnaire de la Conversation*).

" Papineau (L. J.) dont la famille, originaire de l'ouest de la France, s'établit, il y a un siècle et demi, en Canada, est né à Montréal vers 1787. Notre révolution de 1789 inspirait trop de crainte au ministère anglais pour qu'il refusât plus longtemps au Bas-Canada une constitution avec une chambre élective. M. Papineau, père, fut un des membres de cette assemblée, et il y fit preuve d'autant de patriotisme que de courage, surtout en 1796 et en 1810, époque où le joug de l'Angleterre se fit le plus cruellement sentir. Peu après ce dernier temps, il se retira des affaires, et sa vieillesse est aujourd'hui entourée d'un respect universel ; son fils, Louis-Joseph, le remplaça à la chambre, où bientôt (1814), il fut élu président (*speaker*). Il avait été reçu avocat, le 9 mai 1810, mais il renonça au barreau pour se vouer entièrement à la défense des droits et des intérêts de son pays. Il fut constamment réélu à la présidence, excepté en 1822 et 1823, période où il fut remplacé par M. Vallières de St. Réal, et envoyé par la chambre auprès du ministère anglais pour soutenir ses remontrances contre l'administration despotique de lord Dalhousie. A son retour, il fut rappelé à la présidence ; la lutte recommença contre ce gouverneur qui, revenu aussi de Londres, ne mit plus de frein à ses vexations, jusqu'à ce qu'une pétition signée par 69,700 canadiens le fit enfin destituer en 1828.

" Comme tous les canadiens, M. Papineau avait fait d'assez médiocres études au séminaire des Sulpiciens, seul collège qui existait alors à Montréal ; mais plus tard il fortifia son esprit par des travaux spéciaux sur l'histoire de son pays et des Etats-Unis, ainsi que sur la législation de l'Europe. C'est par là, autant que par une éloquence naturelle, qu'il s'est acquis une véritable supériorité parlementaire.

" L'assemblée de Québec aime les discours. Ainsi que dans la chambre des communes, les discussions s'engagent le soir ; tous les discours y sont improvisés, et souvent le président en fait le résumé.

" Les parlements des six provinces anglaises du nord américain n'ont pas d'orateur comparable à L. J Papineau.

" Il est d'une stature avantageuse, les traits de son visage annoncent, comme ses actes, un esprit ferme, adroit, sans rudesse, et fécond en ressources : sa pensée est forte, brillante, plus vive que profonde ; son expression grave, incisive, et empreinte du caractère canadien dont l'enjouement tempère l'énergie. Quelque fois, après avoir improvisé en français un discours de deux heures, M. Papineau l'a répété en anglais.

" D'autres députés suivent cet exemple, mais aucun d'eux ne parle notre langue avec plus de correction que lui, sans toutefois qu'il se préserve entièrement de certains idiotismes canadiens. Sa bibliothèque, très considérable, est choisie avec discernement. Des articles recueillis par un journal français, rédigé longtemps par de jeunes avocats, et qui, comme les autres gazettes libérales, vient d'être détruit violemment, indiquent que le style de M. Papineau est inférieur à son élocution oratoire ; il lui faut l'action, un auditoire, un sujet qui l'affecte vivement, la contradiction enfin. Alors il est orateur.

" Le traitement du président de la chambre est annuel et s'élève à mille louis sterling, vingt-cinq mille francs environ. M. Papineau, dont la famille nombreuse est une des principales du pays, possède en outre une grande fortune, et il en jouit honorablement. Lorsque les gouverneurs ont su s'affranchir de la morgue britannique, il les a dignement reçus dans son hôtel, et des ambassadeurs français auprès des Etats-Unis, qui ont visité Montréal, ont pu se croire chez lui dans un des salons d'élite de Paris.

" Ces renseignements fort exacts, ne répondent pas au portrait qu'on se fait généralement d'un chef de parti, violent, farouche, fanatique par patriotisme, qui a une fortune à faire ou à réparer, dépourvu d'instruction, surgissant du sein d'une faction pour en être l'instrument aveugle ; d'une ambition effrénée, qui accepte tous les excès, et qui se jette dans la guerre civile pour usurper le pouvoir ; qui enfin, du *haut du Hochelaga*, montagne près de Montréal, menace la Grande-Bretagne.

" Louis Joseph Papineau se recommande à d'autres titres. Ses mœurs sont douces et polies ; elles se ressentent de ce que la France à déposé sous ce rude climat une partie de sa civilisation, germe qui a heu reusement fructifié, grâce à la diffusion des lumières, à l'exemple de notre patrie, au voisinage des Etats-Unis, au développement des institutions et de l'industrie anglaise. L. J. Papineau, odieux au parti britannique, compte aussi des ennemis parmi d'anciens compatriotes. La peur d'un avenir dont l'intérêt personnel grossit les dangers, l'or que quelques-uns ont reçu, celui qu'on offre à d'autres encore, la jalousie qu'inspire à presque tous une popularité de vingt ans, parvenue à son apogée, telles sont les causes de ces fâcheuses rivalités d'intérêt.

" Toutefois elles n'ont pas empêché L. J. Papineau de parcourir tout le Bas-Canada, voyant les populations des campagnes accourir à lui, empressées de former des comités et des *meetings* ; recommandant une opposition opiniâtre mais patiente, pour mieux affranchir le pays du monopole commercial ; citant l'exemple d'anciennes colonies anglaises, principalement de l'Irlande.

" Vainement la haine lui a prodigué les noms de charlatan, de protecteur, de roi Louis Joseph Ier, d'O'Connell : elle n'a point osé s'attaquer à sa vie privée qui est restée hors de toute atteinte. Quoique ayant été revêtu longtemps du grade de major-général de l'un des sept bataillons du comté de Montréal, L. J. Papineau n'a pas acquis l'expérience qui fait le chef militaire. On n'en sera pas surpris si l'on songe que la milice n'est passée en revue qu'une fois par an, et qu'elle est dépourvue d'armes et d'uniforme. Son fils Amédée, âgé de dix-sept ans, est, il est vrai, un des chefs d'une troupe de neuf cents enfants de la liberté, mais la troupe n'est pas non plus fort aguerrie. Elle n'a commencé à se réunir qu'après que le général Colborne, plus gouverneur déjà que lord Gosford, a autorisé, à Québec et à Montréal, l'organisation de deux corps d'environ trois cents volontaires presque tous d'origine anglaise. Si Papineau eut été d'une humeur plus belliqueuse que parlementaire, il se fut trouvé à la réunion et dans la bagarre du 23 octobre 1837. Loin d'y prendre une part active, il n'était pas ce jour là sorti de chez lui, et le soir, lorsqu'une des bandes du parti conservateur, assaillit son hôtel et en brisa les portes et les fenêtres en poussant des cris de mort, il se trouvait encore dans sa bibliothèque, où il avait demeuré toute la journée. Il fit alors engager sa femme à fuir avec ses enfants. " Non, non, répondit cette dame, non ; je ne m'éloignerai pas ; puisque les jours de mon mari sont menacés, je veux et je dois partager ses périls." Le courage de cette dame, sa fermeté, engagèrent un grand nombre d'amis de M. Papineau à se rendre dans son hôtel pour l'y défendre. L'autorité n'osa pas l'y inquiéter ; le gouverneur, bien loin de là, fit réclamer le concours de son influence pour calmer la population ; Papineau répondit à cette proposition : " Le peuple seul à résolu de maintenir ses droits ; je ne puis rien contre la volonté du peuple."

" Depuis lors, l'étendard de l'indépendance a été levé dans le Bas-Canada ; Papineau est au milieu des révoltés, et malgré les efforts des feuilles anglaises pour dissimuler l'échec du léopard, il n'est plus douteux que les affaires de cette colonie d'origine française acquièrent de jour en jour une importance et un développement que les plus chauds partisans de l'émancipation des peuples eussent à peine osé prévoir. "

" Joseph Papineau, (père du précédent,) famille canadienne dans laquelle les grands talents ont été héréditaires, comme dans celle des Bédard, un de nos patriarches constitutionnels, a exercé la profession de notaire à Montréal, depuis 1780 jusqu'à 1841, année de sa mort. Il était si profond en loi, que ses opinions étaient quelquefois citées au palais. Propriétaire de seigneuries, il protesta par des motifs généreux et désintéressés contre le projet du chevalier Charles de Lanaudière, en 1790.

" Elu membre du parlement provincial pour Montréal, lors de l'octroi de la constitution, il fut réélu en 1797. Comme un des chefs de l'opposition, il souffrit sous Craig, avec Pierre Bédard. Une stature élevée et imposante, une voix pleine et sonore, une éloquence plus véhémente encore qu'argumentative, telles étaient les qualités dont Joseph Papineau était doué, qualités nécessaires pour faire de l'effet dans les assemblées populaires. Il conserva jusqu'à la fin de ses jours un patriotisme pur et la confiance de ses concitoyens, qui aimaient à entourer de leur respect, ce vénérable vieillard, dont la tête droite et couverte d'une longue chevelure blanche, qui flottait sur ses larges épaules, conservait encore le caractère de l'énergie et de la force.

" Isidore Lebrun, ajoute l'auteur des *Hommes Illusters du Canada,* dans le *Tableau des deux Canadas,* attribue à tort à Joseph Papineau une brochure sur les droits des Canadiens à la conservation de leurs institutions. Il est fâcheux, au moins, que celui-ci ne donne que son simple *ipse dixit* comme autorité d'une opinion qu'il eut été au moins désirable d'établir sur une base documentaire, d'autant plus que c'était l'opinion commune et jusqu'alors indisputable, que cette brochure était l'œuvre du patriarche canadien, et qui allait si bien, d'ailleurs, aux allures et au tempéramment comme à la constitution d'esprit du doyen de nos patriotes. "

Maintenant, qu'il me soit permis, toujours à titre de renseignement historique, de constater des appréciations d'auteurs contemporains de France et du Canada, à l'égard de l'auteur de ces *Souvenirs d'un Demi-Siècle,* où celui-ci a dû toucher à bien des cordes sensibles, en disant tout haut ce qu'il a vu de ses yeux et ce que sa conscience elle-même lui a révélé, à l'encontre de beaucoup de ceux auxquels leur intérêt leur faisait jusque là représenter les choses selon les besoins de leur cause.

A l'époque où M. Bibaud, jeune, était incessant dans ses travaux sur le pays, et où j'occupais dans la presse libérale, un rôle qui me mettait à même de proférer mon sentiment sur ses productions littéraires et historiques, au fur et mesure qu'elles paraissaient, je m'empressais de lui en tenir compte au meilleur de mon jugement et de mon impartialité. J'en retrouve encore des traces dans les pièces justificatives dont il étale ses ouvrages, et dont on me permettra de reproduire ici les suivantes, comme preuves d'impartialité et de suite logique dans mes appréciations, bien que la politique militante du temps nous séparat du tout au tout et que je fusse, à ce point de vue, l'antipode des doctrines de son père comme de celles de son héritier légitime.

Ce dernier cite aux pages 386 et 388 de son appendice du *Dictionnaire des Hommes Illustres du Canada*, deux articles du *Canadien*, où j'avais succédé à M. Parent, que je crois devoir consigner de nouveau ici dans ce compendium des faits et des événements de ma vie publique, dans l'intérêt même de ceux qui seraient disposés de le consulter au besoin, dans les circonstances où il leur paraîtrait utile de le faire.

Page 386 des *Canadiens Illustres :*

" Nous ne pouvons laisser passer l'occasion sans rendre de nouveau hommage aux travaux incessants de ce jeune savant qui, tout en travaillant à sa propre gloire, l'associe étroitement à celle de son pays, dont il cultive le champ historique avec tant d'amour, de dévouement et de persévérance.

" Quand on est comme M. Bibaud, jeune, organisé pour le travail, on fait comme lui des miracles de productions utiles, qui empêchent le passé de tomber en poussière, et préparent les matériaux pour l'édification de l'avenir. *Euge bone serve*, lui crions-nous, au nom de la patrie qui le regarde aller avec des yeux d'intérêt.

" Nous profitons de la circonstance qui nous est offerte pour répondre un mot à ce que dit M. Bibaud, à l'article *de Berrey* de son *Dictionnaire des Canadiens Illustres*. Sa mémoire est attaquée, dit-il...

" Pour toute réponse, nous référons l'auteur aux *Mémoires* du baron Mazères, qui seront notre justification ; et puisque M. Bibaud nous a fait l'honneur de nous placer dans les rangs de ses *Illustres*, nous le prions de nous appeler Joseph et non pas Jean."

Page 388, *Hommes Illustres du Canada :*

" Nous avons reçu par le courrier du soir une nouvelle livraison du *Dictionnaire des Hommes Illustres du Canada*, par M. Bibaud, jeune. Ce volume est peut être de tous ceuxqui ont paru jusqu'à présent de beaucoup le plus intéressant, à notre avis du moins, à cause de la quantité de noms de véritable valeur qu'il contient cette fois, depuis celui de Plessis jusqu'à celui de Sebron.

" Nous sommes anéanti de voir la masse de détails qu'à procurés à l'auteur de ce formidable travail, son industrie littéraire. Il n'y avait peut-être que lui capable de l'entreprendre, et une fois entrepris, de le continuer et de le mener à bonne fin.

" Devant un tel courage d'initiative et de persévérance, nous n'avons pas celui de placer un mot de critique. Nous acceptons tout en silence, bien que nous nous sentions la langue nous démanger par fois."

Page 24 des *Hommes Illustres du Canada*, Bibaud, jeune, dans laquelle l'auteur préludant aux critiques amères de la *Patrie* du temps des Rambeau et des Laponterie, dit :

" Barthe (Joseph-Guillaume), contemporain, ci devant rédacteur de l'*Aurore des Canadas*, puis du *Canadien*, membre du parlement provincial-uni, et actuellement correspondant canadien de la *Gazette de France*, a fait récemment à Paris un voyage qui l'a mis à même d'obtenir pour l'Institut Canadien de Montréal, des dons de livres et d'objets d'art des diverses académies composant l'Institut de France. Il a publié pendant son séjour à Paris *Le Canada Reconquis*, esquisse sur le passé et le présent du pays et est encore connu par une bonne lecture sur Jérémie Bentham et ses écrits, et par quelques poésies.

" Puis, dans ses tablettes historiques, page VI, *voir pour l'auteur du Canada Reconquis par la France* Paris, 1855. Voir, dit il, divers articles à son sujet dans la *Gazette de France*, rédigée par M. de Lourdoüeix."

Et, à cette occasion, M. Rameau, dans son œuvre aussi patriotique qu'intéressante sur les Acadiens et les Canadiens, dans lequel il a débrouillé un cahos où je n'avais que commencé à faire percer le jour dans le *Canada Reconquis*, dans une leçon assez sévère adressée aux détracteurs soudoyés de ce dernier ouvrage, (dont notre courageux et indépendant critique Lusignan est venu hautement relever le caractère, le but et la portée, à l'occasion du diner Vermond, l'an dernier). M. Rameau, dis-je, dans une de ses appréciations où l'indépendance d'opinion éclate à côté du sentiment de justice, n'a pas hésité d'exprimer, et dans les termes qui suivent, les motifs qui non seulement justifiaient l'auteur du *Canada Reconquis*, dans la pensée et la portée de son œuvre, mais ne craignait pas de faire rougir ses détracteurs de lui avoir fait un crime d'un acte qui restait à son perpétuel honneur devant la conscience publique et devant son pays ! Et dans un cas pareil, il me sera bien permis de mettre de côté la fausse modestie, en lui donnant le rang qui lui est dû parmi les pièces justificatives qui font partie intégrante de son ouvrage, et qui doivent, à ce titre, faire partie du mien.

RAMEAU, ACADIENS ET CANADIENS.

Page 157, note 10.

" Nous avons vu, il y a quelques années un canadien, M. Barthe, publier un livre, *Le Canada Reconquis par la France*, dont l'idée quoiqu'on ait pu en dire, reposait sur un sentiment généreux et qui sollicitait la France à renouer une union au moins morale et intellectuelle avec le Canada. Ce livre n'a pas rencontré, certes, l'accueil que dans une cause pareille on lui eut accordé en Angleterre : il est donc évident qu'on ne doit compter qu'avec une grande réserve sur l'élan présumé des sympathies ou sur quelque entraînement sentimental vers le dévouement et la justice dans un siècle beaucoup plus disposé à railler qu'à émouvoir."

Dans d'autres endroits, à la page 341 (note 5) M. Rameau veut bien reconnaître que l'auteur du *Canada Reconquis*, persécuté par ceux-là même qui auraient pu faire profiter le pays de ses efforts et de ses suggestions, ont préféré courir après les galons de l'Angleterre, que de lui tendre généreusement la main et seconder la portée de ses vues. Au lieu de cela on a vu des folliculaires gagés se servir de la langue française pour faire cause commune avec nos ennemis avoués pour appeler la proscription sur sa tête et la ruine de sa carrière, et un journal ôsant s'appeler alors, lui aussi, la *Patrie*, et entre les mains prostituées de deux êtres se disant français, mais alimentés par l'or des intrigants du temps qui flairaient les charges ministérielles de gouverneur au petit pied, d'hommes d'état miniscules qui s'agrandiraient d'autant plus que le pays s'abaisserait en proportion. Papineau ne l'avait que trop bien pressenti le jour qu'ayant jeté le gant au *gouvernement juste et fort*, il ne trouva, pour le seconder, que le noble Christie revenu de ses erreurs de partisan aveugle, pour épouser enfin la cause de la justice et de l'honneur publics, sentiments qui ont honoré ses derniers jours en rachetant sa regrettable carrière.

Le *Courrier des Etats-Unis* publiait l'autre jour l'article suivant que je m'empresse de reproduire en terminant ce premier volume de mes *Souvenirs d'un Demi-Siècle,* parce qu'il est l'écho de la conscience publique et la confirmation de ce que les pages qui précèdent se sont efforcées d'inculquer dans l'esprit public de notre temps. Ce ne sont pas ces éjaculations toutes platoniques qu'affectent de manifester pour la France les gens que l'on voit se morfondre ici pour jouer au soldat et s'affubler de titres ridicules que l'administration McKenzie a noblement déclinés pour sa part, à la grande édification de l'opinion publique sérieuse et saine ; mais en se servant des positions officielles que la métropole met à notre portée pour nous apprendre à gouverner dans l'intérêt de la justice commune de notre société et dont une grande proportion a été assez longtemps traitée effectivement en *race inférieure.* Chaque voix de ministre devrait être comme celle qui annonçait la chute des murs de Jéricho, si l'on faisait abstraction des droits et des intérêts de la patrie, et non pas une plate prière d'obtenir les rênes de l'état pour chercher à se grandir aux dépens du pays. Je livre, en terminant l'article du *Courrier des Etats-Unis* à la méditation de mes lecteurs.

LES CANADIENS-FRANÇAIS ET L'ANGLETERRE.

" Nous avons signalé l'offre étrange faite par un officier de la milice du Canada, le capitaine Poulliot, de lever un régiment de volontaires canadiens-français pour participer à la campagne des Anglais en Egypte. Des informations postérieures nous ont appris que cette offre n'avait pas été acceptée. Toutefois, le gouvernement serait désireux d'utiliser un ou plusieurs régiments canadiens pour tenir garnison en Angleterre, c'est-à-dire pour prendre la place des régiments anglais envoyés en Egypte. Les Canadiens consentiront-ils à jouer ce rôle par trop modeste ? S'ils prennent le temps de réfléchir, ils reconnaîtront que leur place n'est pas plus en Angleterre qu'en Egypte, et qu'ils ne serviraient aucun intérêt canadien en endossant l'habit rouge du soldat britannique.

" Cette question du service des Canadiens Français dans l'armée de l'empire intéresse l'avenir de la race française dans l'Amérique du Nord ; elle touche à la situation de toutes les populations d'origine française. Aussi le *Courrier des Etats-Unis* croit-il de son devoir de faire connaître à ses amis du Canada ce qu'en pensent leurs frères français.

" On a compris, on a approuvé dans le passé, pendant les guerres de 1776 et de 1812, la fidélité avec laquelle les Canadiens servirent l'Angleterre, parce qu'à ces deux époques, leur existence nationale était en jeu : les Etats-Unis les menaçaient d'une absorption infiniment plus dangereuse pour eux, que la suzeraineté de la Grande-Bretagne. Mais aujourd'hui, dans le conflit anglo-égyptien, de quoi s'agit-il ?

" Sur ce point, le *New-York Herald*, qui se fait le champion de l'Angleterre avec une ardeur vraiment fanatique, a pris soin de fixer nos idées. Il s'agit de la suprématie de la race anglo-saxonne sur les autres races. Le prestige de l'Angleterre est atteint ; il faut le rétablir en écrasant les Soudanais, sans quoi les Anglo-Saxons du monde entier s'en trouveront amoindris. Telle est la thèse chère aux adeptes des idées anglo-puritaines.

" Nous voyons bien l'intérêt qu'ont les Canadiens-Français de résister à la suprématie de la race anglo-saxonne, mais nous cherchons en vain l'intérêt qu'ils auraient à la défendre. Si les Canadiens-Français existent aujourd'hui comme nation, c'est parce qu'ils ont obstinément refusé de reconnaître ce dogme de la prétendue supériorité des Anglo-Saxons sur les autres races et qu'ils ont ainsi échappé à l'assimilation. Ne se mettraient ils pas en contradiction avec tout leur passé, eux qui déploient le drapeau de Carillon, le drapeau de Montcalm, dans leurs cérémonies publiques, s'ils endossaient l'habit rouge dans les circonstances actuelles ? Et ne sentent ils pas qu'ils joueraient un rôle de dupes ? L'effet moral des succès de l'Angleterre en Egypte serait untilisé en Amérique par les adversaires de la race française, et les Macauley de l'avenir feraient figurer les Canadiens dans l'histoire des prouesses anglo-saxonnes comme d'obscurs satellites, à côté des milices de l'Inde.

" Les Canadiens-Français ont évidemment mieux à faire que de se mettre à la remorque des *jingoes* anglais. Leur mission est en Amérique et non ailleurs ; elle est toute pacifique ; elle leur prescrit de se développer, de s'étendre, de se ramifier sur le continent américain et d'y former une masse homogène et compacte. La race française fournira ainsi par sa cohésion, sa permanence et ses conquêtes pacifiques, la réfutation la plus péremptoire aux sophismes anglo-saxons sur sa prétendue infériorité.

" Nous souhaitons que les Canadiens ne perdent pas de vue cette grande mission et qu'ils laissent l'empire britannique se tirer seul du mauvais pas où l'a jeté l'infatuation anglo-saxonne."

Mais en terminant ce premier volume qui n'est pour ainsi dire que l'entrée en matière des événements, ou comme le vestibule d'une époque remarquable, mais comparativement ignorée de notre histoire politique, et surtout parlementaire, que j'avais d'abord pour premier objectif, en entreprenant cette publication : je dois répéter ce que j'ai dit déjà, comment la surabondance de la matière m'avait contraint de restreindre mon cadre et d'ajourner à un second volume ce que j'avais cru d'abord devoir embrasser tout entier dans celui-ci.

La lutte parlementaire de Craig jusqu'à Colborne, est une page *sui generis*, et une question qui mérite d'être traitée à part, dans cette œuvre qui a surtout pour objet de dessiner la génération d'hommes qui a opéré la consolidation de nos libertés ; en les fondant sur la base de la logique constitutionnelle, ayant la *Magna Charta* confirmée par notre constitution propre de 1791, pour appui et sauvegarde de nos intérêts comme peuple à part en Amérique. Et cela vaut bien la peine d'être dessiné par le burin de l'histoire ; de manière à y laisser sa trace toute spéciale, dans l'époque la plus réellement palpitante et héroïque de notre résistance aux empiètements de la tyrannie déguisée, qui ne visait à rien moins qu'à faire de nous des ilotes : ou tout au moins un état de servitude pour notre race vis-à-vis de ses dominateurs, tout-à-fait intolérable à des hommes qui se sentaient nés pour la liberté ; et tout-à-fait capables aussi d'en jouir dans les conditions que nos dévoués parlementaires ont réussi à nous conquérir, et que nous tenons à conserver sinon à agrandir encore.

UN AVEU BON A ENREGISTRER BIEN QU'UN PEU TARDIF

Le *Witness* du 10 mars 1885, avait la naïveté de consigner dans ses colonnes le paragraphe suivant, lisez, c'est riche :

" La rébellion de 1837 et 38, a été le sujet d'un débat fort intéressant dans la législature d'Ontario, hier, le sentiment de la chambre, comme toute, lui fut honorable. Il y en a peu, en vérité, qui ne croient pas maintenant que l'objet de la rébellion, notamment le renversement de l'oligarchie ou de la faction torie, connue sous le nom de *family compact*, et la conquête du gouvernement constitutionnel, n'en était pas un très digne.

" Peu maintenant croient que les rébelles étaient anti-patriotes dans leurs intentions, bien que leur mode d'action sentait sans doute la trahison. Ceux qui vivent maintenant à l'ombre des bienfaits du régime constitutionnel, et qui regardent en arrière sur ce qu'il a coûté de lutte ardue, ne seront pas pressés de condamner ceux qui y furent poussés par un rude traitement ou qui se laissèrent induire à l'emporter par des voies inconstitutionnelles En même temps il y a eu un honorable témoignage de rendu aux services des volontaires qui coururent aux armes dès que sir Francis Head, par une audacieuse inspiration, écarta les troupes et s'en remit au peuple du pays du soin de réprimer la rébellion. "

Ils sont étonnants ces anglais. Ils commencent par vous pendre si vous faites le moindre mouvement pour défendre vos droits reconnus. Puis, quand la faction oligarchique des torys est par terre, ils finissent par vous crier dans les oreilles : *Hosanna in excelsis !* quand ils songent qu'après tout c'est encore eux, les fauteurs des abus à l'ombre desquels ils vivaient, qui ont la meilleure part du nouveau régime de liberté constitutionnelle qui est le fruit des sacrifices de ceux mêmes qui ont donné leur vie pour l'obtenir !

Le *Witness* peut se frapper la poitrine de componction, lui qui, comme dans la fable du loup et de l'agneau, n'était pas né alors ; mais le *Herald* de Weir et la *Gazette de Montréal* d'Adam Thom qui hurlaient leurs joies féroces jusque sur la potence où l'on étranglait, au nom de la loyauté ceux qui payaient de leur vie la liberté constitutionnelle qu'ils nous conquéraient au prix de leur martyr, qu'avez-vous fait de leur mémoire, misérables, qui reconnaissez aujourd'hui que ce sont eux qui nous ont doté du nouveau régime que vous n'êtes pas les derniers à réclamer comme vôtre !

CONCLUSION.

A MON LECTEUR.

En fermant ce premier volume de mes *Souvenirs d'un Demi-Siècle,* pour vous le livrer, qu'ai-je à vous dire pour ajouter au motif qui me l'a fait entreprendre ? Rien, sinon que j'ai essayé de vous montrer votre pays et la race qui l'habite sous ses dehors vrais et avec ses perspectives et ses destinées en face. Nous seuls avons une histoire en cette partie de l'Amérique, où le sort nous a donné une assiette, et notre histoire est un drame, parce que nous seuls y avons eu des héros et des martyrs, semés sur la route qu'elle a eu à labourer sous les regards du ciel incertain où elle avait à chercher ses destins dans les cruels ennuis du délaissement et de l'orphelinat national. Ces destins, elle les tient dans sa main, si elle n'abandonne pas le sentier de prudence et de fidélité à elle-même qu'elle a suivi jusqu'à présent et qui, à travers les cruelles aspérités semées sur sa route, a trouvé, dans sa foi en son étoile, le mâle courage de triompher de tous les obstacles qui semblaient devoir lui barrer le passage. Plus j'étudie le spectacle de ses épreuves et des succès dus à sa persévérance dans la voie du devoir, et plus je sens le besoin de le dire à la génération actuelle pour animer celle-ci à ne pas abandonner la trace de ses devanciers. Les franco-canadiens ont leur avenir entre leurs mains s'ils ne dévient pas de la voie droite du patriotisme et si à leurs mœurs religieuses ils savent unir les vertus civiques qui font la force d'un peuple : car il faut ce concours là pour se promettre le résultat désiré et être un peuple complet.

En parcourant ces pages, où je me suis efforcé de faire ressortir les vertus, sans dissimuler les faiblesses, les fautes même de nos prédécesseurs ; il me semble que vous aurez moins à rougir d'eux qu'à les honorer et à les imiter encore, dans la lutte qu'ils ont eu à soutenir pour vous laisser, par dessus l'héritage de leur exemple, le fruit de leur dévouement à l'avenir de leur race, aujourd'hui fermement implantée sur ce sol, et où le développement se continuera, malgré les obstacles multiples qui obstruent encore la voie vers le but d'avenir où nous tendons.

Pour moi, je me suis passionnément épris du rôle que je leur ai vu jouer, et il m'a semblé que c'était un devoir de le dire tout haut, et de le consigner dans une œuvre que j'ai essayé de rendre la moins indigne possible du suffrage de mes compatriotes dont l'honneur m'importe, et dont l'avenir m'intéresse à l'égal d'un de ces événements qui font que les races touchent à ce rêve qui les fait aspirer à leur perpétuité !

Fol ou noble orgueil, comme on le voudra, mais c'est le mien !

En attendant, suivez-moi, lecteur, dans le parcours que je viens de faire sur les pas de nos prédécesseurs immédiats, et dites-moi un peu où vous trouveriez des caractères plus virils, des apirations plus élevées, des résistances à la tyrannie mieux accentuées et plus persévérantes, des triomphes plus suivis et plus solides, après des luttes plus énergiques et des résistances plus persévérantes et plus héroïques ?

Et maintenant que la race des éprouvés a trouvé sur son territoire de fondation, son assiette propre avec ses arrangements sociaux, consolidés par le temps et consacrés par l'assentiment universel, dans cette partie de l'Amérique où elle est déjà nationalement en relief ; où elle a son histoire traditionnelle ; sa compacité ; sa constitutionnalité ; son intégralité sociale enfin ; avec son cachet de physionomie à part et sa prédestination comme peuple d'avenir : qui viendrait la ranger de là, ou lui disputer la place ? Nous ne saurions cependant y mettre trop de prudence et de sagesse, puisque nous y restons race militante, qui y occupons une position si enviante en même temps que si délicate, pour ne pas dire toujours quelque peu problématique ; avec la situation qui nous est faite par les conditions géographiques qui influent sur l'équilibre américain, ayant le *manifest destiny* de Monroe toujours en face!

Mais serait-ce aujourd'hui que nous devrions être en proie à ces prévisions timorées, quand nous semblons tenir notre sort entre nos propres mains ? *Fais ce que dois, advienne que pourra*, a dit un grand roi de France qui s'y connaissait : et c'est ce qui nous a sauvés, jusqu'à présent, au milieu des perplexités que nous avons eues à subir et des défaillances dont nous avons eu à déplorer quelquefois le scandale, au milieu de nos luttes les plus ardentes. Nous avons donc tous les motifs de persévérer dans la voie qui nous a été toute tracée par nos prédécesseurs, et c'est pour cela que je me suis efforcé de les mettre en relief dans l'ouvrage que je vous présente avec l'espérance de toucher au but, en continuant l'œuvre de notre émancipation, à l'instar de ceux qui nous ont prêché d'exemple et sur le type desquels nous devons avoir l'ambition de nous former nous-mêmes. C'est cet esprit de suite dans la succession de nos générations qui consolidera notre marche dans la carrière d'une sage et énergique liberté, et qui devrait nous faire moins défaut aujourd'hui que nous avons tant de lumières acquises et qui ne nous ont coûtées que l'enseignement venu de l'exemple de ceux qui nous ont tracé la route.

FIN DU PREMIER VOLUME.

TABLE DES MATIERES.

Préface.. III
Avant-propos.. 1

CHAPITRE I.

Clarke.—Carleton. — Craig. — Sewell. — Stuart. — Milnes. — Plessis. — Ryland. — Lord Bathurst. — Le Prince Régent. — Sir George Prevost. — Le Président Thomas Dunn.— Le Général Montgomery.— Lord Dorchester. — HALDIMAND. — DU CALVET, ANTICIPÉS DANS L'AVANT-PROPOS... 29

CHAPITRE II.

Départ définitif de Craig.—Thomas Dunn nommé par intérim. — Arrivé de sir George Prevost. — Le parlement canadien.—*Vote de subsides.*—Motifs déterminants des canadiens en faveur de l'Angleterre.— Conduite du clergé à cette occasion.—Ingratitude de l'Angleterre à l'égard de sir George Prevost.—Le général Murray.—Sherbrooke....................................... 44

CHAPITRE III.

Portrait de Salaberry.—Sa carrière militaire.—Son rôle en 1812.—Singulière situation de Plessis et de lui, vis-à-vis de l'Angleterre.—Pourquoi et comment les canadiens ont-ils préféré opter pour l'Angleterre que pour les Etats-Unis?--Les canadiens implantés monarchistes dans le Nouveau-Monde.—Puis la conduite barbare des Anglo-Américains vis-à-vis des Acadiens.—Une des causes déterminantes de leur conduite en 1812.—Bon résultat de leur inspiration... 58

CHAPITRE IV.

Ouverture de la carrière épiscopale de Mgr. Plessis.
—Son départ pour le golfe et pour la baie des Chaleurs.—Son débarquement dans la Gaspésie ; sa réception.—Le commandant Fortin, de la *Canadienne*.
—Anticosti, Gamache.—La baie des Chaleurs.—Les Acadiens expatriés dans les pontons et se retrouvant après un long laps de temps.—Le petit Vallières ; son adoption par l'évêque Plessis après un colloque et une surprise.—Polémique des journaux au sujet du lieu de naissance du jeune Vallières.—Notes de l'auteur au sujet de l'aventure et variante.— Vingt ans après, départ de l'auteur pour le golfe et voyage dans la baie des Chaleurs............ 68

CHAPITRE V.

Le choléra en 1834 au Canada.—Départ de l'auteur pour le golfe à bord du navire le *Félix Souligny*.—Le capitaine Alexis Painchaud récemment de retour d'Espagne.—Terrible aventure dans le golfe de Gascogne.—Héroïsme du capitaine et de son contre-maître, Félix Béland.—Le petit cuisinier marron.—
Départ de Trois-Rivières et séjour à Québec.—Le Dr. Jos. Painchaud.—Le Dr. Jean Landry.—Départ de Québec.—Relâche à Ste. Anne Lapocatière.—L'abbé Painchaud.—L'abbé Ranvoyzé.—Séjour à Ste. Anne.
—Les deux abbés Baillargeon.—L'album de l'abbé Painchaud.—Son séjour à Niagara avec Chateaubriand.—L'abbé Holmes.—Le Dr. Jean Landry, disciple et neveu de l'abbé Painchaud..... 88

CHAPITRE VI.

Arrivée à Gaspé.—Une progéniture de 28 enfants.
—Débarquement au Bassin.—Un intérieur de famille patriarcale.—Rembarquement pour la baie des Chaleurs.—Arrivée à Maria, puis à Carleton, pays de

l'auteur.—Episode de famille.—Tribu indienne des Micmacs.—La pointe à Chamberland.—Description de la Gaspésie d'alors.—A Ristigouche en canot d'écorce.—Chasse à l'outarde au bâton.—Pêche au saumon à la nigogue.—Le camp Micmac à Ristigouche et la Mission.—Quelque chose de son histoire. —Arrivée au foyer de famille.—Scène d'intérieur...... 102

CHAPITRE VII.

Un épisode politique de ce temps-là.—Un caractère étrange.—La carrière de Robert Christie.—Les péripéties de son existence politique.—Son rôle parlementaire.—Son règne à Ristigouche.—La lutte de la Gaspésie contre ce petit satrape.—L'insurrection universelle des Acadiens de la baie des Chaleurs.—L'attitude de la chambre d'assemblée. — La mission de mon père auprès des électeurs de la Gaspésie.— Un escamotage de candidature.—Suite néfaste de cette aventure.—Solution du problème................... 125

CHAPITRE VIII.

Christie continué.—Lord Dalhousie.—Dissolution des chambres.—Dalhousie et Caulincourt à Waterloo. —Le juge Thompson.—L'Histoire du Canada en anglais par Robert Christie.—Eclatante preuve de son indépendance après l'Union.—Scène parlementaire à ce sujet.—Les honorables D. B. Viger et John Neilson.—Juge Thompson sur la sellette.—Venue de MM. Thibeaudeau, De Blois et Winter, dans la Gaspésie. —Rénovation de la Gaspésie par l'action de ces trois intelligences. 169

CHAPITRE IX.

Retour au Souligny.— Ma grand'mère.—Départ de Ristigouche.—Course dans le golfe.—Visite à St. Pierre Miquelon.—Le capitaine Rivarol.—L'île du Prince Edouard dans le golfe et l'île de Jersey dans la Manche.—Le gouverneur Daly.—Passage à Londres.—Le *Reform Club.*—Le cap Breton.—Le choléra à Halifax.—Rencontre inattendue du capitaine Rivarol.—Son invitation de m'amener en France.—Départ pour Miramichi.—Le cap Sable.—Le jeune Latour.—Gérin-Lajoie, l'auteur du drame inauguré au collège de Nicolet.—Mécomptes de voyage.—Embarras de navigation.—Fin de l'épisode de Gérin-Lajoie 181

CHAPITRE X.

Les soucis du capitaine Painchaud et mes propres ennuis.—Irrésolutions sur le parti à prendre.—Monotonie de la situation.—Le pilote jersiais à la barre.—Le français parlé dans les îles de la Manche.—Les aurores boréales et lumières zodiacales.—Odelin et les frères Désaulniers.—Le capitaine Landry.—Rencontre inattendue à Dalhousie.—La pointe à Chamberland.—La mission Micmac.—Les noces indiennes.—La messe et le diner du mariage.—Carleton, sa population.—Mon séjour.—M. Souligny.—Dr. Labillois.—Ned Mann et Bustead.—Hésitations nouvelles.—L'abbé Malo.—Départ pour Anticosti.—La vieille.—Le capitaine Allard.—Un nouvel épisode de famille.—L'arrivée de mon grand'père en Amérique.—Le grand vicaire Desjardins.—La traversée d'Angleterre en Amérique.—Ce que c'est que la destinée.—Chaine de famille complémentaire.—Le commandant Fortin de la *Canadienne* et les améliorations du golfe.—Départ définitif et retour à Québec 208

CHAPITRE XI.

Retour à Québec.—Le Parlement.—Son démolissement.—Calcul machiavélique des intrigants du temps.—Etienne Parent.—A. N. Morin.—Le *Canadien* ancien et nouveau.—La petite famille.—La bande montréalaise.—Austin Cuvillier et le gouverneur de Gaspé.—

L'*Ami du Peuple*.—Guerre au *Canadien*.—La *Gazette* de Québec.—John Neilson.—Le Dr. Painchaud.—Les conférences d'Etienne Parent.—La *Gazette* de France et M. de Lourdoueix.—Le duc de La Rochefoucault-Doudeauville.—La Société Orientale.—Mde de Grandfort. — Assistance à sa conférence sur l'Amérique et le Canada.—Gérin-Lajoie et Sulte.—Départ du premier pour les Etats-Unis.—L'*Aurore des Canadas.*—Procès politique.—Détresse extrême de Gérin.—Robillard. — Entrevue avec Gérin. — Beau trait du juge Drummond. — Continuation et fin de la carrière d'Etienne Parent...................... 253

CHAPITRE XII.

Vital Têtu et Etienne Parent.—Le groupe de patriotes chez Parent. — Parlement et cour d'appel.—Vallières de St. Réal.—D. B. Viger et Plamondon.—Un coup d'œil d'intérieur en cour d'appel.—Napoléon et PieVII.—Vallières révélé.—Mocquin et Bacquet.—James et Andrew Stuart.—Portrait historique de Parent.—Gérin-Lajoie continué.—Le *Canadien* ancien et nouveau.—La petite famille.—Rivalité entre Québec et Montréal.—Départ de Québec pour Trois-Rivières.—La tempête et les ennuis et dangers du voyage.—Bloqué à Batiscan. — Réminiscences de voyage, Agassiz, etc.—Arrivée à Trois-Rivières.—Entrevue et délibération de famille et visite au directeur Leprohon, à Nicolet, et consultation.—Décision de l'auteur et retour à Trois-Rivières.—Le célèbre John Burroughs, secrétaire d'ambassade de Franklin aux Etats-Unis.—L'abbé de Calonne.—Le colonel Jean Défossés et l'auteur appelés à Montréal pour le procès de John McDonnell de Bilêtre. — Procès-Jalbert. — Weir du *Herald*.—Adam Thom de la *Gazette*.—Charles Mondelet et Walker, défenseurs du capitaine Jalbert.—Visite à la prison de Montréal.—Boucher-Belleville.—

Aurore des Canadas.—Comparaison rétrospective des torys d'alors avec ceux d'aujourd'hui.—Liste des principaux chefs.—Les trois libéraux irlandais, Waller, Tracy et O'Callaghan.—Portraits historiques des trois. —Leurs luttes héroïques.—Waller, sir James Stuart et Dalhousie.—Lutte du docteur Tracy avec Papineau au quartier ouest.—Terrible affaire.—Les victimes du 21 mai.—Le colonel de la garnison et la magistrature sur la place.—Fusillade des citoyens électeurs.—T. S. Brown.—Le docteur O'Callaghan.—Le rôle de ce dernier à Albany.— Ma connaissance devenue intime avec lui après mon élection à Yamaska comme son successeur.—Son opinion de Waller.— Le culte de Papineau et Viger pour le père et le fils.—La cause de la venue ici des trois libéraux irlandais.— Faits palpitants d'intérêt à ce sujet, etc.................................. 286

CHAPITRE XIII.

Vallières de St. Réal.—Mon arrestation.—Le grand connétable Phillip Burns. — Entrevue avec le juge Vallières.—Le juge Rolland et sa lettre approuvant le jugement de Vallières.—Panet et Bédard dans l'affaire de l'*habeas corpus*.—Mon emprisonnement et ma demande d'*habeas corpus* par le ministère de MM. J. E. Turcotte et E. L. Pacaud, mes avocats. — Refus péremptoire de me libérer par le juge Rolland.—Quelques lignes du juge Vallières à ce sujet à mon adresse. —L'abbé de Charbonnel au chevet du juge Vallières et son sentiment à son égard................................. 390

CHAPITRE XIV.

Les trois Viger comparés, ou les trois cousins mis en regard.—Le capitaine Jacques, l'auteur de la *Saberdache*.—Louis Michel, surnommé le *beau Viger*, le principal fondateur de la banque du Peuple et son directeur-président à vie, avocat, financier, député et citoyen distingué et exemplaire.— Denis Benjamin, l'aîné et le plus célèbre des trois cousins.—F. A. Quesnel, leur contemporain et ami, une des notabilités du temps par son esprit cultivé, son éloquence et son érudition, plus que par sa consistance politique, de l'école et de la politique du juste milieu, c'est-à-dire l'art de ne plaire à personne, mais d'éviter des écorchures.—Visite de l'honorable D. B. Viger au collège de Nicolet en 1828.—Scène d'intérieur à cette occasion.—Joseph E. Turcotte et Philippe Aubert de Gaspé à la tête de la démonstration toute spontanée.—L'abbé Brassard, fondateur de la maison.—Le bon père Leprohon, le directeur, une sorte de Jean-Baptiste Vianney.—Quelques-uns de ses traits de vertu en particulier.—Sa vie modèle.—Moins le principal que le serviteur dévoué des élèves confiés à sa garde....... 401

CHAPITRE XV.

L'évêque Provencher au collège de Nicolet.—Ses rapports de situation apostolique avec l'évêque Plessis qui l'avait choisi et sacré.—L'abbé de Calonne à son sacre.—L'évêque Provencher officiant à la translation des restes de Mgr. de Pontbriand, puis à l'inauguration de l'évêque Lartigue à Montréal.—Discours remarquable de l'évêque Provencher à cette occasion. —Sa conduite digne et habile entre la compagnie de la Baie d'Hudson et celle du Nord-Ouest.—Relation de M. Héney à cet égard.—L'évêque Provencher né à Nicolet.—Son digne successeur l'évêque Taché.—Le départ du premier pour son siège épiscopal avec l'abbé Belcourt.— L'abbé Sévère Dumoulin et sa carrière évangélique précédente avec l'abbé Provencher alors simple missionnaire.—L'abbé Faucher et sa comparaison avec l'évêque de la Rivière-Rouge.—Son aventure de la traversée de Moisic à Mont-Louis.—Singulier incident de route.—Les belles qualités de l'abbé

Faucher qui n'avait qu'une gloriole.—Sa singulière joute avec plusieurs capitaines du golfe.—Enfantillages d'hommes sérieux dans l'occasion.—Beau trait de dévouement apostolique et phénomène de la vie sauvage par comparaison avec celle de notre civilisation.. 421

CAAPITRE XVI.

Pièces justificatives.—L'honorable D. B. Viger, par Bibeau, jeune.—Le même, par de Puibusque —L. J. Papineau, tiré du *Dictionnaire de la Conversation* — Bibaud, jeune, et ses appréciations.—Rameau sur le *Canada Reconquis.*—Le *Courrier des Etats-Unis* sur le rôle des Canadiens-Français dans la guerre actuelle de l'Angleterre en Egypte. — Un aveu bon à enregistrer, bien qu'un peu tardif, du *Witness*, au sujet de la rébellion de 1837 et 1838.—Conclusion du premier volume des *Souvenirs d'un Demi-Siècle*.................. 443

www.ingramcontent.com/pod-product-compliance
Lightning Source LLC
Chambersburg PA
CBHW071711230426
43670CB00008B/973